高等职业教育汽车检测与维修专业规划教材
国家骨干高职院校建设项目成果

底盘电控系统检修

主　编　刘福华　宫　涛
副主编　吴　沉　郝孟军
参　编　刘　洪　刘　良　王文慧
　　　　陈　丹　向小刚　王诗平
主　审　贺大松

机械工业出版社

本书内容主要包括底盘电控技术分析及布置认识、液力自动变速器检修、无级变速器认识与检修、防抱死制动系统认识与检修、驱动防滑系统认识与检修、电子稳定程序认识与检修、电控动力转向系统检修和电控悬架系统认识与检修。内容与当前汽车底盘电控系统主流新技术接轨，力求实现基本理论和实践技能的统一。

本书可供高职高专院校汽车类相关专业教学使用，也可供汽车专业教师、企业技术人员参考使用。

本书配有电子课件，凡使用本书作为教材的教师可登录机械工业出版社教育服务网www.cmpedu.com下载。咨询电话：010-88379375。

图书在版编目（CIP）数据

底盘电控系统检修/刘福华，宫涛主编．—北京：机械工业出版社，2019.5

高等职业教育汽车检测与维修专业规划教材　国家骨干高职院校建设项目成果

ISBN 978-7-111-62616-9

Ⅰ.①底… Ⅱ.①刘…②宫… Ⅲ.①汽车-底盘-电气控制系统-检修-高等职业教育-教材　Ⅳ.①U472.41

中国版本图书馆CIP数据核字（2019）第080850号

机械工业出版社（北京市百万庄大街22号　邮政编码100037）
策划编辑：葛晓慧　薛　礼　责任编辑：葛晓慧
封面设计：鞠　杨　　　　　　责任印制：李　昂
责任校对：刘丽华　李锦莉
北京京丰印刷厂印刷
2019年7月第1版·第1次印刷
184mm×260mm·15印张·365千字
0 001—1 900册
标准书号：ISBN 978-7-111-62616-9
定价：37.00元

凡购本书，如有缺页、倒页、脱页，由本社发行部调换

封底无防伪标均为盗版

电话服务　　　　　　　　　　网络服务
客服电话：010-88361066　　机 工 官 网：www.cmpbook.com
　　　　　010-88379833　　机 工 官 博：weibo.com/cmp1952
　　　　　010-68326294　　金　书　网：www.golden-book.com
封底无防伪标均为盗版　　　　机工教育服务网：www.cmpedu.com

前　　言

　　近十年，我国高职高专教育得到了快速发展，成为我国高等教育的重要力量。高职高专教育的发展，需要各方面的支持和配合，其中教材建设是首要工作之一。为了更好地满足高职高专教育改革与发展的形势，结合目前汽车维修行业需求，大力推行工学结合人才培养模式的改革，学习和落实工学结合的教育理念，强化高职高专办学特色，提高学生职业技能，提升教学质量，我们改善了现有的课程体系和教学方法，探索课堂与实习地点的一体化，加大课程建设与改革的力度，融"教、学、做"于一体；同时加强与校外实训基地及企业的联系，紧密结合生产实际，通过校企合作进行生产任务的分析和教学项目的提炼，进而编写了本书。为了达到更好的教学效果，本书采取项目教学的方法进行编写。

　　本书共分为八个项目，包括底盘电控技术分析及布置认识、液力自动变速器检修、无级变速器认识与检修、防抱死制动系统认识与检修、驱动防滑系统认识与检修、电子稳定程序认识与检修、电控动力转向系统检修和电控悬架系统认识与检修。

　　本书以典型轿车车型为例，介绍了各个汽车底盘电控系统的作用、类型及其构造、原理；在项目实施中，以典型电控系统为例，按照实际检修流程，针对各个电控系统的基本检查与调整、常见故障原因分析及排除等内容安排能力训练。通过不同项目的学习实践，可以使学生掌握各个电控系统的基本理论知识，并能排除各个电控系统的常见故障。同时在每个项目后面附有思考题，并安排操作任务以锻炼学生的实际操作能力。

　　本书由宜宾职业技术学院刘福华、宫涛任主编，吴沉、郝孟军任副主编，刘洪、刘良、王文慧、陈丹、向小刚、王诗平参编，贺大松主审。在编写过程中，宜宾安鸿吉亚起亚4S店技术总监张琪、宜宾广汇申蓉园区技术总监向小刚、宜宾广汇申蓉上海大众4S店技术总监陈光峰等企业技术人员提供了大量的技术资料并提出了宝贵的编写意见，在此深表感谢。

　　本书的编写参考了相关资料和文献，在此向原作者表示感谢。由于编者水平有限，加之时间仓促及实践经验不足，书中难免有缺点和错误，恳请广大读者批评指正。

编　者

目 录

前言
项目一　底盘电控技术分析及布置认识 1
 任务工单　任务1-1　底盘电控技术分析及布置认识 4
 项目小结 6
 思考题 6
项目二　液力自动变速器检修 7
 任务2-1　液力变矩器检修 11
  任务工单　任务2-1　液力变矩器检修 18
 任务2-2　自动变速器拆装 20
  任务工单　任务2-2　自动变速器拆装 38
 任务2-3　液压控制系统检修 40
  任务工单　任务2-3　液压控制系统检修 46
 任务2-4　电子控制系统检修 48
  任务工单　任务2-4　电子控制系统检修 61
 任务2-5　自动变速器油的检查与更换 63
  任务工单　任务2-5　自动变速器油的检查与更换 67
 任务2-6　自动变速器的检查与性能试验 69
  任务工单　任务2-6　自动变速器的检查与性能试验 78
 项目小结 80
 思考题 80
 知识拓展 80
项目三　无级变速器认识与检修 82
 任务3-1　无级变速器认识 82
  任务工单　任务3-1　无级变速器认识 92
 任务3-2　双离合自动变速器认识 94
  任务工单　任务3-2　双离合自动变速器认识 99
 项目小结 101
 思考题 101
 知识拓展 101
项目四　防抱死制动系统认识与检修 103
 任务4-1　防抱死制动系统认识 103
  任务工单　任务4-1　防抱死制动系统认识 113
 任务4-2　防抱死制动系统的使用与检修 115
  任务工单　任务4-2　防抱死制动系统的使用与检修 121
 任务4-3　电子制动力分配系统认识 123
  任务工单　任务4-3　电子制动力分配系统认识 127
 项目小结 129
 思考题 129
 知识拓展 129
项目五　驱动防滑系统认识与检修 131
 任务5-1　驱动防滑系统认识 131
  任务工单　任务5-1　驱动防滑系统认识 141
 任务5-2　驱动防滑系统检修 143
  任务工单　任务5-2　驱动防滑系统检修 146
 项目小结 147
 思考题 147
 知识拓展 147
项目六　电子稳定程序认识与检修 150
 任务6-1　电子稳定程序认识 150
  任务工单　任务6-1　电子稳定程序认识 160
 任务6-2　典型ESP检修 162
  任务工单　任务6-2　典型ESP检修 166
 项目小结 168
 思考题 168
 知识拓展 168
项目七　电控动力转向系统检修 170
 任务7-1　电控液压动力转向系统检修 170
  任务工单　任务7-1　电控液压动力转向系统检修 181

任务 7-2　电动动力转向系统检修 ………… 182
　　　任务工单　任务 7-2　电动动力转向系统
　　　　　　　　检修 ……………………… 194
　　任务 7-3　四轮转向系统认识 ……………… 196
　　　任务工单　任务 7-3　四轮转向系统
　　　　　　　　认识 ……………………… 204
　　项目小结 …………………………………… 205
　　思考题 ……………………………………… 205
　　知识拓展 …………………………………… 205
项目八　电控悬架系统认识与检修 …… 207

　　任务 8-1　电控悬架系统认识 ……………… 207
　　　任务工单　任务 8-1　电控悬架系统
　　　　　　　　认识 ……………………… 217
　　任务 8-2　电控悬架系统检修 ……………… 219
　　　任务工单　任务 8-2　电控悬架系统
　　　　　　　　检修 ……………………… 227
　　项目小结 …………………………………… 229
　　思考题 ……………………………………… 229
　　知识拓展 …………………………………… 229

参考文献 …………………………………………… 231

项目一 底盘电控技术分析及布置认识

任务要求

通过此章内容的教学,使学生了解汽车底盘主要的电控技术及其发展;了解电控自动变速器、防抱死制动系统、驱动防滑系统、电控动力转向系统、电控悬架系统等的功能与布置。

任务描述

随着电子技术的发展,汽车底盘也越来越多地应用了电控技术,在底盘部分的自动变速器、制动系统、转向系统、悬架系统中都有具体体现。本节内容主要就是要求学生了解这些系统上所应用的电控系统。

相关知识

汽车底盘电控系统主要包括:电控自动变速器、防抱死制动系统、驱动防滑系统、电控悬架系统、电控动力转向系统等。

一、电控自动变速器

从 20 世纪 80 年代开始三种传动装置均出现了电子化的趋势:

(1) 液力自动变速器(Automatic Transmission,AT) 将液压控制功能改由微处理器来完成,实现了由液控向电控的转变。

(2) 手动式机械变速器(Manual Transmission,MT) 借助微机控制技术,正在演变为电控机械式变速器。

(3) 无级变速器(Continuously Variable Transmission,CVT) 由电子控制取代液压控制,实现由无级变速器向电控无级变速器的转变。

电子控制与液压控制相比具有以下优势:
1) 实现复杂多样的控制功能。
2) 极大地简化结构,减少生产投资及种种困难。
3) 由于软件易于修改,可使产品具有适应结构参数变化的特性。
4) 实现整体控制,进一步简化控制结构。
5) 较容易实现将手自一体控制。

二、防抱死制动系统

1. 概念

防抱死制动系统(Anti-lock Brake System,ABS)是在制动过程中通过调节制动轮缸(或制动气室)的制动压力使作用于车轮的制动力矩受到控制,而将车轮的滑移率控制在较为理想的范围内。防止车轮被制动抱死，避免车轮在路面上进行纯滑移，提高汽车在制动过程中的方向稳定性和转向操纵能力，缩短制动距离。

2. 防抱死制动系统的发展史

1950 年，世界上第一个防抱死制动系统研制成功并首先被应用在航空飞机上。

德国博世（Bosch）公司于 1978 年正式生产 ABS1 型汽车防抱死制动系统，并在 1984 年推出 ABS2 型。

德国威伯科公司从 1974 年起就研制生产商用车辆的 ABS，是世界上最大的生产厂家之一。

3. 防抱死制动系统的发展趋势

1) 减小体积和质量，提高集成度以降低成本和价格，简化安装。
2) 开发一种系统适应多种车型的回流泵系统。
3) 改变电磁阀的磁路设计和结构设计，提高电磁阀的响应速度。
4) 软件重视改进算法，提高运算速度。
5) 逐渐推广应用 ABS + ASR 相结合的系统。
6) 采用计算机进行 ABS 与汽车的匹配、标定技术，同时加强道路试验。
7) 研究 ABS 与电控悬架、电控四轮转向、电控自动变速器、主动制动器等相结合的组合装置。

三、驱动防滑系统

驱动防滑系统（Anti-Slip Regulation，ASR）的基本功能：防止汽车在加速过程中打滑，特别是防止汽车在非对称路面或在转弯时驱动轮的空转，以保持汽车行驶方向的稳定性和操纵性，并维持汽车的最佳驱动力，提高汽车的平顺性。其工作示意图见图 1-1。

由于 ASR 是通过调节驱动轮的牵引力来实现驱动轮滑转控制的，因此也称为牵引力控制系统（Traction Control System，TCS）。

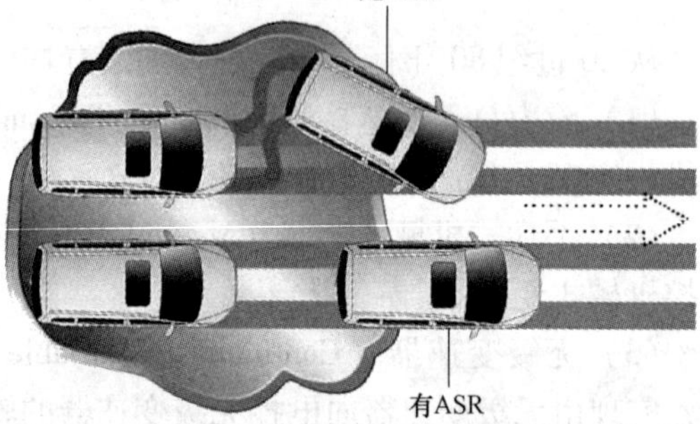

图 1-1 ASR 工作示意图

四、电子稳定程序

电子稳定程序（Electronic Stability Program，ESP）由于综合了 ABS、BAS（制动辅助系统）和 ASR 三个系统，功能更为强大。

它通过对从各传感器传来的车辆行驶状态信息进行分析，向 ABS、ASR 发出纠偏指令，以帮助车辆维持动态平衡。ESP 可以使车辆在各种状况下保持最佳的稳定性，在转向过度或转向不足的情况下效果更加明显。图 1-2 为 ESP 的工作示意图。

五、电控动力转向系统

主要包括：动力转向系统和四轮转向系统。

1. 动力转向系统

采用动力转向系统的目的是使转向操纵轻便，提高响应特性，但传统动力转向系统转向操纵力不便控制。为了实现各种行驶条件下转向盘上所需的力都是最佳值,电控动力转向系统应运而生。

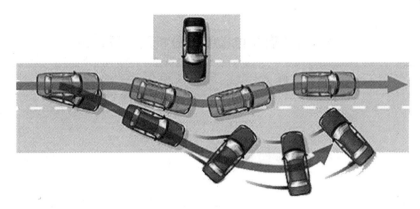

图 1-2　ESP 的工作示意图

2. 四轮转向系统

传统前轮转向系统,低速时的机动性和高速时的操纵稳定性较差。为了改善整车的转向特性和响应特性,低速时改善车辆的机动性,高速时改善车辆的稳定性,四轮转向控制系统(4Wheel Steering,4WS)开始出现。它是除了以前轮为转向轮,后两轮也是转向轮,即四轮转向。

四轮转向的优点:缩小车辆低速转向时的转弯半径。在低速转向时,车辆因前后轮的反向转向能够缩小转弯半径达 20%。另外,明显改善车辆高速行驶的稳定性。

四轮转向主要有两种方式:
①当后轮转向与前轮转向方向相同时称为同向位转向。
②当后轮转向与前轮转向方向相反时称为逆向位转向。

六、电控悬架系统

悬架通过将车身与车桥、车轮弹性相连,传递作用在车轮和车身之间的力和力矩,缓和由不平路面传给车身的冲击,并衰减由此引起的振动,以保证汽车行驶的平顺性和操纵稳定性。

悬架主要分为以下 3 种形式:

(1) 被动式悬架　车轮和车身状态只能被动地取决于路面及行驶状况以及汽车的弹性支撑元件、减振器和导向机构。

(2) 主动悬架　可根据行驶条件,随时对悬架系统的刚度、减振器的阻尼力以及车身的高度进行调节,使汽车的有关性能始终处于最佳状态。

(3) 半主动悬架　仅对减振器的阻尼力进行调节,有些还对横向稳定器的刚度进行调节。

主动悬架、半主动悬架的调节方式都有机械式和电子式两种。

任务实施

根据已有设备,任选一款汽车认识汽车底盘电控系统的总体结构。

任 务 工 单

任务 1-1　底盘电控技术分析及布置认识

<table>
<tr><td>班　级</td><td></td><td>姓　名</td><td></td><td>学　号</td><td></td></tr>
<tr><td>地　点</td><td colspan="3"></td><td>等　级</td><td></td></tr>
<tr><td>任务
目的</td><td colspan="5"></td></tr>
<tr><td>任
务
过
程</td><td colspan="5">1. 汽车底盘系统都采用了哪些电子控制技术？

2. 自动变速器具有哪些优点？

3. 下图所示字母分别代表什么意思？
P ____________
R ____________
N ____________
D ____________
S ____________
L ____________
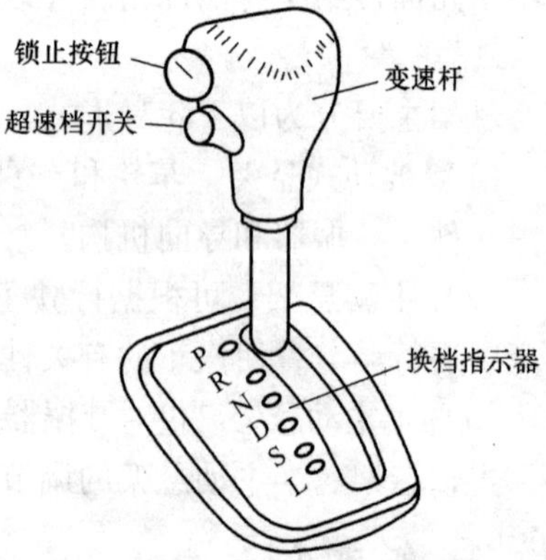
锁止按钮
变速杆
超速档开关
换档指示器
P
R
N
D
S
L</td></tr>
</table>

任务过程	4. 什么是电控悬架？有什么特点？ 5. 什么是ABS？什么是ASR？它们各自有什么特点？ 6. 什么是ESP？它有什么功能？ 7. 查找资料，看看底盘上还用了哪些新技术。

考核评价	考评项目		分 值	教师考核	备 注
	素质考评	团队协作	10分		
		语言表达	10分		
		实训纪律	10分		
	过程考评	工具使用	10分		
		任务实施	30分		
		完成情况	20分		
		工位整理	10分		
	合　　计				

项目小结

本项目从总体上介绍了底盘电控系统，主要介绍了汽车底盘电控系统的组成；电控自动变速器、防抱死制动系统的发展历史和发展趋势；电控驱动防滑系统的基本功能；电控动力转向系统和电控悬架系统的发展、使用目的及优势等。

思考题

1. 电控驱动防滑系统是通过调节_____来实现驱动轮滑转控制的。
2. 车轮和车身状态只能被动地取决于路面及行驶状况以及汽车的弹性支撑元件、减振器和导向机构的悬架是_____悬架。
3. 根据行驶条件，随时对悬架系统的刚度、减振器的阻尼力以及车身的高度进行调节，使汽车的有关性能始终处于最佳状态的悬架是_____悬架。
4. 不仅对减振器的阻尼力进行调节，有些还对横向稳定器的刚度进行调节的悬架是_____悬架。
5. 悬架系统的调节方式有_____和_____两种。
6. 汽车底盘电子控制与液压控制相比具有哪些优势？
7. 防抱死制动系统技术的发展趋势是什么？

项目二 液力自动变速器检修

自动变速器（Automatic Transmission，AT）是指汽车驾驶中离合器的操纵和变速器的操纵都实现了自动化的变速器。目前自动变速器的换档过程都是由自动变速器的电控单元（ECU，俗称电脑）控制的，因此自动变速器又可简称为 EAT、ECAT 和 ECT 等。

一、自动变速器的类型

自动变速器可以按结构和控制方式、车辆驱动方式、档位数的不同来分类。

1. 按结构和控制方式分类

自动变速器按结构和控制方式的不同，可以分为液力自动变速器、机械式自动变速器、双离合器自动变速器和无级自动变速器。

（1）液力自动变速器　它是目前应用最广泛、技术最成熟的自动变速器。按照控制方式的不同，液力自动变速器可以分为液控液力自动变速器和电控液力自动变速器，目前轿车上都是采用电控液力自动变速器；按照变速机构（机械变速器）的不同，液力自动变速器又可以分为行星齿轮自动变速器和非行星齿轮自动变速器，行星齿轮自动变速器应用最广泛，非行星齿轮自动变速器只在本田等个别车系中应用。

（2）机械式自动变速器（Automated Mechanical Transmission，AMT）　它是在原有手动、有级、普通齿轮变速器的基础上增加了电控系统，以自动控制离合器的接合、分离和变速器的档位变换。

（3）双离合器自动变速器（Direct Shift Gearbox，DSG）　它属于有级式机械自动变速器的一种。如图 2-1 所示，DSG 主要包括一个由两组离合器片集合而成的双离合器装置，一个由实心轴及其外套筒组合而成的双传动轴机构，以及控制单数和双数档位的两组齿轮。该种

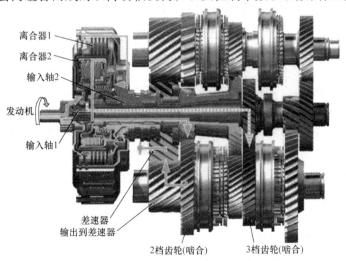

图 2-1　DSG 的结构示意图

自动变速器能消除换档时的动力传递停滞现象。

（4）无级自动变速器（Continuously Variable Transmission，CVT） 它采用传动带和工作直径可变的主、从动轮相配合来传递动力，可以实现传动比的连续改变。

2. 按车辆的驱动方式分类

自动变速器按车辆的驱动方式的不同，可以分为自动变速器（Automatic Transmission）和自动变速驱动桥（Automatic Transaxle），如图 2-2 所示。

自动变速器用于发动机前置后轮驱动的布置形式，变速器与主减速器、差速器分开；自动变速驱动桥用于发动机前置前轮驱动的布置形式，变速器与主减速器、差速器制成一个总成。

3. 按自动变速器前进档的数目分类

按照自动变速器变速杆置于前进档时的档位数，可以分为四档、五档、六档等，目前比较常见的是四档和六档自动变速器。

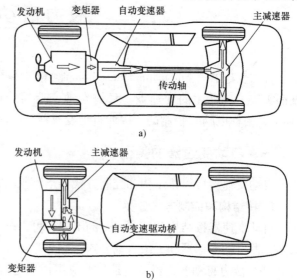

图 2-2 自动变速器和自动变速驱动桥
a）自动变速器 b）自动变速驱动桥

二、电控自动变速器的基本组成和控制原理

本项目所说的自动变速器均指电控液力自动变速器。

1. 基本组成

自动变速器主要由液力变矩器、齿轮变速机构、换档执行机构、液压控制系统、电子控制系统等组成。

（1）液力变矩器 液力变矩器是一个通过自动变速器油（ATF）传递动力的装置，其主要功用是在一定范围内自动、连续地改变转矩比，以适应不同行驶阻力的要求。驾驶人可通过控制节气门开度控制液力变矩器的输出转矩，逐步加大输出转矩，实现动力的柔和传递。

（2）齿轮变速机构 以常见的行星齿轮变速器为例，其由 2～3 排行星齿轮机构组成不同的运动状态组合可得到 3～9 种速比。

（3）换档执行机构 电控自动变速器换档执行机构的功用与普通变速器的同步器有相似之处，但电控自动变速器的换档执行机构是由电液系统控制的，而普通变速器的同步器是由人工控制的。两者都可实现变速器的不同档位。电控自动变速器的换档执行机构包括离合器、制动器、单向离合器三种。

（4）液压控制系统 电控自动变速器中的液压控制系统主要控制换档执行机构的工作情况，它由油泵及各种液压控制阀和液压管路等组成。汽车行驶中根据驾驶人的要求和行驶条件的需要，控制离合器和制动器的工作状况来实现变速器的自动换档。

（5）电子控制系统 电子控制系统将自动变速器的各种控制信号输入电控单元

(ECU)，经ECU处理后发出控制指令控制液压控制系统中的各种电磁阀实现自动换档，并改善换档性能。

（6）冷却滤油装置 ATF在自动变速器工作过程中会因冲击、摩擦产生热量，并要吸收齿轮传动过程中所产生的热量，使油温升高。油温升高将导致ATF黏度下降，传动效率降低，因此必须对ATF进行冷却，保持油温在80～90°C。ATF是通过油冷却器与冷却液或空气进行热量交换的。自动变速器工作中各部件磨损产生的机械杂质，由滤油器从油中过滤分离出去，以减小机械的磨损、液压油路堵塞和控制阀卡滞。

2. 基本原理

图2-3所示为液控自动变速器的组成和原理图。

液控自动变速器通过机械传动方式，将汽车行驶时的车速和节气门开度这两个主控制参数转变为液压控制信号。液

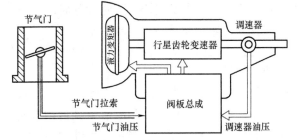

图2-3 液控自动变速器的组成和原理图

压控制系统的阀板总成中的各控制阀根据这些液压控制信号的变化，按照设定的换档规律，操纵换档执行元件的动作实现自动换档。

图2-4所示为电控自动变速器的组成和原理图。

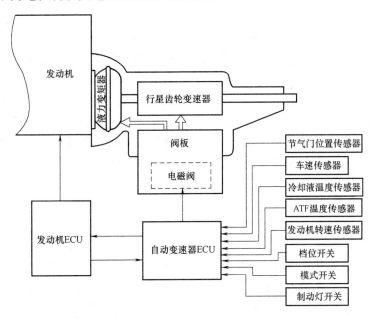

图2-4 电控自动变速器的组成和原理图

电控自动变速器通过各种传感器，将发动机的转速、节气门开度、车速、冷却液温度、ATF温度等参数信号输入ECU，ECU根据这些信号，按照设定的换档规律，向换档电磁阀、油压电磁阀等发出动作控制信号，换档电磁阀和油压电磁阀再将ECU的动作控制信号转变为液压控制信号，阀板中的各控制阀根据这些液压控制信号，控制换档执行元件的动作，从而实现自动换档过程。

三、自动变速器变速杆的认识

轿车自动变速器的变速杆根据型号不同标注稍有差别。图 2-5 所示的变速杆有 6 个位置，下面介绍其具体功能。

P 位：驻车档。当变速杆置于此位置时，驻车锁止机构将自动变速器输出轴锁止。

R 位：倒档。当变速杆置于此位置时，液压控制系统倒档油路被接通，驱动轮反转，实现倒车。

N 位：空档。当变速杆置于此位置时，所有机械变速器的齿轮机构空转，不能输出动力。

D 位：前进档。当变速杆置于此位置时，液压控制系统控制装置根据节气门开度信号和车速信号自动接通相应的前进档油路，行星齿轮变速器在换档执行元件的控制下得到相应的传动比。随着行驶条件的变化，在前进档中自动升降档，实现自动变速功能。

图 2-5　自动变速器变速杆位置示意图

2 位：高速发动机制动档。当变速杆置于此位置时，液压控制系统只能接通前进档中的一、二档油路，自动变速器只能在这两个档位间自动换档，无法升入更高的档位，从而使汽车获得发动机制动效果。

3 位：低速档。在下山或者下长距离的斜坡时，把档位挂在这里，可以限制汽车的档位自动的只在低档上，使汽车在下坡时使用发动机动力进行制动。上斜坡或下斜坡时，可充分利用汽车发动机的转矩。

L 位（也称 1 位）：低速发动机制动档。当变速杆置于此位置时，汽车被锁定在前进档的一档，只能在该档位行驶而无法升入更高档的档位，发动机制动效果增强。

这两个档位多用于山区等路况的行驶，可避免频繁换档，提高变速器的使用寿命。

发动机只有在变速杆置于 N 位或 P 位时，汽车才能起动，此功能靠空档起动开关实现。

常见变速杆的位置是在转向柱上或驾驶室地板上，如图 2-6 所示。

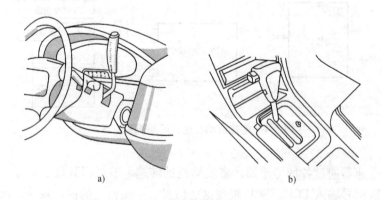

图 2-6　变速杆的位置
a) 布置在转向柱上　b) 布置在驾驶室地板上

任务 2-1 液力变矩器检修

任务要求

1. 了解液力变矩器的功用和组成,掌握液力变矩器各元件的名称。
2. 掌握液力变矩器动力传递和转矩放大的工作原理;掌握单向离合器和锁止离合器的功用和工作原理。
3. 能正确进行液力变矩器的拆装与检查。

任务描述

液力变矩器是一种将动力从发动机曲轴传递给变速器输入轴的液力传动装置,它能够在发动机和变速器之间提供平稳传递转矩的液力连接,增大输出转矩,使汽车具有良好的起步和加速性能,消除液力传动过程中的动力损失,提高汽车高速行驶时的燃油经济性。本项任务主要是学习液力变矩器的结构原理及检修方法。

相关知识

一、液力变矩器的功用和组成

1. 功用

液力变矩器位于发动机和机械变速器之间,以自动变速器油(ATF)为工作介质,主要完成以下功用:

(1)传递转矩 发动机的转矩通过液力变矩器的主动元件,再通过 ATF 传给液力变矩器的从动元件,最后传给变速器。

(2)无级变速 根据工况的不同,液力变矩器可以在一定范围内实现转速和转矩的无级变化。

(3)自动离合 液力变矩器由于采用 ATF 传递动力,当踩下制动踏板时,发动机不会熄火,相当于离合器分离;当抬起制动踏板时,汽车可以起步,相当于离合器接合。

(4)驱动油泵 ATF 在工作时需要油泵提供一定的压力,而油泵一般由液力变矩器驱动。

由于采用 ATF 传递动力,液力变矩器的动力传递柔和,且能防止传动系统过载。

2. 组成

如图 2-7 所示,液力变矩器主要由泵轮、涡轮和导轮三个元件组成,称为三元件液力变矩器。也有的采用两个导轮,则称为四元件液力变矩器。

(1)泵轮 泵轮在变矩器壳体内,许多曲面叶片径向安装在其内。在叶片的内缘上安装有导环,提供通道使 ATF 流动畅通。变矩器通过驱动端盖与曲轴连接。当发动机运转时,带动泵轮一同旋转,泵轮内的 ATF 依靠离心力向外冲出。发动机转速升高时泵轮产生的离心力随之升高,由泵轮向外喷射的 ATF 的速度也随之升高。

图 2-7 液力变矩器的组成

（2）涡轮　涡轮是有许多曲面叶片的圆盘，其叶片的曲线方向不同于泵轮的叶片。涡轮通过花键与变速器的输入轴相啮合，涡轮的叶片与泵轮的叶片相对而设，相互间保持非常小的间隙。

（3）导轮　导轮是有叶片的小圆盘，位于泵轮和涡轮之间。它安装于导轮轴上，通过单向离合器固定于变速器壳体上。

导轮上的单向离合器可以锁住导轮防止其反向转动。这样，导轮可根据工作液冲击叶片的方向进行旋转或锁住。

液力变矩器总成封在一个钢制壳体（变矩器壳体）中，内部充满 ATF。液力变矩器壳体通过螺栓与发动机曲轴后端的飞轮连接，与发动机曲轴一起旋转。泵轮位于液力变矩器的后部，与变矩器壳体连在一起。涡轮位于泵轮前，通过带花键的从动轴向后面的机械变速器输出动力。导轮位于泵轮与涡轮之间，通过单向离合器支撑在固定套管上，使得导轮只能单向旋转（顺时针旋转）。泵轮、涡轮和导轮上都带有叶片，液力变矩器装配好后形成环形内腔，其间充满 ATF。

二、液力变矩器的工作原理

1. 动力的传递

液力变矩器工作时，壳体内充满 ATF，发动机带动壳体旋转，壳体带动泵轮旋转，泵轮的叶片将 ATF 带动起来，并冲击涡轮的叶片；如果作用在涡轮叶片上的冲击力大于作用在涡轮上的阻力，涡轮将开始转动，并使机械变速器的输入轴一起转动。由涡轮叶片流出的 ATF 经过导轮后再流回到泵轮，形成图 2-8 所示的循环流动。

2. 转矩的放大

在泵轮与涡轮的转速差较大的情况下，由涡轮甩出的 ATF 以逆时针方向冲击导轮叶片，如图 2-9 所示，此时导轮是固定不动的，因为导轮上装有单向离合器，它可以防止导轮逆时针转动。导轮的叶片形状使得 ATF 的流向改变为顺时针方向流回泵轮，即与泵轮的旋转方向相同。泵轮将来自发动机和从涡轮回流的能量一起传递给涡轮，使涡轮输出转矩增大。液力变矩器的转矩放大倍数一般为 2.2 左右。

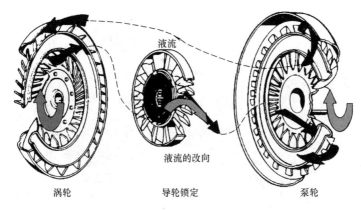

图 2-8 ATF 在液力变矩器中的循环流动

液力变矩器的变矩特性只有在泵轮与涡轮转速相差较大的情况下才成立,随着涡轮转速的不断提高,从涡轮回流的 ATF 会沿顺时针方向冲击导轮。若导轮仍然固定不动,ATF 将会产生涡流,阻碍其自身的运动。为此绝大多数液力变矩器在导轮机构中增设了单向离合器,也称自由轮机构。当涡轮与泵轮转速相差较大时,单向离合器处于锁止状态,导轮不能转动。当涡轮转速达到泵轮转速的 85%~90% 时,单向离合器导通,导轮空转,不起导流的作用,液力变矩器的输出转矩不能增加,只能等于泵轮的转矩,此时称为偶合状态。

液力变矩器的工作原理可以通过一对风扇的工作来描述。如图 2-10 所示,给风扇 A 通电,将气流吹动起来,并使未通电的电扇 B 也转动起来,此时动力由电扇 A 传递到电扇 B。为了实现转矩的放大,在两台电扇的背面加上一条空气通道,使穿过风扇 B 的气流通过空气通道的导向,从电扇 A 的背面流回,这会加强电扇 A 吹动的气流,使吹向电扇 B 的转矩增加。即电扇 A 相当于泵轮,电扇 B 相当于涡轮,空气通道相当于导轮,空气相当于 ATF。

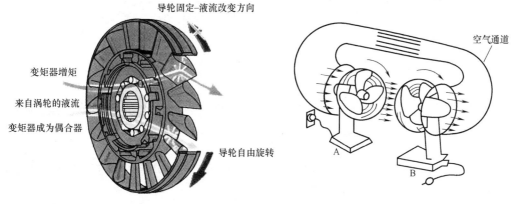

图 2-9 液力变矩器转矩放大原理　　图 2-10 液力变矩器的工作模型

液力变矩器的液流流动如图 2-11 所示,由图可以看出,涡轮回流的 ATF 经过导轮叶片后改变流动方向,与泵轮旋转方向相同,从而使液力变矩器具有转矩放大的功用。

3. 液力变矩器的工作特性

(1) 特性参数

1) 转速比:即涡轮转速与泵轮转速之比,用来描述液力变矩器的工况。

图 2-11 液力变矩器的液流流动

2) 变矩系数 K：即涡轮转矩和泵轮转矩之比，用来描述液力变矩器改变输入转矩的能力。

3) 效率 η：即涡轮轴输出功率与泵轮轴输入功率之比。

4) 穿透性：是指液力变矩器和发动机共同工作时，在节气门开度不够的情况下，变矩器涡轮轴上的载荷变化对泵轮轴转矩和转速影响的性能。

（2）特性曲线

液力变矩器的外特性是指泵轮转速（转矩）不变时，液力元件外特性参数与涡轮转速的关系。外特性曲线是指泵轮转矩不变时，涡轮转矩与涡轮转速或转速比的关系曲线（图 2-12）。

液力变矩器的这种外特性（自动适应性），能够自动适应汽车行驶情况的需要，是液力变矩器的一个很重要的特性。因此，液

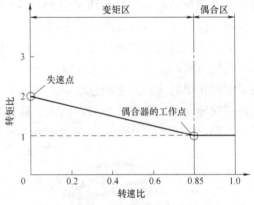

图 2-12 液力变矩器外特性曲线

力变矩器是一种在一定范围内能够随汽车行驶情况而自动改变转矩的无级变速器。

三、变矩器的其他零部件

典型的液力变矩器由泵轮、涡轮、带单向离合器的导轮、变矩器壳体、涡轮轴、锁止离合器等组成。下面只介绍单向离合器和锁止离合器。

1. 单向离合器

单向离合器又称为自由轮机构、超越离合器，其功用是实现导轮的单向锁止，即导轮只能顺时针转动而不能逆时针转动，使得液力变矩器在高速区实现偶合传动。

常见的单向离合器有楔块式和滚柱式两种结构形式。

楔块式单向离合器如图 2-13 所示，由内座圈、外座圈、楔块、保持架等组成。导轮与外座圈连为一体，内座圈与固定套管刚性连接，不能转动。当导轮带动外座圈逆时针转动时，外座圈带动楔块逆时针转动，楔块的长径与内、外座圈接触，如图 2-13a 所示，由于长

径长度大于内、外座圈之间的距离，外座圈被卡住而不能转动。当导轮带动外座圈顺时针转动时，外座圈带动楔块顺时针转动，楔块的短径与内、外座圈接触，如图2-13b所示，由于短径长度小于内、外座圈之间的距离，外座圈可以自由转动。

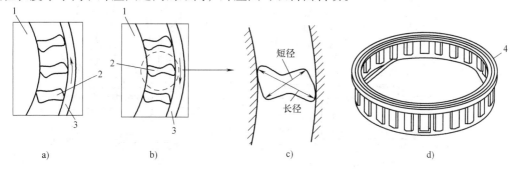

图2-13 楔块式单向离合器
a) 不可转动 b) 可以转动 c) 楔块结构 d) 楔块式单向离合器
1—内座圈 2—楔块 3—外座圈 4—保持架

滚柱式单向离合器如图2-14所示，由内座圈、外座圈、滚柱、叠片弹簧等组成。当导轮带动外座圈顺时针转动时，滚柱进入楔形槽的宽处，内、外座圈不能被滚柱卡紧，外座圈和导轮可以顺时针自由转动。当导轮带动外座圈逆时针转动时，滚柱进入楔形槽的窄处，内、外座圈被滚柱卡紧，外座圈和导轮固定不动。

2. 锁止离合器

锁止离合器（Torque Converter Clutch，TCC）可以将泵轮和涡轮直接连接起来，即将发动机与机械变速器直接连接起来，这样可减少液力变矩器在高速比时的能量损耗，提高了传动效率，提高汽车在正常行驶时的燃油经济性，并防止ATF过热。

锁止离合器的结构及原理如图2-15所示。当车辆在良好路面行驶，满足以下5个条件时，ECU才能使锁止离合器进入锁止工况：

1）发动机冷却液温度不得低于规定值。
2）档位开关指示变速器处于行驶档。
3）制动灯开关必须指示没有进行制动。
4）车速必须高于规定值。
5）来自节气门位置传感器的信号，须指示节气门处于开启状态。

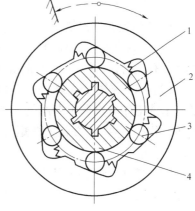

图2-14 滚柱式单向离合器
1—叠片弹簧 2—外座圈 3—滚柱
4—内座圈

锁止离合器接合时，进入液力变矩器中的ATF按图2-15a所示的方向流动，使锁止离合器片向前移动，压紧在液力变矩器前盖上，通过摩擦力矩使二者一起转动。此时发动机的动力经液力变矩器前盖、锁止离合器片、涡轮传给变速器输入轴，相当于将泵轮和涡轮刚性连在一起，传动效率为100%。

当车辆起步、低速或在坏路面上行驶时，应将锁止离合器分离，使液力变矩器具有变矩作用。此时ATF按图2-15b所示的方向流动，将锁止活塞与液力变矩器壳体分离，解除液力变矩器壳体与涡轮的直接连接。

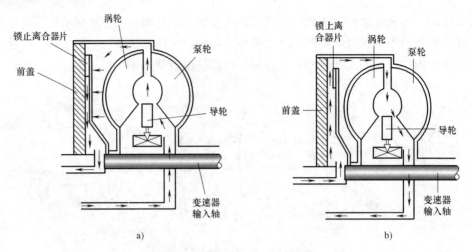

图 2-15 锁止离合器的结构及原理
a) 锁止状态 b) 分离状态

锁止离合器的常见故障有不锁止和常锁止两种。不锁止的现象是车辆的油耗高、发动机高速运转而车速不够快。具体检查时要相应检查电路部分、阀体部分以及锁止离合器本身。

任务实施

1. 液力变矩器的检查

（1）检查液力变矩器的外部 目视检查液力变矩器的外部有无损坏和裂纹，油泵驱动毂外径有无磨损、缺口有无损伤。如有异常应更换液力变矩器。

（2）液力变矩器的清洗 当自动变速器有过热现象或 ATF 被污染后，应清洗液力变矩器。清洗工作可以采用专用的冲洗机进行，也可以手工进行。手工清洗方法是加入干净的 ATF，用力摇晃、振荡液力变矩器，然后排净油液，反复进行这样的操作，直到排出的油液干净为止。

（3）液力变矩器内部干涉的检查 液力变矩器内部干涉主要是指导轮和涡轮、导轮和泵轮之间的干涉。如果有干涉，液力变矩器运转时会有异常噪声。

导轮和涡轮之间的干涉检查如图 2-16 所示。将液力变矩器与飞轮连接侧朝下放在台架上，然后装入油泵总成，确保液力变矩器油泵驱动毂与油泵主动部分接合好。把变速器输入轴（涡轮轴）插入涡轮轮毂中，使油泵和液力变矩器保持不动，然后顺时针、逆时针反复转动涡轮轴，如果转动不顺畅或有异常噪声，则应更换液力变矩器。

导轮和泵轮之间的干涉检查如图 2-17 所示，将油泵放在台架上，并把液力变矩器安装在油泵上，旋转液力变矩器使液力变矩器的油泵驱动毂与油泵主动部分接合好，然后固定住油泵并逆时针转动液力变矩器，如果转动不顺畅或有异常噪声，则应更换液力变矩器。

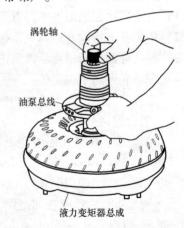

图 2-16 导轮和涡轮之间的干涉检查

(4) 单向离合器的检查　单向离合器损坏失效后,液力变矩器就失去了转矩放大的功用,将出现以下故障现象:车辆加速起步无力,不踩加速踏板车辆不走,但车辆行驶起来之后换档正常,发动机功率正常;如果做失速试验会发现失速转速比正常值低400~800r/min。

单向离合器的检查如图2-18所示,用专用工具插入油泵驱动毂和单向离合器外座圈的槽口中。然后用手指压住单向离合器的内座圈并转动它,检查是否顺时针转动平稳而逆时针方向锁止。如果单向离合器损坏,则应更换液力变矩器总成。

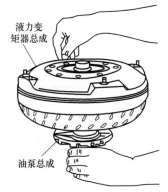

图2-17　导轮和泵轮之间的干涉检查

2. 安装液力变矩器

把液力变矩器安装到变速器上时,要使两个传动销落在油泵的切口内,并使距离A至少为20mm,如图2-19所示。

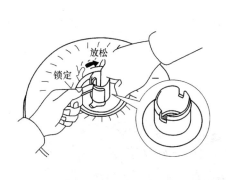

图2-18　单向离合器的检查

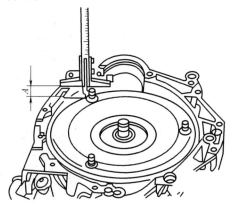

图2-19　安装液力变矩器

任 务 工 单

任务 2-1　液力变矩器检修

班　级		姓　名		学　号	
地　点				等　级	

工具准备	

| 任务过程 | 1. 液力变矩器的锁止是指_____和_____连接成一体。其作用是：_____。
2. 液力变矩器位于自动变速器的_____，安装在发动机的_____，其作用与_____。
3. 说出下图中部件的名称。

1) _____　　2) _____　　3) _____ |

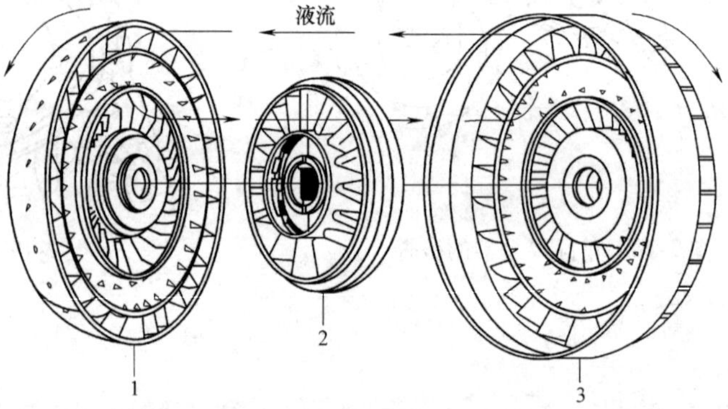

任务过程	4. 写出导轮和涡轮之间的干涉检查步骤。
	5. 更换液力变矩器时应注意哪些事项？
	6. 液力变矩器故障会造成自动变速器换档冲击吗？为什么？

	考评项目		分　值	教师考核	备　注
考核评价	素质考评	团队协作	10 分		
		语言表达	10 分		
		实训纪律	10 分		
	过程考评	工具使用	10 分		
		任务实施	30 分		
		完成情况	20 分		
		工位整理	10 分		
	合　　计				

任务 2-2　自动变速器拆装

任务要求

1. 掌握行星齿轮变速机构的结构、组成和各档传动路线。
2. 熟悉行星齿轮变速机构的主要零件检修内容与方法，能进行齿轮变速机构的检查。
3. 掌握换档执行机构的功能、类型、结构与工作原理，能进行换档执行机构的检查和调整。
4. 熟悉齿轮变速系统动力传动路线分析方法，能进行动力传动分析。

任务描述

自动变速器的齿轮变速机构主要有行星齿轮变速机构两种和平行轴式齿轮变速机构两种，目前绝大多数自动变速器多采用行星齿轮变速机构。本项任务的内容是学习自动变速器行星齿轮机构的结构原理及检查方法。

相关知识

一、齿轮变速机构的基本组成与工作

平行轴式齿轮变速机构主要由平行轴和普通齿轮组成。行星齿轮变速机构主要由太阳轮、齿圈和装有行星齿轮的行星架三元件组成。

1. 单排行星齿轮机构的组成

如图 2-20 所示，单排行星齿轮机构主要由 1 个太阳轮（或称为中心轮）、1 个带有若干行星齿轮的行星架和 1 个齿圈组成。

齿圈又称齿环，制有内齿，其余齿轮均为外齿轮。太阳轮位于机构的中心，行星齿轮与其外啮合，行星齿轮与齿圈内啮合。通常行星齿轮有 3～6 个，通过滚针轴承安装在行星齿轮轴上，行星齿轮轴对称、均匀地安装在行星架上。行星齿轮机构工作时，行星齿轮除了绕自身轴线的自转外，同时还绕着太阳轮公转，行星齿轮绕太阳轮公转，行星架也绕太阳轮旋转。

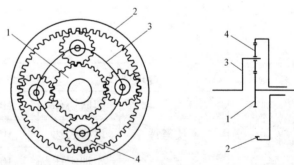

图 2-20　单排行星齿轮机构
1—太阳轮　2—齿圈　3—行星架　4—行星齿轮

由于太阳轮与行星齿轮是外啮合的，二者的旋转方向是相反的；而行星齿轮与齿圈是内啮合的，则二者的旋转方向是相同的。

2. 单排行星齿轮机构的运动规律

根据能量守恒定律，由作用在单排行星齿轮机构各元件上的力矩和结构参数，可以得出表示单排行星齿轮机构运动规律的特性方程式：

$$n_1 + \alpha n_2 - (1+\alpha)n_3 = 0 \tag{2-1}$$

式中，n_1 为太阳轮转速；n_2 为齿圈转速；n_3 为行星架转速；α 为齿圈齿数 z_2 与太阳轮齿数 z_1 之比，即 $\alpha = z_2/z_1$，且 $\alpha > 1$。

由于一个方程有三个变量，如果将太阳轮、齿圈和行星架中某个元件作为主动（输入）部分，让另一个元件作为从动（输出）部分，则由于第三个元件不受任何约束和限制，从动部分的运动是不确定的。因此为了得到确定的运动，必须对太阳轮、齿圈和行星架三者中的某个元件的运动进行约束和限制。

3. 单排行星齿轮机构不同的动力传动方式

如图 2-21 所示，通过对不同的元件进行约束和限制，可以得到不同的动力传动方式。

1）齿圈为主动件（输入），行星架为从动件（输出），太阳轮固定，如图 2-21a 所示。此时，$n_1 = 0$，则传动比 i_{23} 为

$$i_{23} = n_2/n_3 = 1 + 1/\alpha > 1$$

由于传动比大于 1，说明为减速传动，可以作为降速档。

2）太阳轮为主动件（输入），行星架为从动件（输出），齿圈固定，如图 2-21b 所示。此时，$n_2 = 0$，则传动比 i_{13} 为

$$i_{13} = n_1/n_3 = 1 + \alpha > 1$$

由于传动比大于 1，说明为减速传动，可以作为降速档。

对比这两种情况的传动比，由于 $i_{13} > i_{23}$，虽然都为降速档，但 i_{13} 是降速档中的低档，而 i_{23} 为降速档中的高档。

3）行星架为主动件（输入），齿圈为从动件（输出），太阳轮固定，如图 2-21c 所示。此时，$n_1 = 0$，则传动比 i_{32} 为

$$i_{32} = n_3/n_2 = \alpha/(1+\alpha) < 1$$

由于传动比小于 1，说明为增速传动，可以作为超速档。

4）行星架为主动件（输入），太阳轮为从动件（输出），齿圈固定，如图 2-21d 所示。此时，$n_2 = 0$，则传动比 i_{31} 为

$$i_{31} = n_3/n_1 = 1/(1+\alpha) < 1$$

由于传动比小于 1，说明为增速传动，可以作为超速档。

5）太阳轮为主动件（输入），齿圈为从动件（输出），行星架固定，如图 2-21e 所示。此时，$n_3 = 0$，则传动比 i_{12} 为

$$i_{12} = n_1/n_2 = -\alpha$$

由于传动比为负值，说明主从动件的旋转方向相反；又由于 $|i_{12}| > 1$，说明为增速传动，可以作为倒档。

6）如果 $n_1 = n_2$，则可以得到 $n_3 = n_1 = n_2$。同样，$n_1 = n_3$ 或 $n_2 = n_3$ 时，均可以得到 $n_1 = n_2 = n_3$ 的结论。因此，若使太阳轮、齿圈和行星架三个元件中的任何两个元件连为一体转动，则另一个元件必然与前两者等速同向转动。即行星齿轮机构中所有元件（包含行星齿轮）之间均无相对运动，传动比 $i = 1$。这种传动方式用于变速器的直接档传动。

7）如果太阳轮、齿圈和行星架三个元件没有任何约束，则各元件的运动是不确定的，此时为空档。

行星齿轮机构组合表见表 2-1。

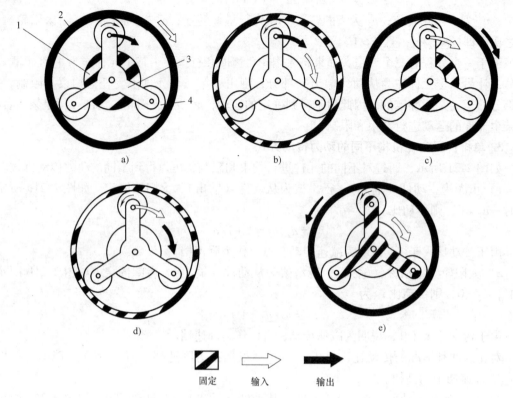

图 2-21 单排行星齿轮机构的动力传动方式
1—太阳轮 2—齿圈 3—行星架 4—行星齿轮

表 2-1 行星齿轮机构组合表

档位	太阳轮	齿圈	行星架
减速 1	固定	输入	输出
倒档 1	输入	输出	固定
超速 1	固定	输出	输入
减速 2	输入	固定	输出
倒档 2	输出	输入	固定
超速 2	输出	固定	输入
直接传动	固定任意两样		
空档	都不固定		

自动变速器中的行星齿轮变速器一般采用 2~3 排行星齿轮机构传动，其各档传动比就是根据上述单排行星齿轮机构传动特点进行合理组合得到的。

4. 双行星排齿轮机构

双排行星齿轮机构（图 2-22）运动规律的特性方程式为

$$n_1 - \alpha n_2 + (\alpha - 1)n_3 = 0 \tag{2-2}$$

二、组合式行星齿轮机构

自动变速器中的行星齿轮变速器一般采用2~3排行星齿轮机构传动,其各档传动比就是根据上述单排行星齿轮机构传动特点进行合理组合得到的。常见的行星齿轮变速器有辛普森式和拉威娜式。

1. 四档辛普森式行星齿轮变速器

辛普森式行星齿轮变速器是在自动变速器中应用最广泛的一种行星齿轮变速器,它由美国福特公司的工程师H·W·辛普森发明。

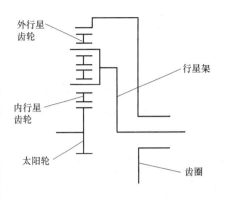

图2-22 双排行星齿轮机构

图2-23、2-24所示分别为四档辛普森式行星齿轮变速器的结构简图和元件位置图。

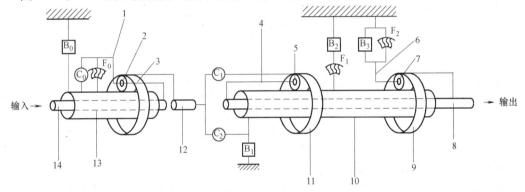

图2-23 四档辛普森式行星齿轮变速器的结构简图

1—超速行星排行星架 2—超速行星排行星齿轮 3—超速行星排齿圈 4—前行星排行星架 5—前行星排行星齿轮 6—后行星排行星架 7—后行星排行星齿轮 8—输出轴 9—后行星排齿圈 10—前后行星排太阳轮 11—前行星排齿圈 12—中间轴 13—超速行星排太阳轮 14—输入轴 C_0—超速档(OD)离合器 C_1—前进档离合器 C_2—直接档、倒档离合器 B_0—超速档(OD)制动器 B_1—2档滑行制动器 B_2—2档制动器 B_3—低、倒档制动器 F_0—超速档(OD)单向离合器 F_1—2档(1号)单向离合器 F_2—低档(2号)单向离合器

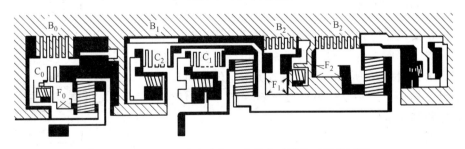

图2-24 四档辛普森式行星齿轮变速器的元件位置图

四档辛普森式行星齿轮变速器由四档辛普森行星齿轮机构和换档执行元件两大部分组成。其中,四档辛普森式行星齿轮机构由三排行星齿轮机构组成,前面一排为超速行星排,中间一排为前行星排,后面一排为后行星排,之所以这样命名是因为四档辛普森式行星齿轮

机构是在三档辛普森式行星齿轮机构的基础上发展而来的，沿用了三档辛普森式行星齿轮机构的命名。输入轴与超速行星排的行星架相连，超速行星排的齿圈与中间轴相连，中间轴通过前进档离合器或直接档、倒档离合器与前、后行星排相连。前、后行星排的结构特点是，共用一个太阳轮，前行星排的行星架与后行星排的齿圈相连并与输出轴相连。

换档执行机构包括三个离合器、四个制动器和三个单向离合器共十个元件。具体的功能见表2-2。

表 2-2　换档执行元件的功能

换档执行元件		功　能
C_0	超速档（OD）离合器	连接超速行星排太阳轮与超速行星排行星架
C_1	前进档离合器	连接中间轴与前行星排齿圈
C_2	直接档、倒档离合器	连接中间轴与前后行星排太阳轮
B_0	超速档（OD）制动器	制动超速行星排太阳轮
B_1	2档滑行制动器	制动前后行星排太阳轮
B_2	2档制动器	制动F_1外座圈，当F_1也起作用时，可以防止前后行星排太阳轮逆时针转动
B_3	低、倒档离合器	制动后行星排行星架
F_0	超速档（OD）单向离合器	连接超速行星排太阳轮与超速行星排行星架
F_1	2档（1号）单向离合器	当B_2工作时，防止前后行星排太阳轮逆时针转动
F_2	低档（2号）单向离合器	防止后行星排行星架逆时针转动

2. 拉威娜式行星齿轮变速器

拉威娜式行星齿轮变速器包括行星齿轮机构和离合器、制动器、单向离合器。

拉威娜式行星齿轮机构如图2-25所示，由双行星排组成，包括大太阳轮、小太阳轮、长行星轮、短行星轮、齿圈和行星架。大、小太阳轮采用分段式结构，使3档到4档的转换更加平顺。短行星轮与长行星轮及小太阳轮啮合，长行星轮同时与大太阳轮、短行星轮及齿圈啮合，动力通过齿圈输出。两个行星轮共用一个行星架（图中未画出）。

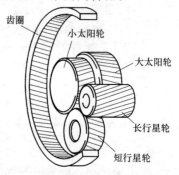

图 2-25　拉威娜式行星齿轮机构

三、换档执行元件

行星齿轮变速器的换档执行元件包括离合器、制动器和单向离合器。单向离合器的结构和原理同导轮单向离合器，检查方法如图2-26所示，要求在箭头所示的方向自由转动，而反方向锁止，必要时更换或重新安装。下面重点介绍离合器和制动器。

1. 离合器

离合器的功用是连接轴和行星齿轮机构中的元件或是连接行星齿轮机构中的不同元件。

（1）结构和组成　离合器主要由离合器毂、花键毂、活塞、主动摩擦片、从动钢片和回位弹簧等组成，如图2-27所示。

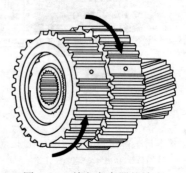

图 2-26　单向离合器的检查

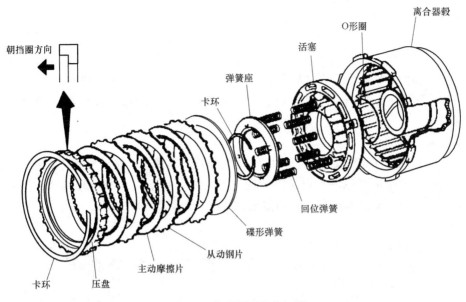

图 2-27 离合器零件分解图

离合器毂是一个液压缸,毂内有内花键齿圈,内圆轴颈上有进油孔与控制油路相通。离合器活塞为环状,内外圆上有密封圈,安装在离合器毂内。从动钢片和主动摩擦片交错排列,二者统称为离合器片,均使用钢料制成,但摩擦片的两面烧结有铜基粉末冶金的摩擦材料。为保证离合器接合柔和及散热,离合器片浸在油液中工作,因而称为湿式离合器。钢片带有外花键齿,与离合器毂的内花键齿圈连接,并可轴向移动,摩擦片则以内花键齿与花键毂的外花键槽配合,也可做轴向移动。花键毂和离合器毂分别以一定的方式与变速器输入轴或行星齿轮机构的元件相连接。碟形弹簧的作用是使离合器接合柔和,防止换档冲击。可以通过调整卡环或压盘的厚度调整离合器的间隙。

(2) 工作原理 离合器的工作原理如图 2-28 所示。

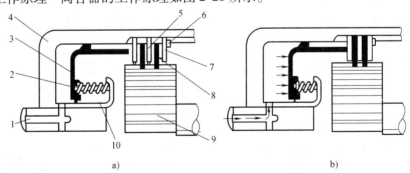

图 2-28 离合器工作原理
a) 分离状态 b) 接合状态
1—控制油道 2—回位弹簧 3—活塞 4—离合器毂 5—主动片 6—卡环
7—压盘 8—从动片 9—花键毂 10—弹簧座

当一定压力的 ATF 经控制油道进入活塞左面的液压缸时,液压作用力便克服弹簧力使活塞右移,将所有离合器片压紧,即离合器接合,与离合器主、从动件相连的元件也被连接在一起，以相同的速度旋转。

当控制阀将作用在离合器液压缸的油压撤除后，离合器活塞在回位弹簧的作用下回到原位，并将缸内的ATF从进油孔排出，使离合器分离，离合器主、从动件以不同转速旋转。

为了快速泄油，保证离合器彻底分离，一般在液压缸中都有一个单向阀，如图2-29所示。当ATF被排出时，阀中的球体在离心力的作用下离开阀座，开启辅助泄油通道，使ATF迅速排出。

2. 制动器

制动器的功用是固定行星齿轮机构中的元件，防止其转动。制动器有片式和带式两种形式。片式制动器的结构和原理与离合器相同，不同之处在于离合器是起连接作用而传递动力，片式制动器则是通过连接而起制动作用，其结构如图2-30所示。

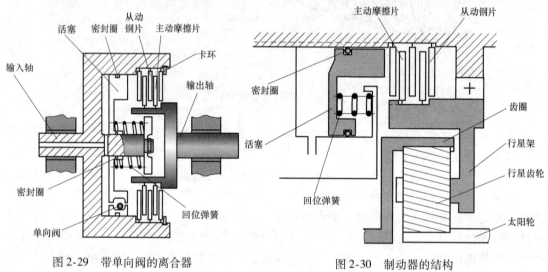

图2-29 带单向阀的离合器　　　　图2-30 制动器的结构

以带式制动器为例介绍。

（1）结构、组成　带式制动器由制动带和控制液压缸组成。制动带是内表面带有镀层的开口式环形钢带。制动带的一端支撑在与变速器壳体固连的支座上，另一端与控制液压缸的活塞杆相连。

（2）工作原理　带式制动器的工作原理如图2-31所示。制动带开口处的一端通过支柱支撑于固定在变速器壳体的调整螺钉上，另一端支撑于液压缸活塞杆端部，活塞在回位弹簧和左腔油压作用下位于右极限位置，此时，制动带和制动毂之间存在一定间隙。制动时，压力油进入活塞右腔，克服左腔油压和回位弹簧的作用力推动活塞左移，制动带以固定支撑端为支点收紧。在制动力

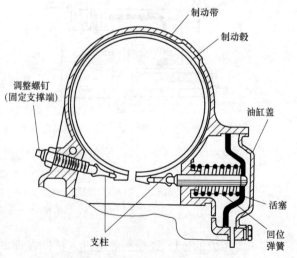

图2-31 带式制动器的工作原理

矩的作用下，制动毂停止旋转，行星齿轮变速器某元件被锁止。随着油压撤除，活塞逐渐回位，制动解除。

四、组合式行星齿轮机构传动路线分析

1. 四档辛普森式行星齿轮变速器各档传动路线分析

在变速器处于各档位时，换档执行元件的动作情况见表 2-3。

表 2-3　各档位对应换档执行元件的动作情况

变速杆位置	档位	C_0	C_1	C_2	B_0	B_1	B_2	B_3	F_0	F_1	F_2	发动机制动
P	驻车档	○										
R	倒档	○		○			○	○				
N	空档	○										
D	1档	○	○						○		○	
D	2档	○	○			○			○	○		
D	3档	○	○	○					○			
D	4档(OD档)		○	○	○							
2	1档	○	○						○	○		
2	2档	○	○			○			○	○		○
2	3档*	○	○	○					○			○
L	1档	○	○					○	○		○	○
L	2档*	○	○			○			○			○

注：* 表示只能降档不能升档。
○：换档执行元件工作或有发动机制动。

（1）D 位 1 档　如图 2-32 所示，D 位 1 档时，C_0、C_1、F_0、F_2 工作。C_0 和 F_0 工作，将超速行星排的太阳轮和行星架相连，此时超速行星排成为一个刚性整体，输入轴顺时针将动力传到中间轴。C_1 工作，将中间轴与前行星排齿圈相连，前行星排齿圈顺时针转动驱动前行星排行星齿轮，前行星排行星齿轮既顺时针自转又顺时针公转，则输出轴也顺时针转动，这是一条动力传动路线。由于前行星排行星齿轮顺时针自转，前后行星排太阳轮逆时针转动，并驱动后行星排行星齿轮顺时针自转，此时后行星排行星齿轮在前后行星排太阳轮的作用下有逆时针公转的趋势，但由于 F_2 的作用，使得后行星排行星架不动。这样顺时针转动的后行星排行星齿轮驱动齿圈顺时针转动，从输出轴也输出动力，这是第二条动力传动路线。

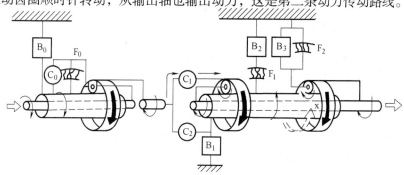

图 2-32　D 位 1 档动力传动路线

(2) D位2档 如图2-33所示，D位2档时，C_0、C_1、B_2、F_0、F_1工作。C_0和F_0工作如前所述直接将动力传给中间轴。C_1工作，动力（顺时针方向）传到前行星排齿圈，驱动前行星排行星齿轮顺时针转动，并使前后太阳轮有逆时针转动的趋势，由于B_2的作用，F_1将防止前后行星排太阳轮逆时针转动，即前后行星排太阳轮不动。此时前行星排行星齿轮将带动行星架也顺时针转动，从输出轴输出动力。后行星排不参与动力的传动。

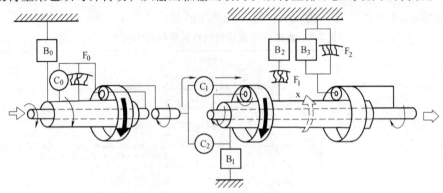

图2-33 D位2档动力传动路线

(3) D位3档 如图2-34所示，D位3档时，C_0、C_1、C_2、B_2、F_0工作。C_0和F_0工作如前所述直接将动力传给中间轴。C_1、C_2工作将中间轴与前行星排的齿圈和太阳轮同时连接起来，前行星排成为刚性整体，动力直接传给前行星排行星架，从输出轴输出动力。此档为直接档。

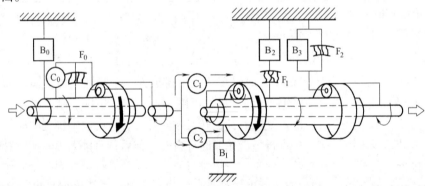

图2-34 D位3档动力传动路线

(4) D位4档 如图2-35所示，D位4档时，C_1、C_2、B_0、B_2工作。B_0工作，将超速行星排太阳轮固定。动力由输入轴输入，带动超速行星排行星架顺时针转动，并驱动行星齿轮及齿圈都顺时针转动，此时的传动比小于1。C_1、C_2工作使得前后行星排的工作与D位3档相同，即处于直接档。因此整个机构以超速档传递动力。B_2的作用同前所述。

(5) 2位1档 2位1档的工作与D位1档相同。

(6) 2位2档 如图2-36所示，2位2档时，C_0、C_1、B_1、B_2、F_0、F_1工作。动力传动路线与D位2档时相同。区别只是由于B_1的工作，使得2位2档有发动机制动，而D位2档没有。此档为高速发动机制动档。

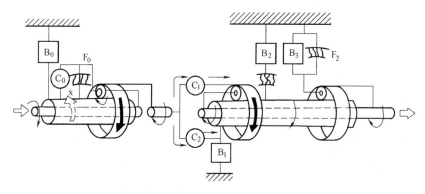

图 2-35　D 位 4 档动力传动路线

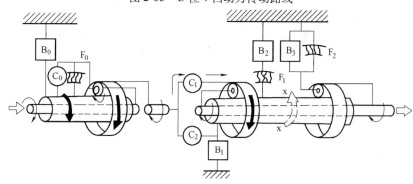

图 2-36　2 位 2 档动力传动路线

发动机制动是指利用发动机怠速时的较低转速以及变速器的较低档位来使较快的车辆减速。D 位 2 档时，如果驾驶人抬起加速踏板，发动机进入怠速工况，而汽车在原有的惯性作用下仍以较高的车速行驶。此时，驱动车轮将通过变速器的输出轴反向带动行星齿轮机构运转，各元件都将以相反的方向转动，即前后行星排太阳轮将有顺时针转动的趋势，F_1 不起作用，使得反传的动力不能到达发动机，无法利用发动机进行制动。而在 2 位 2 档时，B_1 工作使得前后行星排太阳轮固定，既不能逆时针转动也不能顺时针转动，这样反传的动力就可以传到发动机，所以有发动机制动。

（7）2 位 3 档　2 位 3 档的工作与 D 位 3 档相同。

（8）L 位 1 档　如图 2-37 所示，L 位 1 档时，C_0、C_1、B_3、F_0、F_2 工作。动力传动路线与 D 位 1 档时相同。区别只是由于 B_3 的工作，使后行星排行星架固定，有发动机制动。

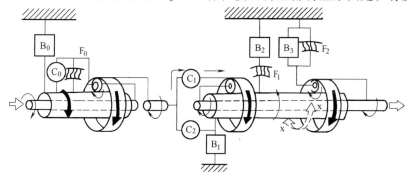

图 2-37　L 位 1 档动力传动路线

原因同前所述。此档为低速发动机制动档。

（9）L位2档　L位2档的工作与2位2档相同。

（10）R位（倒档）　如图2-38所示，变速杆置于R位时，C_0、C_2、B_3、F_0工作。C_0和F_0工作如前所述直接将动力传给中间轴。C_2工作将动力传给前后行星排太阳轮。由于B_3工作，将后行星排行星架固定，使得行星齿轮仅相当于一个惰轮。前后行星排太阳轮顺时针转动驱动后行星排行星齿轮逆时针转动，进而驱动后行星排齿圈也逆时针转动，从输出轴输出与前进档位方向相反的动力。

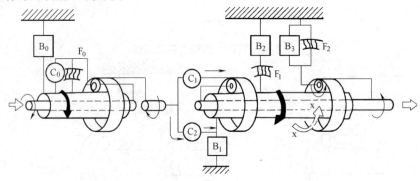

图2-38　R位动力传动路线

（11）P位（驻车档）　变速杆置于P位时，一般自动变速器是通过驻车锁止机构将变速器输出轴锁止实现驻车。如图2-39所示，驻车锁止机构由输出轴外齿圈、锁止棘爪、锁止凸轮等组成。锁止棘爪与固定在变速器壳体上的枢轴相连。当变速杆处于P位时，与变速杆相连的手动阀通过锁止凸轮将锁止棘爪推向输出轴外齿圈，并嵌入齿中，使变速器输出轴与壳体相连而无法转动，如图2-39a所示。当变速杆处于其他位置时，锁止凸轮退回，锁止棘爪在回位弹簧的作用下离开输出轴外齿圈，锁止撤销，如图2-39b所示。

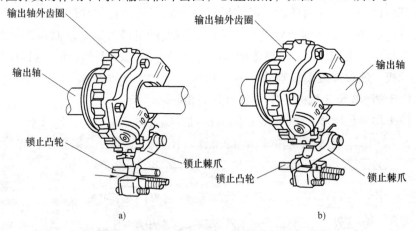

图2-39　驻车锁止机构

2. 01N型四档拉威娜式行星齿轮变速器各档传动路线分析

01N型四档拉威娜式行星齿轮变速器的简图如图2-40所示，其中离合器K_2用于驱动大太阳轮，离合器K_3用于驱动行星架，制动器B_1用于制动行星架，制动器B_2用于制动大太阳轮，单向离合器F防止行星架逆时针转动，锁止离合器LC将变矩器的泵轮和涡轮刚性连在一起。

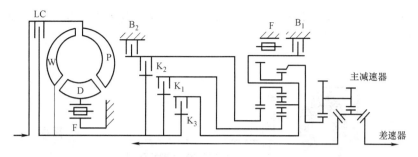

图 2-40　01N 型四档拉威娜式行星齿轮变速器的简图

各档位对应换档执行元件的工作情况见表 2-4。

表 2-4　各档位对应换档执行元件的工作情况

档位	B_1	B_2	K_1	K_2	K_3	F
R 位	○			○		○
1 档			○			○
2 档		○	○			
3 档			○		○	
4 档		○			○	

注：○表示离合器、制动器或单向离合器工作。

（1）1 档　1 档时，离合器 K_1 接合，单向离合器 F 工作。如图 2-41 所示，动力传动路线为：泵轮→涡轮→涡轮轴→离合器 K_1→小太阳轮→短行星轮→长行星轮驱动齿圈。

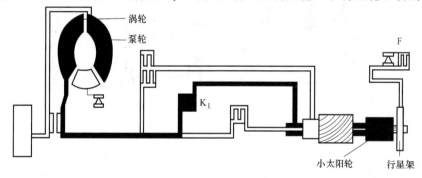

图 2-41　1 档动力传动路线

（2）2 档　2 档时，离合器 K_1 接合，制动器 B_2 制动大太阳轮。如图 2-42 所示，动力传动路线为：泵轮→涡轮→涡轮轴→离合器 K_1→小太阳轮→短行星轮→长行星轮围绕大太阳轮转动并驱动齿圈。

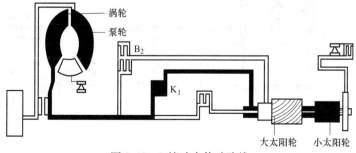

图 2-42　2 档动力传动路线

(3) 3 档 3 档时，离合器 K_1 和 K_3 接合，驱动小太阳轮和行星架，因而使行星齿轮机构锁止并一同转动。如图 2-43 所示，动力传动路线为：泵轮→涡轮→涡轮轴→离合器 K_1 和 K_3→整个行星齿轮机构转动。

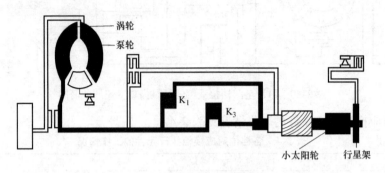

图 2-43 3 档动力传动路线

(4) 4 档 4 档时，离合器 K_3 接合，制动器 B_2 工作，使行星架工作，并制动大太阳轮。如图 2-44 所示，动力传动路线为：泵轮→涡轮→涡轮轴→离合器 K_3→行星架→长行星轮围绕大太阳轮转动并驱动齿圈。

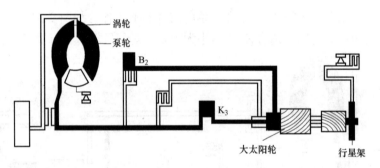

图 2-44 4 档动力传动路线

(5) R 位（倒档） 变速杆置于 R 位时，离合器 K_2 接合，驱动大太阳轮；制动器 B_1 工作，使行星架制动。如图 2-45 所示，动力传动路线为：泵轮→涡轮→涡轮轴→离合器 K_2→大太阳轮→长行星轮反向驱动齿圈。

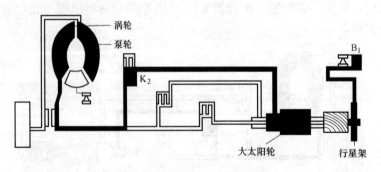

图 2-45 倒档动力传动路线

任务实施

一、以大众01N为例进行变速机构检修

1. 解体步骤

1）拆下自动变速器密封塞和ATF溢流管，排除ATF。
2）拆下液力变矩器。
3）拆下变速器壳体上带密封垫圈的端盖，如图2-46所示。
4）拆下油底壳和ATF过滤网。拆下带扁平线束的阀体。
5）拆下B_1的密封圈。
6）拆下自动变速器油泵螺栓。
7）将螺栓A（M8）均匀拧入自动变速器油泵螺栓孔内，将自动变速器油泵从变速器壳体中压出，如图2-47所示。

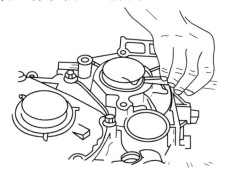

图2-46 拆下盖板

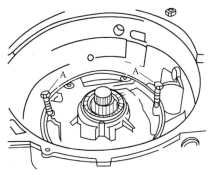

图2-47 拆下油泵

8）将所有的离合器连同支撑管、B_2摩擦片、弹簧和弹簧头一起取出。
9）啮合驻车锁，将旋具插入大太阳轮的孔内，防止齿轮机构转动，以松开小输入轴螺栓，如图2-48所示。
10）拆下小输入轴上的螺栓和调整垫圈，行星齿轮支架的推力滚针轴承留在变速器/主动齿。抽出小传动轴，如图2-49所示。

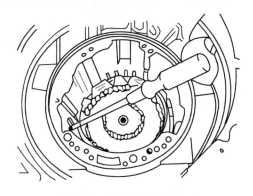

图2-48 松开小传动轴螺栓

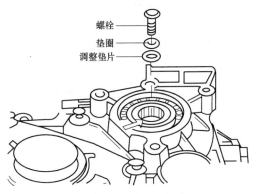

图2-49 拆下小传动轴

11）拔出大输入轴和大太阳轮。

12）拆下变速器转速传感器（G38）。

13）拆下支撑管卡环a，如图2-50所示。

14）拔出导流块，拆下单向离合器卡环b，用钳子拔下单向离合器的定位销，抽出单向离合器，如图2-51所示。

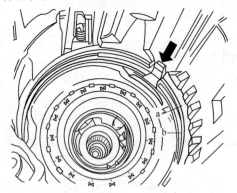
图2-50　拆下支撑管卡环

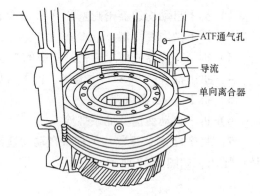
图2-51　拆下导流块

15）把小太阳轮、垫圈以及推力滚针轴承从行星齿轮架中抽出，如图2-52所示。

16）拔下带蝶形弹簧的行星齿轮支架，拆下倒档制动器B_1的摩擦片，取出推力轴承和垫圈。

2. 行星齿轮减速器的组装步骤

1）把O形圈装入行星齿轮架，如图2-53所示。

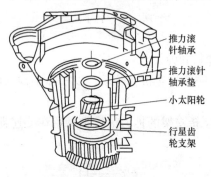
图2-52　拆下小太阳轮齿轮

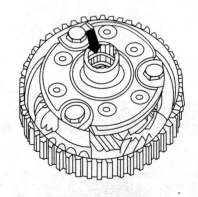
图2-53　装入O形圈

2）把推力滚针轴承以及垫圈装入输入齿轮，如图2-54所示。

3）将小太阳齿轮以及垫圈和推力滚针轴承一同插入行星齿轮架内。

4）将垫圈和推力滚针轴承调整到小太阳齿轮的中心，装入B_1的内、外摩擦片。

5）装入压力板，平面侧朝着摩擦片。压力板的厚度根据摩擦片的数量而不同。

6）装入碟形垫圈，凸起侧朝着自由轮。

7）用装配环3267对单向离合器滚柱旋加预紧力并且将单向离合器装入，如图2-55所示。

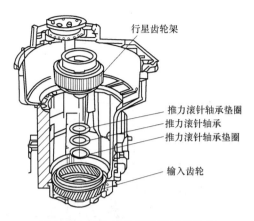

图 2-54 装入推力滚针轴承及垫圈

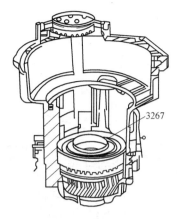

图 2-55 装配环 3267

8）装入自由轮的卡环 b，将卡环的开口装到自由轮的定位键上。

9）将导流块装入变速器壳体上具有 ATF 通气孔的槽内。

10）将卡环 a 的开口装到自由轮的定位键上。装上变速器速度传感器。

11）依次将大太阳齿轮直到小传动轴装入变速器壳体内。

12）装入小传动轴的螺栓以及垫圈调整垫片。

13）将带垫圈推力滚针轴承装入 3 档和 4 档离合器 K_3 内，如图 2-56 所示。保证活塞环正确地座落在 K_3 上及活塞环的两端相互钩住。

14）装入第 1 至第 3 档离合器 K_1。将调整垫片装入 K_1。

15）装入倒档离合器 K_2。

16）装入 B_2 摩擦片支撑管，如图 2-57 中箭头所示，使得支撑管的槽卡在单向离合器的定位键上。然后按以下步骤安装 B_2 摩擦片：

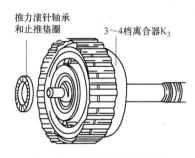

图 2-56 装入推力滚针轴承

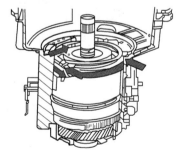

图 2-57 装入 B_2 摩擦片

①先装入一个 3mm 厚的外摩擦片。

②将 3 个弹簧头装到外擦片上。

③装入压缩环。

④装入所有的摩擦片，但不装入最后一片摩擦片。

⑤装入最后经测量过的摩擦片。

⑥装入波纹形垫圈。

17）装入最后一个 3mm 厚度的外摩擦片。装入调整垫片，把止推环放到调整垫片上，光滑侧朝着调整垫片,如图 2-58 所示。

18) 装入 ATF 泵的密封圈,把 O 形圈放到 ATF 泵上,均匀交叉地拧紧螺栓。

19) 用撞击套管 40-20 敲入盖板,如图 2-59 所示。

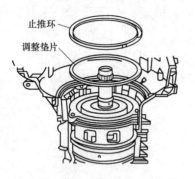
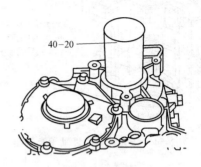

图 2-58 装入调整垫片及止推环　　　　图 2-59 装入盖板

20) 装入带 O 形圈的密封塞,然后依次装入带扁状导线的阀体、油底壳、液力变矩器,最后加注 3L ATF。

3. 行星齿轮减速器的调整

行星齿轮架的结构如图 2-60 所示。调整行星齿轮架时,将所有零件装入变速器壳体内,但不要在变速器壳体内装入调整垫片 18。

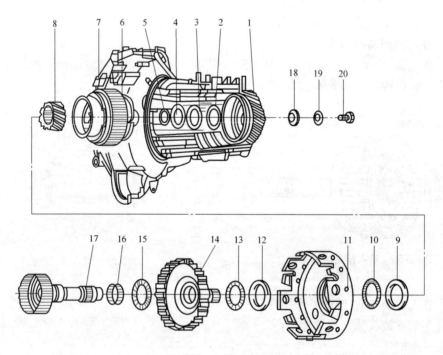

图 2-60 行星齿轮架

1—输入齿轮　2、4—推力滚针轴承垫圈　3、10、13、15—推力滚针轴承　5—O 形圈　6—行星齿轮架　7—变速器壳体　8—小太阳齿轮　9、12、19—垫圈　11—大太阳齿轮　14—大传动轴　16—滚针轴承　17—小传动轴　18—调整垫片　20—小传动轴螺栓(30N·m)

1）确定调整垫片 A 的厚度，如图 2-61 所示。

①啮合驻车锁止机构，将螺钉旋具穿过大太阳齿轮的孔，松开和拧紧小传动轴的螺钉。

②装入小传动轴的螺栓和垫圈，但是不要装入调整垫片。

③装上百分表，百分表的测量头顶在螺纹头中间并且压入 1mm 的预紧量，将百分表调整至 0 位，向上移动传动轴并且读取测量值，如图 2-62 所示。

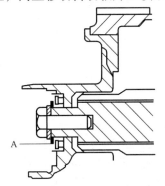

图 2-61　确定调整垫片 A 的厚度

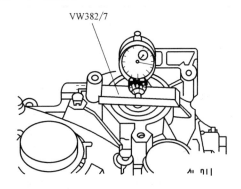

图 2-62　测量调整垫片厚度

④根据表 2-5 确定调整垫片的实际厚度并且根据配件目录查出配件号码。

表 2-5　行星齿轮架调整垫片尺寸表　　　　　　　　　　　　（单位：mm）

百分表测量值	调整垫片厚度	百分表测量值	调整垫片厚度
1.26～1.35	1.0	2.26～2.35	2.0
1.36～1.45	1.1	2.36～2.45	2.1
1.46～1.55	1.2	2.46～2.55	2.2
1.56～1.65	1.3	2.56～2.65	2.3
1.66～1.75	1.4	2.66～2.75	2.4
1.76～1.85	1.5	2.76～2.85	2.5
1.86～1.95	1.6	2.86～2.95	2.6
1.96～2.05	1.7	2.96～3.05	2.7
2.06～2.15	1.8	3.06～3.15	2.8
2.16～2.25	1.9	3.16～3.25	2.9

⑤拆下小传动轴，将确定厚度的调整垫片装入到小传动轴上，拧紧带垫圈的小传动轴螺栓（30N·m）。然后检测行星齿轮架。

2）行星齿轮架的检测。如果行星齿轮架的调整是在拆下了倒档制动器 B_1 和自由轮时进行的，则必须在安装行星齿轮架之前装入倒档制动器 B_1。

如图 2-62 所示，把百分表装在 VW382/7 上，然后把它们放在小传动轴的螺栓头上，上下移动小传动轴并读取百分表上的间隙值，其间隙应在 0.23～0.37mm 之间。

任 务 工 单

任务 2-2　自动变速器拆装

班　级		姓　名		学　号	
地　点				等　级	
工具准备					
任务过程	1. 自动变速器的拆卸方法和普通齿轮变速器有所不同，必须按照正确的步骤进行，以避免损坏自动变速器。在拆卸自动变速器之前，应关闭汽车，拆下蓄电池＿＿＿＿＿＿，放掉自动变速器中的＿＿＿＿＿＿。 2. 全面分析01N单向离合器的作用。 3. 如何检查制动器 B_2 间隙？				

	4. 根据下图，写出电控自动变速器的各组成部分的名称及作用。
任务过程	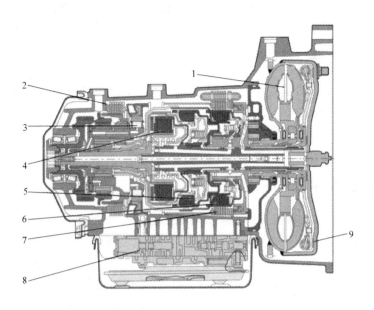 1：_____，作用：_____。 2：_____，作用：_____。 3：_____，作用：_____。 4：_____，作用：_____。 5：_____，作用：_____。 6：_____，作用：_____。 7：_____，作用：_____。 8：_____，作用：_____。 9：_____，作用：_____。

	考评项目		分 值	教师考核	备 注
考核评价	素质考评	团队协作	10 分		
		语言表达	10 分		
		实训纪律	10 分		
	过程考评	工具使用	10 分		
		任务实施	30 分		
		完成情况	20 分		
		工位整理	10 分		
	合　　计				

任务 2-3　液压控制系统检修

任务要求

1. 掌握液压控制系统的基本组成和工作原理，主要元件的功用和原理。
2. 具备油泵的检测能力。
3. 具备液压控制系统的拆装能力。
4. 具备各类阀的基本诊断技能。

任务描述

自动变速器液压控制系统由液压供给装置、控制装置、执行装置、辅助装置（滤清器、冷却器、油管等）和自动变速器油组成。油泵总成负责液压油的供给，电磁阀和滑阀等起到液压控制作用。自动变速器油通过滤清器过滤后被吸入油泵中，油泵对自动变速器油加压，加压后的油液进入压力调节阀、阀体以及其他应用装置中。本项任务将以电控自动变速器的液压控制系统为例着重对液压供给装置、控制装置进行讲解。

相关知识

一、液压控制系统的基本组成和工作原理

对于电控自动变速器来说，其液压控制系统将发动机的负荷（节气门开度）和车速信号转换为不同的油压，并由此确定换档时刻，进行换档的控制。

1. 液压控制系统的基本组成

液压控制系统的基本组成包括动力源、执行机构和控制机构三大部分。

（1）动力源　液压控制系统的动力源是油泵，它是整个液压控制系统的工作基础。如各种阀的动作、换档执行元件的工作等都需要一定压力的 ATF。油泵的基本功用就是提供满足需求的 ATF 油量和油压。

（2）执行机构　执行机构主要由离合器、制动器液压缸等组成。其功用是在控制油压的作用下实现离合器的接合和分离、制动器的制动和松开，以便得到相应的档位。

（3）控制机构　控制机构包括阀体和各种阀，如主调压阀、副调压阀、手动阀、换档阀、节气门阀、速控阀（调速器）、强制降档阀等。

液压控制系统还包括一些辅助装置，如用于防止换档冲击的蓄能器、单向阀等。

2. 液压控制系统的工作原理

油泵将 ATF 从自动变速器油底壳中泵出、加压，并经过主调压阀的调压，形成具有一定压力的 ATF，一般称为主油压（或管路压力）。主油压经过手动阀后作用在各换档阀上，换档阀动作切换油道，使经过手动阀的主油压作用在不同的换档执行元件（离合器、制动器）上以得到不同的档位。主油压还把 ATF 分别送到油冷却器进行冷却、送到机械变速器相应元件处进行润滑以及送到液力变矩器作为其工作介质。

二、液压控制系统主要元件

1. 油泵

（1）功用　油泵是液压控制系统的动力源，其功用是产生一定压力和流量的 ATF，供给液力变矩器、液压控制系统和行星齿轮机构。

（2）结构原理　常见的油泵为内啮合齿轮泵，其结构原理如图 2-63 所示，主要由主动齿轮、从动齿轮、月牙板、壳体等组成。主动齿轮为外齿轮，从动齿轮为内齿轮，在壳体上有一个月牙板，把主、从动齿轮不啮合的部分隔开，并形成两个工作腔，分别为进油腔和出油腔。进油腔与泵体上的进油口相通，出油腔与泵体上的出油口相通。主动齿轮内径上有两个对称的凸键，与液力变矩器后端油泵驱动毂的键槽或平面相配合。因此，只要发动机转动，油泵便转动并开始供油。

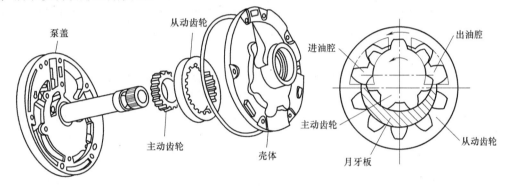

图 2-63　内啮合齿轮泵的结构原理

油泵在工作过程中，主动齿轮带动从动齿轮转动，在齿轮脱离啮合的一端（进油腔），容积不断变大，产生真空吸力，把 ATF 从油底壳经滤网吸入油泵。在齿轮进入啮合的一端（出油腔），容积不断减小，油压升高，把 ATF 从出油腔挤压出去。这样，油泵不断地运转，就形成了具有一定压力的油液，供给自动变速器工作。

这种油泵要求具有严格的加工制造精度。因为齿轮之间、齿轮与泵体之间，过大的磨损和间隙会导致油泵的性能下降，油压过低。而油压对于自动变速器的正常工作是非常重要的。

2. 主调压阀

（1）功用　主调压阀是主油路压力调节阀的简称，也称为第一调压阀，其功用是根据车速、节气门开度和变速杆位置自动控制主油压，保证液压控制系统油压稳定。

（2）结构原理　主调压阀的结构如图 2-64 所示。当发动机转速增加时，油泵输出油压会升高，作用在阀体上部 A 处的油压升高，使阀体向下移动，泄油通道的截面积增大，从泄油口排出的油液增加，

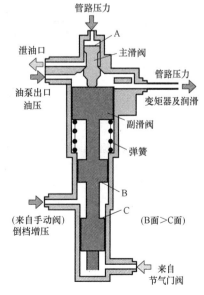

图 2-64　主调压阀的结构

使主油压下降；反之，阀体向上移动，主油压升高。

当发动机负荷（节气门开度）增加时，由于传递的转矩增加，需要较大的油压才能保证离合器、制动器的正常工作。此时，随着节气门开度的增加，节气门阀油压也会增加，作用在主调压阀下端的节气门阀油压使阀体向上移动，使主油压升高。

当变速杆置于 R 位时，来自手动阀的主油压作用在阀体的 B 和 C 处，由于 B 处的面积大于 C 处的面积，使得阀体受到向上的作用力，阀体向上移动，主油压升高，满足倒档较大传动比的要求。

3. 蓄能器

（1）功能　蓄能器的作用是使换档执行元件的接合更为柔和，使换档平稳、无冲击。

（2）结构原理　蓄能器的结构和工作原理如图 2-65 所示。

蓄压减振器一般采用弹簧式，用于储存少量压力油液，作用是在换档时，使压力油液迅速流到换档执行机构的油缸，并吸收和平缓所输送油压的压力波动。当弹簧被压缩时，储存能量，而当弹簧伸长时，释放能量。

4. 换档阀

（1）功用　换档阀的功用是根据换档控制信号或油压，切换档位油路，以实现两个档位的转换。换档阀直接与换档控制元件（离合器、制动器）相通，当换档阀动作后，会切换相应的油道以便给相应档位的离合器和制动器供油，得到所需要的档位。换档阀的数量与自动变速器前进档的数量有关。一般，四档自动变速器需要三个换档阀，即 1-2 档换档阀、2-3 档换档阀和 3-4 档换档阀。

（2）结构原理　如图 2-66 所示，以 2-3 档换档阀为例进行介绍。当 ECU 给电磁阀①通电时，作用在阀芯上端的管路压力由电磁阀①排放掉，阀芯在弹簧作用下上移，变速器进入 2 档。当 ECU 使电磁阀①断电时，管路压力作用在阀芯上端，使阀芯下移，变速器进入 3 档。

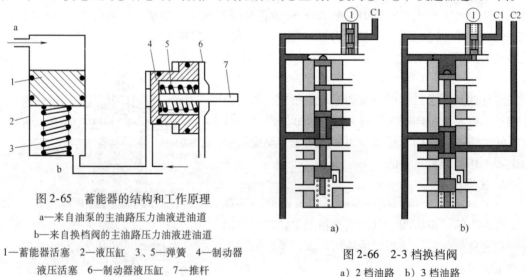

图 2-65　蓄能器的结构和工作原理
a—来自油泵的主油路压力油液进油道
b—来自换档阀的主油路压力油液进油道
1—蓄能器活塞　2—液压缸　3、5—弹簧　4—制动器液压活塞　6—制动器液压缸　7—推杆

图 2-66　2-3 档换档阀
a）2 档油路　b）3 档油路

5. 手动阀

手动阀又称为手控阀或手动换档阀，与驾驶室内的变速杆相连，其功用是控制各档位油路的转换。如图 2-67 所示，当驾驶人操纵变速杆时，手动阀会移动，使主油压通往不同的油道。

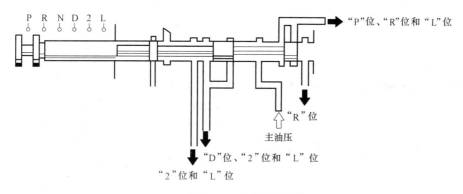

图 2-67 手动阀的结构

6. 单向节流阀

单向节流阀布置在换档阀和换档执行元件之间的油路中,其作用是对流向换档执行元件的液压油产生节流作用,在换档执行元件接合时延缓油压增大的速率,以减小换档冲击。在换档执行元件分离时,单向节流阀对换档执行元件的泄油不产生节流作用,以加快泄油过程,使换档执行元件迅速分离。

单向节流阀有两种类型:一种是弹簧节流阀式,另一种是球阀节流孔式,如图 2-68 所示。

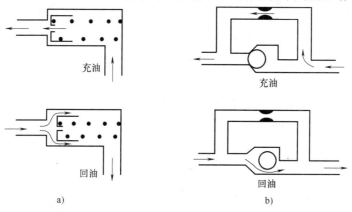

图 2-68 单向节流阀
a) 弹簧节流阀式 b) 球阀节流孔式

任务实施

一、以大众 01N 为例进行液压系统检修

1. ATF 泵的分解和组装

作为配件的 ATF 零件和 ATF 泵是根据变速器代码进行分类的,其分解图如图 2-69 所示。

(1) 油泵的分解(图 2-69)

1) 拆下油泵后端轴颈上的密封环。

2) 按照对称交叉的顺序依次松开转子轴与泵体的固定螺栓,打开油泵。

3) 用油漆在小齿轮上做一记号,取出内齿轮及外齿轮。

4) 拆下油泵前端盖上的油封。

在分解油泵时应注意,不要损伤铝合金的油泵前端盖,不可用冲子在油泵齿轮和油泵壳上做记号。

(2) 油泵零件的检验

1) 用塞尺分别测量油泵外齿轮外圆与油泵壳体之间的间隙、内齿轮及外齿轮的齿顶与月牙板之间的间隙、内齿轮及外齿轮端面与泵壳平面的端隙。将测量结果与表2-6对照。如不符合标准,应更换齿轮、泵壳或油泵总成。

2) 检查油泵内齿轮、外齿轮、泵壳端面有无肉眼可见的磨损痕迹。如有,应更换新件。

3) 用量缸表或内径千分表,测量泵体衬套内径。最大直径应该是38.19mm。如果衬套直径大于规定值,要更换油泵体。

4) 测量转子轴衬套内径。测量衬套前后端的直径。前端最大直径是21.58mm,后端最大直径是27.08mm。如果衬套内径超出规定值,更换转子轴。

5) 轴瓦磨损的检查。首先要检查一下液力变矩器输出驱动油泵的轴颈,如果发现有磨损或伤痕,轻者可用细砂纸打磨,重者则需要更换。在检查完轴颈后,可将带有轴瓦的油泵盖套入并用双手晃动,检查间隙是否过大。如果间隙过大,则需更换新的轴瓦。更换时,可使用专用工具把轴瓦压出后,再装入新的轴瓦。

(3) 活塞环安装位置的检查 活塞的安装位置如图2-70所示,必须保证活塞环的两端钩在一起。

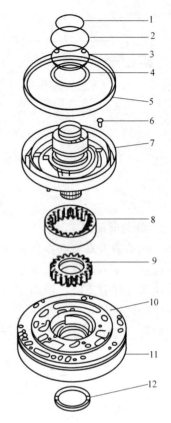

图2-69 ATF泵零件图
1、2、3—活塞环 4—止推环 5—活塞
6—螺栓(10N·m) 7—导轮支撑环
8—外齿轮 9—内齿轮 10—ATF泵壳体
11—O形圈 12—液力变矩器油密封圈

表2-6 油泵测量标准

项 目	标准间隙/mm	最大间隙/mm
外齿轮与壳体间隙	0.07~0.15	0.3
齿顶与月牙板间隙	0.11~0.14	0.3
齿轮端隙	0.02~0.05	0.1

(4) 活塞环的安装 将活塞环放在槽内,捏住活塞环的两端,使得它们的端头钩在一起,不得从一侧将活塞环从槽中扭转出来,如图2-71所示。

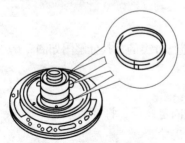

图2-70 活塞的安装位置

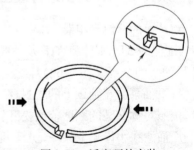

图2-71 活塞环的安装

二、阀板的认识及检修

1. 阀板零件的检修

1）先用煤油彻底清洁变速器上下阀板和所有控制阀的零件,所有的油道都应用压缩空气吹净。

2）用压缩空气检查油道是否堵塞或泄漏,在油道的一端施加压缩空气,在油道的另一端有压缩空气出来,表明油道没有堵塞。在油道一端施加压缩空气,将油道的另一端堵住,如果气压能保持,说明没有泄漏。

3）控制阀产生变形、刮伤、裂纹时,应更换阀板总成。如果出现液压油泄漏、油封密封不良、活塞卡滞等故障,应认真检查,及时进行维修。

4）检查控制阀阀芯表面,如有轻微刮伤痕迹,应先用在 ATF 中浸泡了 30min 的 1200号砂纸打磨毛刺或粗糙面,然后全面清洗主阀体和所有的部件。

2. 根据拆装的阀体认识各阀（图 2-72）。

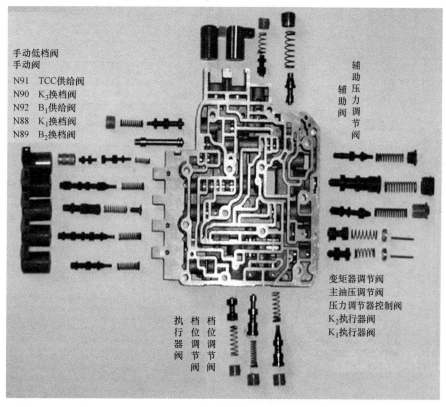

图 2-72　阀体分解图

任 务 工 单

任务 2-3　液压控制系统检修

班　级		姓　名		学　号	
地　点				等　级	
任务目的					
任务过程	1. 通过观察、填写零部件识别表。 1：名称_____ 2：名称_____ 3：名称_____ 4：名称_____ 5：名称_____ 6：名称_____ 7：名称_____ 8：名称_____ 9：名称_____ 10：名称_____ 11：名称_____ 12：名称_____				

	2. 查找资料，填写各阀的作用。
任务过程	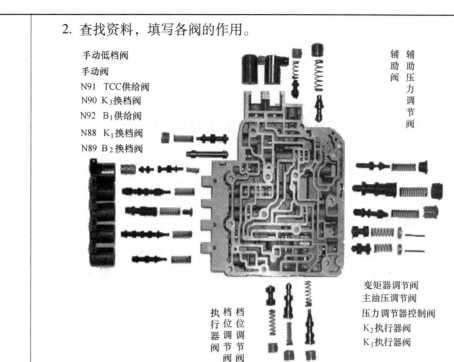 手动低档阀 手动阀 N91 TCC供给阀 N90 K₃换档阀 N92 B₁供给阀 N88 K₁换档阀 N89 B₂换档阀 辅助阀 辅助压力调节阀 执行器阀 档位调节阀 档位调节阀 变矩器调节阀 主油压调节阀 压力调节器控制阀 K₂执行器阀 K₁执行器阀

	考评项目		分 值	教师考核	备 注
考核评价	素质考评	团队协作	10 分		
		语言表达	10 分		
		实训纪律	10 分		
	过程考评	工具使用	10 分		
		任务实施	30 分		
		完成情况	20 分		
		工位整理	10 分		
	合 计				

任务 2-4　电子控制系统检修

任务要求

1. 掌握自动变速器电子控制系统的基本组成和工作原理。
2. 熟悉自诊断系统原理。
3. 自诊断系统故障码的读取与清除。
4. 具备电控系统主要元件的检测诊断能力。

任务描述

在早期的车辆上自动变速器内部元件的动作是由机械和液压共同实施控制的，但现代车辆自动变速器都是利用电控和液压组合的形式进行控制。电子控制系统由变速器电控单元接收传感器和开关的信息，根据控制策略控制电磁阀进而对液压系统做出调节，实现自动变速器的操作。本项任务主要学习控制机构的结构原理及检修。

相关知识

一、电子控制系统概述

自动变速器的电子控制系统包括传感器、电控单元（ECU）和执行器三部分，其组成框图如图 2-73 所示。

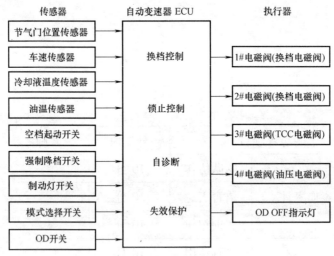

图 2-73　电子控制系统组成框图

传感器部分主要包括节气门位置传感器、车速传感器、冷却液温度传感器、油温传感器、空档起动开关、强制降档开关、制动灯开关、模式选择开关、OD 开关等。

执行器部分主要包括各种电磁阀和故障指示灯等。

ECU 主要完成换档控制、锁止离合器控制、油压控制、故障诊断和失效保护等功能。

对于液控自动变速器，自动换档主要取决于节气门油压和速控油压，即发动机负荷和车速的情况。对于电控自动变速器，与此情况是类似的，即自动换档也主要取决于发动机负荷和车速，只不过是采用节气门位置传感器和车速传感器来感知发动机负荷和车速的情况，并将这两个信号发送给自动变速器 ECU，ECU 根据存储器中的换档程序决定升档或降档，再给换档电磁阀发出控制信号，换至相应档位。

自动变速器的换档等控制还取决于冷却液温度、ATF 温度等信号。如果冷却液温度、油温过低，自动变速器不会升档。

如果自动变速器在工作过程中，满足了锁止离合器的工作情况，自动变速器 ECU 就会给锁止离合器（TCC）电磁阀（一般称为 3#电磁阀）通电，切换油路使锁止离合器工作。

在换档过程中，为了防止换档冲击，自动变速器还会通过 4#电磁阀（油压电磁阀）控制换档油压。

自动变速器 ECU 具有自诊断功能，如果电子控制系统出现故障，ECU 会将故障码存储在存储器中，以便读取；另外 ECU 还会点亮 OD OFF 指示灯（或故障指示灯）提示自动变速器出现故障，并可通过 OD OFF 指示灯的闪烁读取故障码。

如果自动变速器出现故障，除了 OD OFF 指示灯等会点亮，一般自动变速器还会锁档，即自动变速器不会升档也不会降档，锁档一定有故障码。

二、传感器

1. 节气门位置传感器（TPS）

（1）功用　节气门位置传感器安装在节气门体上，用于检测节气门开度的大小，并将数据传送给 ECU，ECU 根据此信号判断发动机负荷，从而控制自动变速器的换档、调节主油压和对锁止离合器控制。节气门位置信号相当于液控自动变速器中的节气门油压。

（2）结构、原理　一般是采用线性输出型节气门位置传感器，也称可变电阻式传感器，其结构原理如图 2-74 所示，实际上是一个滑动变阻器，E 是搭铁端子，IDL 是怠速端子，V_{TA} 是节气门开度信号端子，V_C 是 ECU 供电端子，ECU 提供恒定 5V 电压。当节气门开度增加时，节气门开度信号触点逆时针转动，V_{TA} 端子输出电压线性增大。如图 2-75 所示，V_{TA} 端子输出电压与节气门开度成正比。当怠速时，怠速开关闭合，IDL 端子电压为 0。

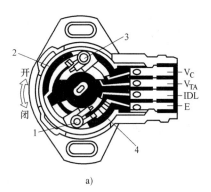
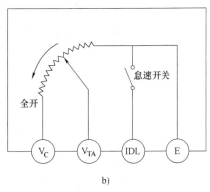

a)　　　　　　　　　　　　　　b)

图 2-74　节气门位置传感器的结构原理

a）结构图　b）原理图

1—怠速信号触点　2—电阻器　3—节气门开度信号触点　4—绝缘体

节气门位置传感器中的滑动电阻中间部分容易磨损,使其阻值发生变化,输出电压也会过高或过低,无法正确反应节气门开度,当输出电压高时,会导致升档滞后、不能升入超速档;同时导致主油压过高,出现换档冲击。当输出电压低时,会导致升档提前,汽车行驶动力不足;同时导致主油压过低,使离合器、制动器打滑。

2. 车速传感器(VSS)

(1)功用　车速传感器用于检测自动变速器输出轴转速,自动变速器 ECU 根据车速传感器输入的信号计算出车速,并以此信号控制自动变速器的换档和锁止离合器的锁止。

(2)类型　常见的车速传感器有电磁式、舌簧开关式、光电式三种形式。这里以常见的电磁式车速传感器为例介绍其结构、原理和检修。

(3)电磁式车速传感器的结构、原理　如图 2-76 所示,电磁式车速传感器主要由永久磁铁、电磁感应线圈、转子等组成。转子一般安装在变速器输出轴上,永久磁铁和电磁感应线圈安装在变速器壳体上,如图 2-76a 和 b 所示。输出轴转动,转子也转动,转子与传感器之间的空气间隙发生周期性变化,使电磁感应线圈中的磁通量发生变化,从而产生交流感应电压,如图 2-76c 所示,并输送给 ECU。交流感应电压随着车速(输出轴转速)具有两个响应特性:一是随着车速的增加,交流感应电压增高;二是随着车速的增加,交流感应电压脉冲频率增加。ECU 是根据交流感应电压脉冲频率的大小计算车速,并以此控制自动变速器的换档。车速传感器信号相当于液控自动变速器中的速控油压,电控自动变速器没有速控阀。

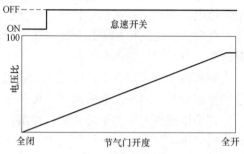

图 2-75　V_{TA} 端子输出电压与节气门开度的关系

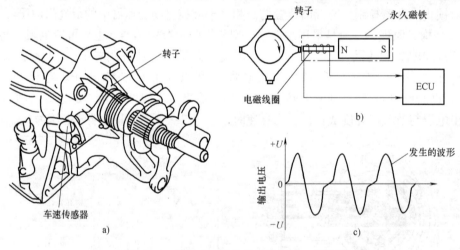

图 2-76　电磁式车速传感器的结构、原理

3. 输入轴转速传感器

对于轿车自动变速器,一般在机械变速器输入轴附近的壳体上装有检测输入轴转速的输入轴转速传感器。该传感器一般采用电磁式,其结构、原理及检测与车速传感器一样。

自动变速器 ECU 根据输入轴转速传感器的信号可以更精确地控制换档。另外,ECU 还可以把该信号与发动机转速信号进行比较,计算出液力变矩器的转速比,使主油压和锁止离合器的控制得到优化，以改善换档、提高行驶性能。

4. 冷却液温度传感器

（1）功用　冷却液温度传感器的信号不仅用于发动机的控制，还用于自动变速器的控制。当发动机冷却液温度低于设定温度（如60℃）时，发动机ECU会发送一个信号给自动变速器ECU的OD_1端子，以防止自动变速器换入超速档，同时锁止离合器也不能工作；当发动机冷却液温度过高时，自动变速器ECU会让锁止离合器工作以帮助发动机降低冷却液的温度，防止变速器过热。

如果冷却液温度传感器故障，发动机ECU会自动将冷却液温度设定为80℃，以便发动机和自动变速器可以工作。

（2）结构、原理　冷却液温度传感器一般是一个负温度系数的热敏电阻，即温度升高，电阻下降。如图2-77所示，发动机ECU在THW端子接收到一个与冷却液温度成正比的电压，从而得到冷却液温度信号。

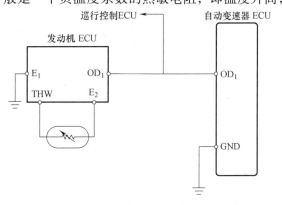

图2-77　冷却液温度传感器的结构、原理

5. 模式选择开关

（1）功用　模式选择开关是供驾驶人选择所需要的行驶或换档模式的开关。大部分车型都具有常规模式（N或NORM）和动力模式（P或PWR），有些车型还有经济模式（E或ECO）。自动变速器ECU根据所选择的行驶模式执行不同的换档程序，控制换档和锁止正时。如选择动力模式，自动变速器会推迟升档，以提高动力性；选择经济模式，自动变速器会提前升档，以提高经济性，常规模式介于二者之间。

（2）结构、原理　图2-78所示为常见的具有常规和动力两种模式的模式选择开关电路。当开关接通NORM（常规模式）时，仪表板上的NORM指示灯点亮，同时自动变速器ECU的PWR端子的电压为0，ECU从而知道选择了常规模式。当开关接通PWR（动力模式）时，仪表板上的PWR指示灯点亮，同时自动变速器ECU的PWR端子的电压为12V，ECU从而知道选择了动力模式。

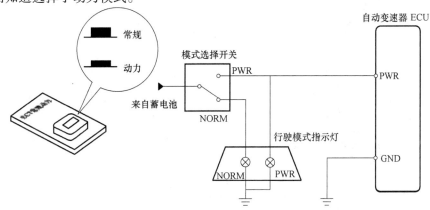

图2-78　模式选择开关电路

6. 空档起动开关

（1）功用　空档起动开关有两个功用，一是给自动变速器 ECU 提供档位信息；二是保证只有变速杆置于 P 位或 N 位时才能起动发动机。

（2）结构、原理　如图 2-79 所示，当变速杆置于不同的档位时，仪表板上相应的档位指示灯会点亮。当 ECU 的端子 N、2 或 L 与端子 E 接通时，ECU 便分别确定变速器处于 N 位、2 位或 L 位；否则，ECU 便确定变速器处于 D 位。只有当变速杆置于 P 位或 N 位时，端子 B 与 NB 接通，才能给起动机通电，使发动机起动。

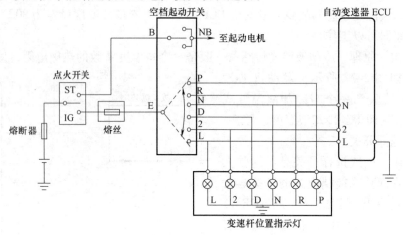

图 2-79　空档起动开关电路图

7. 制动灯开关

（1）功用　自动变速器 ECU 通过制动灯开关检测是否踩下制动踏板，如果踩下制动踏板，ECU 会取消锁止离合器的工作。

（2）原理　如图 2-80 所示，制动灯开关安装在制动踏板支架上。踩下制动踏板，开关接通，ECU 的 STP 端子电压为 12V；松开制动踏板，开关断开，STP 端子电压为 0。ECU 根据 STP 端子的电压变化了解制动踏板的工作情况。

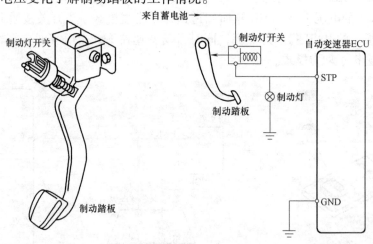

图 2-80　制动灯开关电路

（3）检测　测量制动灯开关电源端子与搭铁之间的电压，在没有制动时应为蓄电池电压。若不是蓄电池电压，应检查制动灯熔丝是否断路。

三、执行器

电子控制系统的执行器主要是指电磁阀和故障指示灯,这里只介绍电磁阀。

1. 分类

电磁阀根据功能不同可以分为换档电磁阀、锁止离合器电磁阀和油压电磁阀。根据工作原理不同可以分为开关式电磁阀和占空比式(脉冲线性式)电磁阀。不同的自动变速器使用的电磁阀数量不同,一般为3~8个。

绝大多数换档电磁阀采用开关式电磁阀,油压电磁阀采用占空比式电磁阀,而锁止离合器电磁阀采用开关式的和占空比式的都有。

2. 开关式电磁阀

(1) 功用 开关式电磁阀的功用是接通或断开液压油路,通常用于控制换档阀和部分车型锁止离合器的工作。

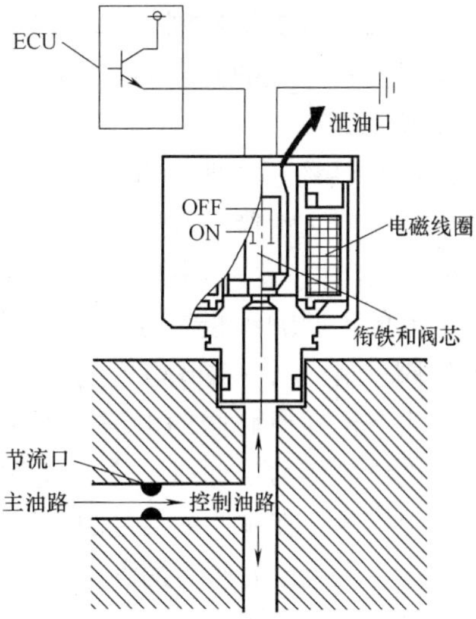

(2) 结构、原理 开关式电磁阀由电磁线圈、衔铁和阀芯等组成,如图2-81所示。当电磁阀通电时,在电磁吸力作用下衔铁和阀芯下移,关闭泄油口,主油压供到控制油路;当电磁阀断电时,在回位弹簧的作用下衔铁和阀芯上移,打开泄油口,主油压被泄掉,控制油路压力很小。

图2-81 开关式电磁阀

(3) 电控换档阀的工作原理 图2-82所示为换档电磁阀控制换档阀的工作原理图。当换档电磁阀断电时,阀芯及球阀在回位弹簧的作用下上移,主油压不能到达换档阀的左侧,则换档阀处于左端位置,主油压经过换档阀给换档执行元件供油,得到相应的档位,如图

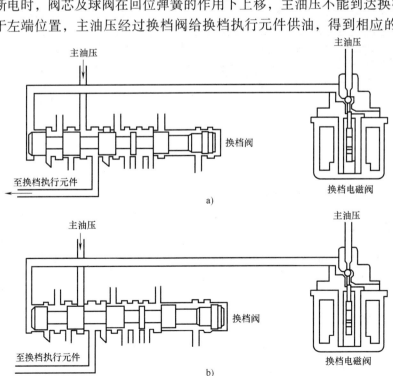

图2-82 电控换档阀的工作原理

2-82a 所示。当换档电磁阀通电时，电磁吸力使阀芯及球阀下移，主油压经过换档电磁阀到达换档阀的左侧，换档阀右移，主油压到达换档阀后被截至，不能给换档执行元件供油，得到另外的档位，如图 2-82b 所示。

3. 占空比式电磁阀

（1）占空比的概念　占空比是指一个脉冲周期中通电时间所占的比例（百分数），如图 2-83 所示。

（2）结构、原理　占空比式电磁阀由电磁线圈、滑阀、弹簧等组成，如图 2-84 所示。它通常用于控制油路的油压，有的车型的锁止离合器也采用此种电磁阀控制。与开关式电磁阀不同的是，控制占空比式电磁阀的电信号不是恒定不变的电压信号，而是一个固定频率的脉冲电信号。在脉冲电信号的作用下，电磁阀不断开启、关闭泄油口。

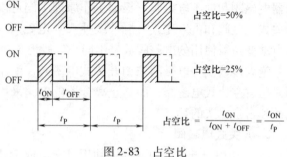

图 2-83　占空比

占空比式电磁阀有两种工作方式，一种是占空比越大，经电磁阀泄油越多，油压越低；另一种是占空比越大，油压越高。

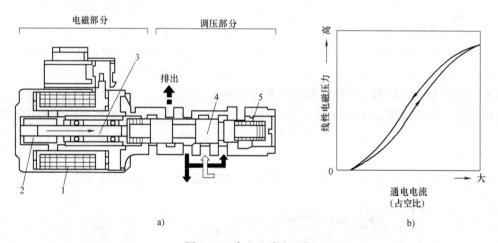

图 2-84　占空比式电磁阀
a）结构示意图　b）占空比调节曲线
1—电磁线圈　2—滑阀　3—滑阀轴　4—控制阀　5—弹簧

四、电控单元

电控单元（ECU），俗称电脑。自动变速器 ECU 具有换档控制、锁止离合器控制锁、换档平顺性控制、故障自诊断、失效保护等功能。

1. 换档控制

自动变速器换档时刻的控制是 ECU 最重要的控制内容之一。汽车在不同特定工况下都有一个与之对应的最佳换档时刻，使汽车发挥出最好的动力性和经济性。汽车行驶过程中，自动变速器 ECU 根据模式选择开关信号、节气门开度信号、车速信号等参数打开或关闭换档电磁阀，从而接通或切断通往离合器、制动器的油路，使变速器升档或降档。

图 2-85 所示为常见四档自动变速器的自动换档图，具有以下特点：

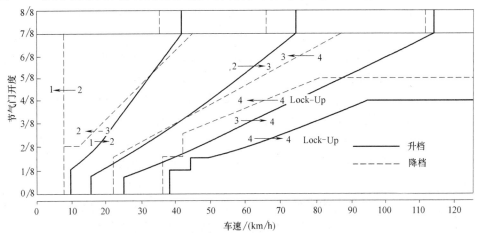

图 2-85　常见四档自动变速器的换档图

1) 随着节气门开度增加，升档或降档车速增加。以 2 档升 3 档为例，当节气门开度为 2/8 时，升档车速为 35km/h，降档车速为 12km/h；当节气门开度为 4/8 时，升档车速为 50km/h，降档车速为 25km/h。因此在实际的换档操作过程中，一般可以采用"收节气门"的方法来快速升档。

2) 升档车速高于降档车速，以免自动变速器在某一车速附近频繁升档、降档而加速自动变速器的磨损。

2. 锁止离合器控制

自动变速器 ECU 将各种行驶模式下锁止离合器的工作方式编程存入存储器，然后根据各种输入信号，控制锁止离合器电磁阀的通、断电，从而控制锁止离合器的工作。

(1) 锁止离合器工作的条件　如果满足以下 5 个条件，自动变速器 ECU 会接通锁止离合器电磁阀，使锁止离合器处于接合状态。

1) 变速杆置于 D 位。
2) 车速高于规定值。
3) 节气门开启。
4) 冷却液温度高于规定值。
5) 未踩下制动踏板（制动灯开关未接通）。

(2) 锁止的强制取消　如果符合以下条件中的任何一项，自动变速器 ECU 就会给锁止离合器电磁阀断电，使锁止离合器分离。

1) 踩下制动踏板（制动灯开关接通）。
2) 发动机怠速（节气门位置传感器 IDL 触点未闭合）。
3) 冷却液温度低于规定值（如60℃）。
4) 当巡航系统工作时，车速降至设定车速以下至少 10km/h。

目前许多新型电控自动变速器采用占空比式电磁阀作为锁止离合器电磁阀，ECU 在控制锁止离合器接合时，通过改变脉冲电信号的占空比，使锁止离合器电磁阀的开度缓慢增大，以减小锁止离合器接合时所产生的冲击，使锁止离合器的接合过程变得更加柔和。

3. 换档平顺性控制

自动变速器改善换档平顺性的方法有换档油压控制、减少转矩控制和 N-D 换档控制。

（1）换档油压控制　自动变速器在升档和降档的瞬间，ECU 会通过油压电磁阀适当降低主油压，以减少换档冲击，改善换档。也有的自动变速器是在换档时通过电磁阀来减小蓄能器背压，以减缓离合器或制动器油压的增长率，减少换档冲击。

（2）减少转矩控制　在自动变速器换档的瞬间，通过推迟发动机点火时刻或减少喷油量，减少发动机输出转矩，以减少换档冲击和输出轴的转矩波动。

（3）N-D 换档控制　当变速杆由 P 位或 N 位换到 D 位或 R 位，或由 D 位或 R 位换到 P 位或 N 位时，通过调整喷油量，把发动机转速的变化减少到最小限度，以改善换档。

4. 故障自诊断

电控自动变速器 ECU 具有内置的自我诊断系统，它不断监控各传感器、信号开关、电磁阀及其电路情况。当有故障时，ECU 使 OD OFF 指示灯闪烁，以提醒驾驶人或维修人员，并将故障内容以故障码的形式存储在存储器中，以便维修人员采用人工或仪器的方式读取故障码。

当故障排除后，OD OFF 指示灯将停止闪烁，不过故障码仍然会保留在 ECU 存储器中。

当 OD 开关处于"ON"位置时（OD 开关断开），如果有故障，OD OFF 指示灯将点亮而不是闪烁。

5. 失效保护

当自动变速器出现故障时，为了尽可能使自动变速器保持最基本的工作能力，以维持汽车行驶，便于汽车进厂维修，电控自动变速器 ECU 具有失效保护功能。

（1）当传感器出现故障时，ECU 所采取的失效保护措施

1）节气门位置传感器出现故障时，ECU 根据怠速开关的状态进行控制。当怠速开关断开时（加速踏板被踩下），按节气门开度为 1/2 进行控制；当怠速开关接通时（加速踏板完全放松），按节气门处于全闭状态进行控制。

2）车速传感器出现故障时，ECU 不能进行自动换档控制，此时自动变速器的档位由变速杆的位置决定。在 D 位和 2 位时固定为超速档或 3 档，在 L 位时固定为 2 档或 1 档；或不论变速杆在任何前进档位，都固定为 1 档，以保证汽车最基本的行驶能力。

3）冷却液或 ATF 温度传感器出现故障时，ECU 按温度为 80℃ 的设定进行控制。

（2）电磁阀出现故障时，ECU 所采取的失效保护措施

1）换档电磁阀出现故障时，ECU 一般会将自动变速器锁档，档位与变速杆的位置有关。丰田车系锁档情况见表 2-7。

表 2-7　丰田车系锁档情况

变速杆位置	D	2	L	R
档位	4 档	3 档	1 档	倒档

2）锁止离合器电磁阀出现故障时，ECU 会停止锁止离合器的控制，使锁止离合器始终处于分离状态。

3）油压电磁阀出现故障时，ECU 会停止油压的控制，使油路压力保持为最大。

一、电子控制系统主要零部件的检修

电控自动变速器的电子控制系统中，传感器、执行器、开关等任何零部件产生故障，都会对自动变速器的工作产生影响。利用故障诊断仪读取故障码，可以找出控制系统大部分故障的大致范围，但要确定故障所在的具体部位，还必须进一步用万用表等简单工具，按照《维修手册》中提供的检测方法、检测步骤及标准数据，对各零部件进行检测。另外，一些执行器的机械故障（如卡滞、泄漏等）是无法被故障自诊断电路检测出来的，只有通过实际检测才能发现。为了提高电控自动变速器工作的可靠性，该控制系统的大部分零部件在结构上都被设计成密封式、不可分解的，损坏后也不能修复。检修的主要任务就是找出这些有故障的零部件，予以更换，从而恢复电控自动变速器的工作性能。

1. 节气门位置传感器的检修

检测节气门位置传感器的方法如下：

1）拔下节气门位置传感器的线束插头。

2）用万用表在节气门位置传感器接线插座上测量怠速开关的导通情况（图2-86）。当节气门全闭时，怠速开关应导通；当节气门开启时，怠速开关应不导通。否则，应调整或更换节气门位置传感器。

3）用万用表测量节气门位置传感器中线性电位计的电阻。该电阻应能随节气门开度的增大而呈线性增大。

4）将测量结果与标准值进行比较。如有不符，应调整或更换节气门位置传感器。

2. 车速传感器和输入轴转速传感器的检修

车速传感器与输入轴转速传感器的结构和工作原理相同，其检修方法也是一样的。

（1）车速传感器或输入轴转速传感器的感应线圈电阻的测量

1）拔下车速传感器或输入轴转速传感器的线束插头。

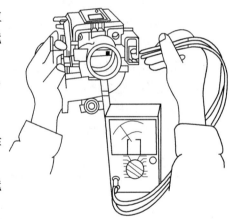

图2-86 节气门位置传感器的检测

2）用万用表测量车速传感器或输入轴转速传感器两接线端之间的电阻（即感应线圈的电阻）（图2-87）。不同车型自动变速器的这种传感器感应线圈的电阻不完全相同，通常为几百欧到几千欧。如果感应线圈短路、断路或电阻值不符合标准，应更换传感器。

（2）车速传感器或输入轴转速传感器的输出脉冲的测量

1）测量车速传感器输出脉冲时，可用千斤顶将汽车一侧的驱动轮顶起，使变速杆置于空档位置，用手转动悬空的驱动轮，同时用万用表测量车速传感器两接线柱之间有无脉冲感应电压。测量时，应将万用表选择开关转至1V以下的直流电压档位置或电阻档位置。若在转动车轮时万用表指针有摆动，说明传感器有输出脉冲，其工作正常；否则，应更换传感器。

2）测量输入轴转速传感器输出脉冲时，应将传感器拆下，用一根铁棒或一块磁铁迅速靠近或离开传感器（图2-88）。同时用万用表测量传感器两接线柱之间有无脉冲感应电压。如果没有感应电压或感应电压很微弱，说明传感器有故障，应更换。

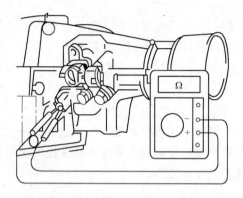

图2-87　车速传感器感应线圈电阻的测量

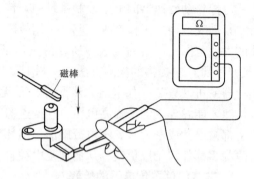

图2-88　输入轴转速传感器输出脉冲的测量

3. 冷却液温度传感器和油温传感器的检修

冷却液温度传感器和油温传感器的内部都是一个半导体热敏电阻，两者检修方法相同。

1）拆下冷却液温度传感器或油温传感器。

2）将传感器置于盛有水的烧杯中，加热杯中的水，同时测量在不同温度下传感器两接线端之间的电阻（图2-89）。

3）将测量的电阻值与标准相比较。如果不符合标准，应更换传感器。

4. 档位开关的检修

（1）档位开关的检测方法

1）用举升器将汽车升起。

2）拆下连接在自动变速器手动阀摇臂和操纵手柄之间的连杆。

3）拔下档位开关的线速插头。

4）将手动阀摇臂拨至各个档位，同时用万用表测量档位开关线束插座内各插孔之间的导通情况。

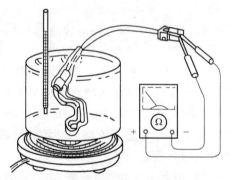

图2-89　冷却液温度传感器和油温传感器的检测

5）将测量结果与标准进行比较。如有不符，应重新调整档位开关。

（2）档位开关的更换

1）拆下手动阀摇臂和操纵手柄之间的连杆。

2）拧松手动阀摇臂轴上的锁紧螺母，拆下手动阀摇臂。

3）拧下档位开关固定螺栓，拆下档位开关。

4）按拆卸相反的顺序安装新的档位开关。

5）按规定的程序重新调整档位开关。

5. 开关式电磁阀的检修

电控自动变速器的换档电磁阀等开关式电磁阀的检修可采用下列方法。

（1）开关式电磁阀的就车检查

1）用举升器将汽车升起。

2）拆下自动变速器的油底壳。

3）拔下电磁阀的线束插头。

4）用万用表测量电磁阀线圈的电阻。自动变速器的开关式电磁阀线圈的电阻一般为10~30Ω。若电磁阀线圈短路、断路或电阻值不符合标准，应更换。

5）将12V电源施加在电磁阀线圈上，此时应能听到电磁阀工作的"咔嗒"声；否则，说明阀芯卡住，应更换电磁阀。

（2）开关式电磁阀的性能检验

1）拆下电磁阀。

2）将压缩空气吹入电磁阀进油口。

3）当电磁阀线圈不接电源时，进油孔和泄油孔之间应不通气；否则，说明电磁阀损坏，应更换电磁阀。

4）接上电源后，进油孔和泄油孔之间应相通；否则，说明电磁阀损坏，应更换电磁阀。

6. 脉冲线性式电磁阀的检修

电控自动变速器的油压电磁阀等脉冲线性式电磁阀可采用下列方法检修。

（1）脉冲线性式电磁阀的就车检查

1）用举升器将汽车升起。

2）拆下自动变速器的油底壳。

3）拔下电磁阀的线束插头。

4）用万用表测量电磁阀线圈的电阻值。脉冲线性式电磁阀的线圈电阻值较小，一般为2~6Ω。若电磁阀线圈短路、断路或电阻值不符合标准，应更换电磁阀。

（2）脉冲线性式电磁阀的性能检验

1）拆下脉冲线性式电磁阀。

2）将蓄电池电源串联一个8~10W的灯泡，然后与电磁阀线圈连接（脉冲线性式电磁阀线圈电阻较小，不可直接与12V电源连接，否则会烧毁电磁阀线圈）。

3）通电时，电磁阀阀芯应向外伸出；断电时，电磁阀阀芯应向内缩入。如果异常，说明电磁阀损坏，应更换。

脉冲线性式电磁阀的另一种检验方法是采用可调电源。其方法如下：将可调电源与电磁阀线圈连接。调整电源的电压，同时观察阀芯的移动情况。当电压逐渐升高时，阀芯应随之向外移动；当电压逐渐减小时，阀芯应随之向内移动。否则，说明电磁阀损坏，应更换。在检验中应注意保持电源的电流不超过1A。

二、电液式控制系统ECU及其控制电路检修

电液式控制系统ECU及其控制电路的故障可以用对应车型的故障诊断仪或通用解码器来检测。

在检测 ECU 线束各接脚工作电压时，应注意以下事项：

1）在检测前，应先检查自动变速器控制系统及其他电气系统的熔丝和有关的线束插头是否正常。在点火开关处于"ON"位置时，蓄电池电压应不低于 11V。过低的蓄电池电压会影响测量结果。

2）必须使用高阻抗的电压表，低阻抗的电压表可能会损坏 ECU。

3）必须在 ECU 和线束插头处于连接的状态下测量 ECU 各接脚的电压。

4）应从线束插头的电线一侧插入测笔来测量各接脚的电压。

5）不可在拔下 ECU 线束插头的状态下，直接测量各接脚电阻，否则可能损坏 ECU。

6）若要拔下 ECU 的线束插头，测量各控制线路，应先拆下蓄电池搭铁线。不可在蓄电池连接完好的状态下拔下 ECU 的线束插头，否则会损坏 ECU。

7）应可靠地连接 ECU 的线束插头，否则可能损坏其内的集成电路等电子元件。

任 务 工 单

任务 2-4　电子控制系统检修

班　级		姓　名		学　号	
地　点				等　级	
任务目的					
任务过程	通过观察填写下图中零部件的相关信息内容。  1）名称： 作用： 检测步骤及结果： 2）名称： 作用： 检测步骤及结果：				

	3）名称：				
	作用：				
	检测步骤及结果：				
任务过程					
	4）名称：				
	作用：				
	检测步骤及结果：				

	考评项目		分　值	教师考核	备　注
考核评价	素质考评	团队协作	10分		
		语言表达	10分		
		实训纪律	10分		
	过程考评	工具使用	10分		
		任务实施	30分		
		完成情况	20分		
		工位整理	10分		
	合　计				

任务 2-5　自动变速器油的检查与更换

任务要求

1. 了解自动变速器油的作用和特性。
2. 掌握自动变速器油的检查方法。
3. 掌握自动变速器油更换的步骤及注意事项。
4. 具备检查及更换自动变速器油的能力。

任务描述

按照汽车维护常识和自动变速器养护规定，在汽车行驶 40000~60000km 的里程后，需进行自动变速器油的更换。自动变速器油除了润滑、降温外，还起传递转矩的作用。自动变速器经过长时间的使用，若不能及时更换自动变速器油，容易导致油液污染、颗粒增大、产生碎屑、变质和降低黏度、加大摩擦片间的磨损，从而产生油路阻塞、拉伤阀体、阻塞柱塞、换档冲击、增加油耗等工作异常，甚至损坏自动变速器。为保证自动变速器正常工作，应及时更换自动变速器油。

相关知识

一、自动变速器油的作用

自动变速器油（Automatic Transmission Fluid，ATF）是指专用于自动变速器的油液。汽车自动变速器维护的主要内容是对 ATF 的检查和更换。ATF 除了通过液力变矩器将发动机动力传递给变速器外，还有以下作用：

1) 通过电控、液控系统传递压力和运动，完成对各换档元件的操纵。
2) 冷却。将变速器中的热量带出传递给冷却介质。
3) 润滑。对行星齿轮机构和摩擦副强制润滑。
4) 清洁运动零件并起密封作用。

二、ATF 的特性

由于 ATF 工作特点的不同，在性能上区别于其他油液，主要具有以下特性：
1) 较高的黏温性。
2) 较高的氧化安定性。
3) 防腐防锈性。
4) 良好的抗泡沫性。
5) 抗磨性。
6) 剪切稳定性。

用于自动变速器的油液应通过严格的台架试验和道路试验，具备上述的各种性能。各国对 ATF 均有严格的规定。目前，应用广泛的 ATF 是 DEXRON Ⅱ 和 Ⅲ 型，最新的是 DEXRON

Ⅵ型，主要应用于美国通用、克莱斯勒及日本和德国汽车公司的大部分车型上，福特汽车公司使用的是 F 型，国产轿车使用的 ATF 主要是 8 号传动油。

三、自动变速器油滤清器

滤清器用来滤掉颗粒或污染物，防止颗粒或污染物进入自动变速器油道循环。

滤清器要浸在油液中，但要和壳体保持一定距离，防止油底壳内积淀物阻塞滤清器。常见的自动变速器油滤清器有三种类型，即滤网式滤清器、纸质滤清器和毡式滤清器。

1. 滤网式滤清器

最早的滤清器使用的是金属滤网，每次自动变速器维护时都要对它进行清洗，如有损坏应更换。滤网上的漆类物可以用化油器清洗剂或溶剂清洗，如不能清洗干净则应更换滤清器。

2. 纸质滤清器

纸质滤清器被封套在塑料或金属外壳里。纸质滤清器不能清洗，每次自动变速器维护时都要更换。纸质滤清器与滤网式滤清器都是表面滤清器，只不过纸质滤清器可以过滤尺寸相对较小的颗粒。

3. 毡式滤清器

毡式滤清器由特别处理的聚酯纤维制成，不能清洗，维护时只能更换。它是深层滤清器，过滤的污染颗粒不光存在于表面，还会存在其内部。因此，它能在保证较好的过滤效果的同时，对油流的影响较小。

四、自动变速器油冷却器

正常工况下，离合器打滑、运动部件之间的摩擦、变矩器液力传动所产生的热量，应能被 ATF 带走并消散。因为温度过高会导致 ATF 失效，从而导致自动变速器故障。利用自动变速器油冷却器来保持 ATF 在正常工作范围内。自动变速器油冷却器安装在变速器外部，使 ATF 散热后经油管返回变速器。常用的自动变速器油冷却器有两种，即水冷式和风冷式。

许多乘用车使用水冷式自动变速器油冷却器，它安装在发动机冷却液散热器当中，利用发动机的冷却系统散热。

任务实施

一、ATF 的检查

在进行自动变速器维护时，对 ATF 的检查是极其重要的工作。检查内容主要包括油质检查、油量检查和漏油检查。

1. 油质检查

从油质中可以了解自动变速器具体的损坏情况。油质的好坏主要从以下方面去判断：

（1）ATF 的颜色　ATF 的正常颜色为鲜亮、透明的红色，如果发黑则说明已经变质或有杂质；如果呈粉红色或白色则说明自动变速器油冷却器进水。

（2）ATF 的气味　正常的 ATF 没有气味，如果有焦糊味，说明 ATF 过热，有摩擦材料烧蚀。

（3）ATF 的杂质　如果 ATF 中有金属切屑，说明有元件严重磨损或损伤；如果 ATF 中有胶质状油液，说明 ATF 因温度过高或使用时间过长而变质。

检查 ATF 油质时，从油尺上闻一闻油液的气味，在手指上点少许油液，用手指互相摩擦看是否有颗粒，或将油尺上的油液滴在干净的白纸上，检查油液的颜色及气味。

2. 油量检查

ATF 液面高度过高会导致主油压过高，从而出现换档冲击振动、换档提前等故障；ATF 液面高度过高还会导致空气进入 ATF。如果 ATF 液面高度过低则又会导致主油压过低，从而出现换档滞后、离合器和制动器打滑等故障。

ATF 液面高度检查的具体方法及步骤如下：

1）行驶车辆，使发动机冷却液温度和 ATF 温度达到正常工作温度。

2）将车辆停在水平地面，并可靠驻车。

3）使发动机怠速运转，将变速杆由 P 位换至 L 位，再退回 P 位。

4）拉出自动变速器油尺，并将其擦拭干净，然后将油尺全部插回套管。

图 2-90　ATF 液面高度的检查

5）再将油尺拉出，检查油面是否在 HOT 范围内（图 2-90），如果不在应加油。

一般车辆经过 1 万 km 的行驶里程就要检查 ATF 的液面高度。

3. 泄漏检查

一般情况下，ATF 不会消耗，如果 ATF 液面高度变低，就要检查自动变速器是否有漏油的地方。

在发生 ATF 泄漏时，为了准确找到 ATF 泄漏的部位，通常可以使用三种方法进行泄漏检查，即一般检查法、粉末检查法、染色与紫外光检查法。

（1）一般检查法

1）确认 ATF 泄漏。

2）用抹布彻底清洁可疑泄漏部位。

3）在城市道路状况下驾驶车辆行驶 15～20min，使 ATF 达到正常工作温度。

4）将车辆停放在平地上，在可疑泄漏部位下方的地面铺上干净的纸或纸板。

5）关闭发动机。

6）在纸上查找油滴。

（2）粉末检查法

1）用抹布彻底清洁可疑泄漏部位。

2）在可疑泄漏部位涂雾化粉。

3）在城市道路状况下驾驶车辆行驶 15～20min，使 ATF 达到正常工作温度。

4）关闭发动机。

5）检查可疑的泄漏部位。

6）通过粉末沿着泄漏轨迹查找泄漏源。

（3）染色与紫外光检查法

1）用抹布彻底清洁可疑泄漏部位。

2）通过 ATF 的加注口添加染色剂。

3）驾驶车辆行驶几公里，确保 ATF 达到正常工作温度。使染色剂在整个液压和润滑系统中循环。

4）用紫外光灯照射可能存在泄漏的部位。如果照射时，发现被照射区域有荧光出现，则说明有泄漏。确保通过泄漏的痕迹找到泄漏点。

二、更换 ATF 的方法

一般自动变速器有 ATF 的放油孔和放油螺钉，通常是在自动变速器油底壳下面，也有的在自动变速器的侧面，可以从车辆的维修手册中查到放油螺钉的位置。

1）使车辆熄火，将变速杆置于 P 位，拉紧驻车制动手柄，把车固定好升起来。

2）车辆稍微冷却后，在 ATF 放油口下面放接油盆，待油排空后，把放油螺钉装回。

3）加入新的 ATF，从自动变速器油尺处注入油液。

4）起动发动机，把所有档位都换一遍，检查 ATF 的量是否合适。

任 务 工 单

任务 2-5　自动变速器油的检查与更换

班级		姓名		学号	
地点				等级	
任务目的					
任务过程	1. ATF 检查项目有哪些？ 2. ATF 更换周期以＿＿＿＿＿＿＿＿＿＿＿＿＿＿＿＿＿＿＿＿为准。 3. 简述 ATF 的作用。 4. 请根据所检查的实际情况填写以下内容。 1）自动变速器油的颜色：＿＿＿＿＿＿。 2）自动变速器油的液位在＿＿＿＿＿＿范围。 3）放油螺塞拧紧力矩是＿＿＿＿＿ N·m。 5. 以已有车型为例说明 ATF 的检查步骤。				

任务过程	6. 简述更换 ATF 操作步骤。				
考核评价		考评项目	分值	教师考核	备注
	素质考评	团队协作	10分		
		语言表达	10分		
		实训纪律	10分		
	过程考评	工具使用	10分		
		任务实施	30分		
		完成情况	20分		
		工位整理	10分		
	合 计				

任务 2-6　自动变速器的检查与性能试验

任务要求

1. 掌握自动变速器的常规检查内容和方法。
2. 熟悉自动变速器性能检查项目与方法；具备一定的自动变速器性能检查能力。
3. 掌握故障码读取与清除方法。
4. 具备常见自动变速器的故障诊断能力。

任务描述

汽车自动变速器在使用中，随着技术状况的下降会出现一系列故障，常见的故障会通过一定的现象特征表现出来，不同车型由于结构上有所不同，其故障原因会有所差异，但故障产生的常见原因和诊断排除方法是基本相同的。

相关知识

一、概述

1. 故障诊断与检修注意事项

1）诊断检修时要遵循由简入繁、由表及里的原则。
2）要根据厂家推荐的程序进行。
3）拆卸自动变速器时应先清洗外部。
4）分解时应将零部件按原顺序放好。
5）液压件及油路应用同型号的 ATF 清洗，油路用压缩空气吹通，不能用抹布擦拭。
6）零部件装配时应涂抹 ATF。
7）更换新的离合器片或制动器片等应在装配前放入 ATF 中浸泡 15min 以上。

2. 故障诊断与排除的基本程序

常见的电控自动变速器一般采用的故障诊断与排除程序如下：

1）初步检查。
2）读取故障码。
3）手动换档试验。
4）失速试验。
5）油压试验。
6）换档迟滞试验。
7）道路试验。
8）电控系统检查。
9）车上和车下修理。

当自动变速器故障车辆进厂后，维修人员询问、分析车主的陈述，然后通过道路试验等方法确认故障。故障确认后，先进行初步检查，包括 ATF 的检查和更换、自动变速器漏油检查、变速杆位置检查和调整、空档起动开关检查和调整及发动机怠速检查。自动变速器的很多故障可以通过初步检查排除，然后再进行故障码的读取及数据分析。如果有故障码，可以按故障码的提示去检修；如果没有故障码，要进一步判断故障是发生在机械、液压部分还是电控系统，方法是进行手动换档试验。如果是电控系统故障，要逐步检查、修理或更换；如果是机械和液压系统的故障，要进行失速试验、油压试验、换档迟滞试验、道路试验，以判断故障部位并进行修理，最后进行试车检验。

二、自动变速器的初步检查（维护）

自动变速器的很多常见故障是由于发动机怠速不正常、ATF 液面高度不正确、油质不良、变速杆位置不准确等原因造成的。初步检查是自动变速器检修中要首先进行的，具体来说包括：ATF 的检查和更换（前面已述）、自动变速器漏油检查、变速杆位置检查和调整、空档起动开关检查和调整、发动机怠速检查。这些项目也是自动变速器维护所需进行的项目。

1. 自动变速器漏油检查

一般情况下，ATF 不会消耗，如果 ATF 液面高度变低，就要检查自动变速器是否有漏油的地方。漏油会导致油压下降、液面高度下降，使换档打滑和延迟。目视检查油封、管接头等部位。常见自动变速器漏油的检查部位如图 2-91 所示。

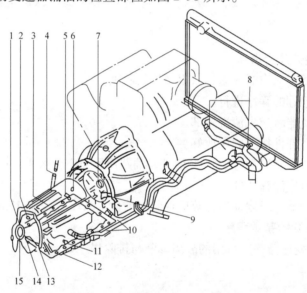

图 2-91　常见自动变速器漏油的检查部位
1—2 号车速传感器 O 形圈　2—转速传感器 O 形圈　3—电磁线圈配线 O 形圈　4—油尺导管 O 形圈
5—油压测试口螺塞和 O 形圈　6—输入轴转速传感器油封　7—油泵油封　8—油冷却器管箍
9—油泵 O 形圈　10—油冷却器管接头和 O 形圈　11—蓄能器背压测试口螺塞和 O 形圈
12—油底壳和变速器之间的垫片　13—加长壳体与变速器之间的垫片
14—1 号车速传感器油封　15—加长壳体后油封

2. 变速杆位置检查和调整

将变速杆从 N 位换到其他档位，检查变速杆能否平稳精确地换到其他档位。同时检查档位指示器是否正确地指示档位。如果档位指示器与正确档位不一致，进行下述调整：

1)松开变速杆上的螺母,如图 2-92 所示。
2)将控制轴杆向后推,然后将控制轴杆退回两个槽口到 N 位,如图 2-93 所示。

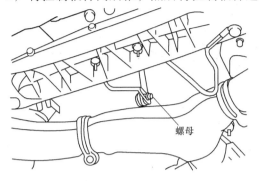

图 2-92 松开变速杆上的螺母

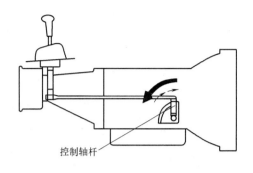

图 2-93 将控制轴杆移到 N 位

3)将变速杆定位在 N 位。
4)稍稍向 R 位定位变速杆,拧紧变速杆螺母。
5)起动发动机,确认变速杆自 N 位换到 D 位时,车辆向前移动;而换到 R 位时,车辆向后行驶。

3. 空档起动开关检查和调整

检查发动机是否仅能在变速杆位于 N 位或 P 位时起动,在其他档位不能起动。如果不符合要求,则应进行如下调整(图 2-94):

1)松开空档起动开关螺栓,将变速杆置于 N 位。
2)将槽口对准空档基准线。
3)定位位置并按规定力矩拧紧螺栓。

4. 发动机怠速检查

将变速杆置于 N 位,关闭空调,检查发动机怠速转速。具体数值应查看具体车型的维修手册,一般为 650~750r/min。自动变速器很多故障是由于发动机的问题引起的。如发动机怠速转速过低,当变速杆由 P 位或 N 位换至 D 位或 R 位时,会导致车身的振动,严重时会使发动机熄火。

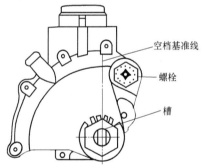

图 2-94 空档起动开关的调整

三、道路试验

道路试验是诊断分析自动变速器故障最有效的手段之一。此外,自动变速器在修复之后,也应进行道路试验,以检查其工作性能,检验修理质量。自动变速器的道路试验内容主要包括:检查换档车速、换档质量以及换档执行元件有无打滑等。在道路试验之前,应先让汽车以中低速行驶 5~10min,使发动机和自动变速器都达到正常工作温度。在试验中,通常应将 OD 开关置于 ON 的位置(即 OD OFF 指示灯熄灭),并将模式选择开关置于常规模式或经济模式,如图 2-95 所示。道路试验的方法如下:

1. 升档检查

将变速杆置于 D 位,踩下加速踏板,使节气门保持在 50% 开度左右,让汽车起步加速,检查自动变速器的升档情况。自动变速器在升档时发动机会有瞬时的转速下降,同时车身有轻微的闯动感。正常情况下,汽车起步后随着车速的升高,试车者应能感觉到自动变速器顺利地由 1 档升入 2 档,随后由 2 档升入 3 档,最后升入超速档。若自动变速器不能升入高档(3 档或超速档),说明控制系统或换档执行元件有故障。

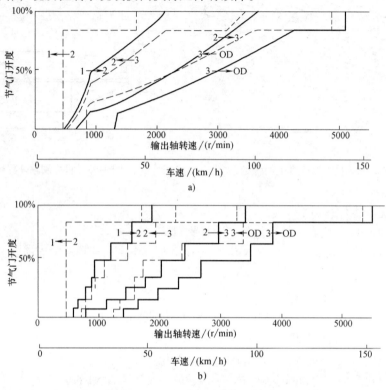

图 2-95 自动变速器的换档图
a) A43D 自动变速器升档图 b) A43DE 自动变速器经济模式换档图

2. 升档车速的检查

在上述升档检查的过程中,当察觉到自动变速器升档时,记下升档车速。一般四档自动变速器在节气门开度为 50% 时由 1 档升至 2 档的车速为 25~35km/h,由 2 档升至 3 档的车速为 55~70km/h,由 3 档升至 4 档(超速档)的车速为 90~120km/h。由于升档车速和节气门开度有很大的关系,即节气门开度不同,升档车速也不同,而且不同车型的自动变速器各档位传动比的大小都不相同,其升档车速也不完全一样。因此,只要升档车速基本保持在上述范围内,而且汽车行驶中加速良好,无明显的换档冲击,都可认为其升档车速基本正常。若汽车行驶中加速无力,升档车速明显低于上述范围,说明升档车速过低(即升档提前);若汽车行驶中有明显的换档冲击,升档车速明显示高于上述范围,说明升档车速过高(即升档滞后)。

升档车速太低一般是控制系统的故障所致;升档车速太高则可能是控制系统的故障所致,也可能是换档执行元件的故障所致。

3. 换档质量的检查

换档质量的检查内容主要是检查有无换档冲击。正常的自动变速器只能有不太明显的换档冲击,特别是电控自动变速器的换档冲击应十分微弱。若换档冲击太大,说明自动变速器的控制系统或换档执行元件有故障，其原因可能是主油压高或换档执行元件打滑，应做进一步的检查。

4. 锁止离合器工作状况的检查

自动变速器液力变矩器中锁止离合器的工作是否正常也可以采用道路试验的方法进行检查，如图 2-96 所示。试验时让汽车加速至超速档，以高于 80km/h 的车速行驶，并让节气门开度保持在低于 50% 的位置，使液力变矩器进入锁止状态。此时，快速将加速踏板踩下使节气门开度超过 85%，同时检查发动机转速的变化情况。若发动机转速没有太大的变化，说明锁止离合器处于接合状态；反之，若发动机转速升高很多，则表明锁止离合器没有接合，其原因通常是锁止控制系统有故障。

5. 发动机制动作用的检查

检查自动变速器有无发动机制动作用时，应将变速杆置于 2 位或 L 位。在汽车以 2 档或 1 档行驶时，突然松开加速踏板，检查是否有发动机制动作用。若松开加速踏板后车速立即随之下降，说明有发动机制动作用；否则说明控制系统或换档执行元件有故障。

6. 强制降档功能的检查

检查自动变速器强制降档功能时，应将变速杆置于 D 位，保持节气门开度为 30% 左右，在以 2 档、3 档或超速档

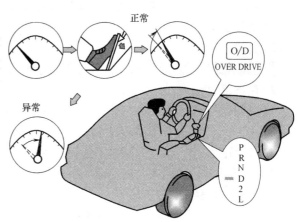

图 2-96 锁止离合器工作状况的检查

行驶时突然将加速踏板完全踩到底，检查自动变速器是否被强制降低一个档位。在强制降档时，发动机转速会突然升至 4000r/min 左右，并随着加速升档，转速逐渐下降。若踩下加速踏板后没有出现强制降档，说明强制降档功能失效。若在强制降档时发动机转速升高反常，达 5000r/min，并在升档时出现换档冲击，则说明换档执行元件打滑，应拆修自动变速器。

四、手动换档试验

1. 目的

手动换档试验用于判断故障是来自电控系统还是机械系统。

2. 方法、步骤

1) 拆下换档电磁阀插接器。

2) 将变速杆置于各个档位，检查档位是否与表 2-8 所列情况相同；如果出现异常，说明故障在机械系统。

表 2-8 自动变速器不同档位发动机转速和车速的关系

档位	发动机转速/(r/min)	车速/(km/h)	档位	发动机转速/(r/min)	车速/(km/h)
1 档	2000	18~22	3 档	2000	50~55
2 档	2000	34~38	超速档	2000	70~75

3) 插上换档电磁阀插接器，清除故障码。

4)档位标示见表2-8,如果L位、2位和D位换档位置难以区别,则进行下列道路试验:车辆行驶时,经过从L位至2位、2位至D位的换档,检查相应档位的换档变化(表2-9)。如果在上述试验中发现异常,则是自动变速器机械系统的故障。

表2-9 手动换档试验

变速杆位置	D	2	L	R	P
档位	4档	3档	1档	倒档	锁定棘轮

五、失速试验

失速试验是检查发动机、液力变矩器及自动变速器中相关换档执行元件的工作是否正常的一种常用方法。

1. 目的

失速试验是通过测量在D位、R位时的失速转速来检查发动机及自动变速器的总体性能。

2. 注意事项

1)在正常工作温度下进行该试验(50~80℃)。
2)该试验连续进行不得超过5s。
3)为保证安全,请在宽阔水平地面上进行,并确保试验用车前后无人。
4)失速试验应由两人共同完成。一人观察车轮情况,另一人进行试验。

3. 方法、步骤(图2-97)

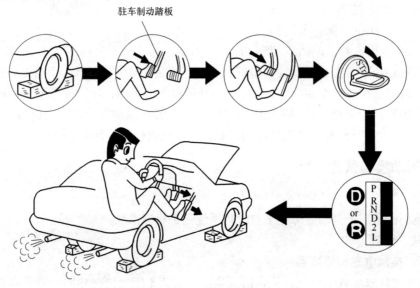

图2-97 失速试验

1)塞住前后车轮。
2)拉紧驻车制动手柄。
3)踩下制动踏板。
4)起动发动机。
5)将变速杆置于D位。把加速踏板踩到底,同时迅速读出发动机转速,此转速既为失速转速。

注意：如果在发动机转速未达到规定失速转速之前，后轮开始转动，应放松加速踏板停止试验。

6）在 R 位重复试验。

常见车型自动变速器的失速转速一般为 2200r/min 左右，但也有的自动变速器的失速转速低于 1800r/min，有的自动变速器的失速转速高于 2800r/min。

4. 试验结果分析

不同的车型，由于结构不同，试验结果体现的故障不同。

1）如果两个位置失速转速都相同，但均低于规定值：发动机可能功率不足、导轮（液力变矩器）单向离合器工作不正常。

提示：如果低于规定转速值 600r/min 以上，液力变矩器可能损坏。

2）如果 D 位失速转速高于规定值：主油压太低、前进档离合器工作不良、O/D 单向离合器工作不良。

3）如果 R 位失速转速高于规定值：主油压太低、直接档离合器打滑、1 档及倒档离合器打滑、O/D 单向离合器工作不良。

4）如 D 位和 R 位失速转速均高于规定值：主油压太低、油液液面位置不正常、O/D 单向离合器工作不良。

六、换档迟滞试验

1. 目的

发动机怠速运转时拨动变速杆，在感觉振动前会有一段时间的迟滞或延迟，这用于检查 O/D 单向离合器、前进档离合器、直接档离合器及 1、倒档制动器的工作情况。

2. 注意事项

1）在正常工作油温（50~80℃）下进行该试验。

2）在各试验中保证有 1min 的间隔。

3）进行 3 次试验并取平均值。

3. 方法、步骤（图 2-98）

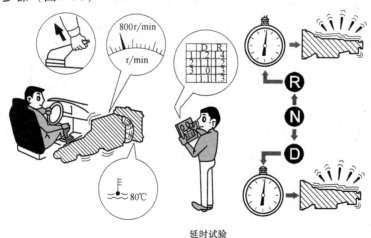

图 2-98　换档迟滞试验

1）拉紧驻车制动手柄。
2）起动发动机并检查怠速。
3）将变速杆从 N 位拨向 D 位。用秒表测量从拨动变速杆到感觉振动的时间。延迟时间应小于 1.2s。
4）从 N 位→R 位用同样方法测量。延迟时间应小于 1.5s。

4. 试验结果分析

1）如果 N 位→D 位延迟时间大于规定值：主油压太低、前进档离合器磨损、O/D 单向离合器工作不良。
2）如果 N 位→R 位延迟时间大于规定值：主油压太低、直接档离合器磨损、1～倒档制动器磨损、O/D 单向离合器工作不良。

七、油压试验

油压试验一般是做主油压测试，也可做进气门油压、速控油压、蓄能器背压测试。

1. 注意事项

1）实验前，让发动机和自动变速器温度正常。
2）正确连接压力表。

在正常工作油温（50～80℃）时进行该试验。

油压试验应由两人完成。一人观察车轮状况，另一人进行试验。

2. 方法、步骤（图2-99）

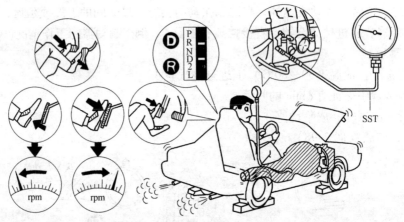

图 2-99　油压试验

1）运转发动机，让发动机和自动变速器温度正常。
2）拔去变速器壳体上的检查接头螺塞，连接压力表。
3）拉紧驻车制动手柄，塞住四个车轮。
4）起动发动机，检查怠速转速。
5）左脚踩下制动踏板，将变速杆换入 D 位。
6）在发动机怠速工况下测量主油压。
7）将加速踏板踩到底，在发动机达到失速转速时迅速读取油路最高压力。

注意：如果在发动机转速未达到失速转速之前，后轮开始转动，则松开加速踏板停止试验。

8）在 R 位重复试验。

如果测得的油压未达到规定值，应重新检查节气门拉索的调整情况并重复做油压测试。

3. 试验结果分析

1）在任何范围内油压均高于规定值：节气门拉索调整不当、节气门阀失效、调压阀失效、油泵失效、O/D 档单向离合器损坏。

2）只在 D 位油压低：D 位油路泄漏、前进档离合器故障。

3）只在 R 位油压低：R 位油路泄漏、直接档离合器故障、倒档制动器故障。

任务实施

根据已有车型，进行相关的自动变速器性能检查和试验。

任 务 工 单

任务 2-6　自动变速器的检查与性能试验

班级		姓名		学号	
地点				等级	
任务目的					
任务过程	1. 自动变速器基本检查项目有哪些？简述检查方法。 2. 道路试验 1）当变速杆位于 D 位时，要检查的内容： _____ _____ 2）当变速杆位于 3 位，要检查的内容： _____ _____ 3）对试验结果进行分析： 3. 手动换档试验 手动换档试验的方法是_____。 对试验结果进行分析： 4. 失速试验 1）失速试验的条件： ①_____　②_____ ③_____　④_____ 2）失速试验的方法： ①将汽车停在平坦的场地。 ②拉紧_____，起动发动机。 ③用左脚踩住制动踏板，将变速杆置于_____。 ④迅速将加速踏板踩到底，使发动机_____运转。				

任务过程	⑤当发动机转速上升至稳定值时，读取发动机的转速，即为_____，并迅速放松加速踏板。 ⑥将变速杆置于_____，使发动机怠速运转 1min。 ⑦将变速杆置于_____，再测一次失速转速。 3）对试验结果进行分析： 5. 换档迟滞试验 1）迟滞试验的方法： ①拉紧驻车制动手柄。 ②起动发动机并检查_____。 ③将变速杆从_____位拨向_____位。用秒表测量从拨动变速杆到感觉振动的时间。延迟时间应小于_____。 ④从 N 位→R 位用同样方法测量。延迟时间应小于_____。 2）对试验结果进行分析： 6. 油压试验 1）将自动变速器油压表接到自动变速器_____上。 2）拉紧驻车制动手柄，起动发动机，使自动变速器油温达到_____。 3）在发动机怠速工况和_____工况下分别测出_____位和 R 位的油压值。 4）对试验结果进行分析：

考核评价	考评项目		分值	教师考核	备注
	素质考评	团队协作	10分		
		语言表达	10分		
		实训纪律	10分		
	过程考评	工具使用	10分		
		任务实施	30分		
		完成情况	20分		
		工位整理	10分		
	合　　计				

📖 项目小结

本项目从自动变速器的作用、组成谈起，深入地认识了液力变矩器的组成和工作过程、齿轮变速机构的动力传递过程以及液压控制系统、电子控制系统的组成和工作过程。其中，齿轮动力传递路线和电子控制系统在学习中要特别注意。

在自动变速器故障诊断和维修的内容中，按照维修站实际流程，对客户故障分析、电子控制系统自诊断、自动变速器的基本检查与调整、自动变速器的机械系统试验、自动变速器典型故障的诊断与排除等步骤进行了技能训练，从而能够具备自动变速器故障诊断和维修的能力。

思考题

1. 简述自动变速器的优缺点。
2. 液力变矩器的主要组成有哪些？简述其工作过程。
3. 简述齿轮变速机构的特点。选择某种类型的自动变速器，画出其各个档位的动力传动路线图。
4. 液压控制系统的组成和作用是什么？
5. 电子控制系统的组成和作用是什么？
6. 自动变速器维修中的安全注意事项有哪些？

知识拓展

更快、更顺畅的变速器——Zeroshift AMT
（Automatic/Manual Transmission）变速器介绍

AMT是成本最低的自动变速器。AMT利用执行器代替传统的离合器踏板和变速杆。这种变速器保留了手动变速器的高效率和加速性能，但某些型号的变速器的换档质量不高。转矩中断和"点头"效应仍是主要的缺点。那么什么是最好的替代方案？变速器方面的新技术有很多，但Zeroshift公司声称其变速器的效率优于手动变速器，能提高市区驾驶的燃油经济性。同时，其换档效率可以和改进后的自动变速器相媲美。

Zeroshift公司采用的是一种改进版的AMT技术。这种技术用先进的犬牙啮合（Dog Engagement）系统代替同步器。犬牙啮合技术在许多年前就已在赛车运动中采用，目的是为了加快换档速度。传统的犬牙式变速器并不适合在公路上使用，因为驱动环或犬牙之间的空间很大，会产生"后坐"——由转矩突然变向而产生的一种不舒适的窜动。

Zeroshift公司通过增加第二套驱动犬牙来解决这一问题。这种技术还使每组犬牙只能传递两种相反方向转矩中的一种。通过对两套犬牙的啮合和分离，可在上一个档位没有分离的情况下换入新的档位，使换档在瞬间完成，而不会发生转矩中断，换档质量超过采用现代化的六档变速器的豪华轿车，而且这种方法既可用于升档也可用于降档。

在使用传统的AMT时，由于需要关闭并重新打开节气门，换档过程中排放会达到高峰，而通过这种无过渡的换档方式则可以消除这种现象，这样还能降低油耗。

Zeroshift变速系统的工作原理：硬件部分包括两套犬牙，安装在两个独立的犬牙环上并受其驱动。两套犬牙有一个共同的毂盖，毂盖和一个带花键的轴相连，每个犬牙具有特殊的轮廓，在一侧是用于啮合的直角面。这些直角面是沿对角线相对的，这样犬牙在对某一个档位具有驱动功能的同时，对另一个档位具有超越传动（Overrun）功能。啮合面有轻微的后向锥度，以保证犬牙能在加载时锁定在啮合的齿轮上。相对角上有一个斜坡，可在新档位接合后将犬牙从前一个档位上推离。在空档时，两个犬牙环处于变速比的中间位置。选 1 档时，犬牙会发生移动并和犬牙啮合面发生啮合。犬牙通过与换档执行器相连的换档拨叉驱动。

驱动犬牙将 1 档齿轮与输出轴锁定在一起，将转矩从齿轮传递到输出轴。1 档的超越传动犬牙也会移动并将齿轮以相反的方向和输出轴锁定。这样可在节气门关闭且发动机倒拖时将转矩从齿轮传递到输出轴，从而消除了犬牙啮合式变速器常见的"后坐"现象。

在加大节气门开度换高档时，1 档齿轮的超越传动犬牙卸载后和 2 档齿轮啮合。然后在换入 2 档时，前一个驱动环卸载。如果犬牙之间不能完全啮合，即实现两个犬牙面之间的啮合，由于相对速度差的存在，2 档啮合会打开一个啮合缺口。在犬牙抵住犬牙啮合面后，在拨叉和执行器的共同作用下，储存的能量会将犬牙送入缺口内。此时 1 档超越传动犬牙成为 2 档的驱动犬牙。在换入 2 档后，1 档的驱动犬牙随即卸载。这时，这些犬牙不再受其固定面的固定，可以被执行器或犬牙上的斜面推离档位。然后 1 档齿轮的驱动犬牙会移动到与 2 档齿轮发生啮合的位置。在 2 档时，犬牙的作用正好相反。

项目三　无级变速器认识与检修

任务 3-1　无级变速器认识

📋 任务要求

1. 熟悉无级变速器的基本组成和工作原理。
2. 了解无级变速器自动变速器油的检查和更换。
3. 具备基本的无级变速器维修能力。

📋 任务描述

无级变速器由于具备在一定范围内连续变化的特性，在一些车辆上得到应用，如奥迪A8、本田飞度等。本任务就无级变速器的工作原理及结构进行分析，学习无级变速器的机理及检修。

📋 相关知识

一、概述

1. 原理介绍

无级变速器（Continuously Variable Transmission，CVT）是传动比可以在一定范围内连续变化的变速器。它采用传动带和工作直径可变的主、从动轮相配合来传递动力，可以实现传动比的连续改变，从而得到传动系统与发动机工况的最佳匹配，最大限度地利用发动机的特性，提高汽车的动力性和燃油经济性。目前无级变速器在汽车上的应用越来越多，常见的是金属带式无级变速器（VDT-CVT）。

图 3-1 所示为金属带式无级变速器的变速原理图。变速部分由主动带轮（也称初级轮）、金属传动带和从动带轮所组成。每个带轮都是由两个带有斜面的半个带轮组成一体，其中一个半轮是固定的，另一个半轮可以通过液压控制系统控制其轴向移动，两个带轮之间的中心距是固定的。由于两个带轮的直径可以连续无级变化，形成的传动比也是连续无级变化的。

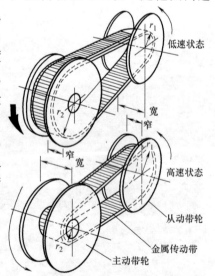

图 3-1　金属带式无级变速器的变速原理图

2. 优点

1) 结构简单，体积小，大批量生产后的成本低于当前液力自动变速器的成本。

2）工作速比范围宽，容易与发动机形成理想的匹配，从而改善燃烧过程，降低油耗和排放。

3）具有较高的传动效率，功率损失少，经济性高。

二、无级变速器的结构组成和工作原理

这里以奥迪 01J CVT 为例进行介绍，该无级变速器的内部编号为01J。

1. 奥迪 01J CVT 的基本组成

奥迪 01J CVT 主要由飞轮减振装置、前进档离合器/倒档制动器及行星齿轮装置、速比变换器、液压控制系统和电子控制系统组成，如图 3-2 所示。

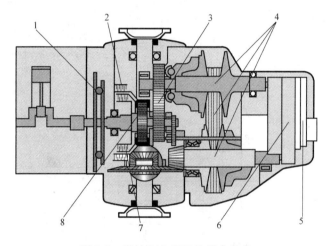

图 3-2　奥迪 01J CVT 的基本组成
1—飞轮减振装置　2—倒档制动器　3—辅助减速齿轮　4—速比变换器　5—电子控制系统
6—液压控制系统　7—前进档离合器　8—行星齿轮机构

发动机输出转矩通过飞轮减振装置或双质量飞轮传递给变速器，前进档离合器和倒档制动器都是湿式摩擦元件，两者均为起动装置。倒档的旋转方向是通过行星齿轮机构改变的。输入转矩通过辅助减速齿轮传到速比变换器，并由此传到主减速器、差速器。液压控制系统和电子控制系统集成为一体，位于变速器内部。

2. 前进档离合器/倒档制动器及行星齿轮机构

（1）前进档离合器和倒档制动器　奥迪 01J CVT 的起动装置是前进档离合器和倒档制动器，它们与行星齿轮机构一起实现前进档和倒档。这两者只作起动装置，并不改变传动比，这与在自动变速器中的离合器和制动器的功用是不同的。

奥迪 01J CVT 的前进档离合器和倒档制动器均采用湿式多片式结构，这与前述的自动变速器中的离合器和制动器的结构是相同的。

（2）行星齿轮机构　行星齿轮机构的结构如图 3-3 所示，它由齿圈、两个行星齿轮、行星架、太阳轮组成。太阳轮顺时针转动，驱动行星齿轮 1 逆时针转动，再驱动行星齿轮 2 顺时针转动，最后驱动齿圈也顺时针转动。

作为输入元件的太阳轮与输入轴和前进档离合器的钢片相连接,作为输出元件的行星架与辅助减速齿轮的主动齿轮和前进档离合器的摩擦片相连接,齿圈和倒档制动器摩擦片相连接,倒档制动器的钢片和变速器壳体相连接。行星齿轮机构的简图如图3-4所示。

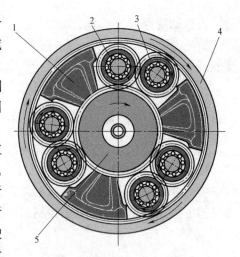

1) P/N 位的动力传动路线。当变速杆置于 P 位或 N 位时,前进档离合器和倒档制动器均不工作。发动机的转矩通过与输入轴相连接的太阳轮传到行星齿轮机构并驱动行星齿轮 1,行星齿轮 1 再驱动行星齿轮 2,行星齿轮 2 与齿圈啮合。车辆尚未行驶时,作为辅助减速齿轮输入部分的行星架(行星齿轮机构的输出部分)的阻力很大,处于静止状态,齿圈以发动机转速一半的速度急速运转,旋转方向与发动机运转方向相同。

图 3-3 行星齿轮机构的结构
1—行星架 2—行星轮 1 3—行星轮 2
4—齿圈 5—太阳轮

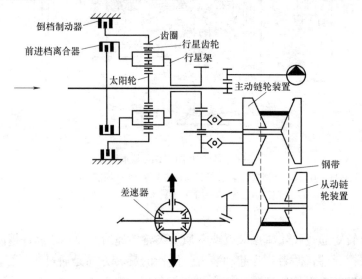

图 3-4 行星齿轮机构的简图

2) 前进档的动力传动路线。当变速杆置于 D 位时,前进档离合器工作。由于前进档离合器的钢片与太阳轮连接,摩擦片与行星架连接,此时太阳轮(变速器输入轴)与行星架(输出部分)连接,行星齿轮机构被锁死成为一体,并与发动机运转方向相同,传动比为 1。

3) 倒档的动力传动路线。当变速杆置于 R 位时,倒档制动器工作。由于倒档制动器的摩擦片与齿圈连接,钢片与变速器壳体连接,此时齿圈被固定,太阳轮(变速器输入轴)转动,转矩传递到行星架,由于是双行星齿轮(其中一个为惰轮),行星架会以与发动机运转方向相反的方向转动,车辆向后行驶。由行星架输出的动力经辅助减速齿轮传递到速比变换器,如图3-5所示。

3. 速比变换器

速比变换器是 CVT 最重要的装置,其功用是实现无级变速传动。

速比变换器由 2 组滑动锥面链轮装置和专用传动链组成,如图 3-6 所示。主动链轮由发动机通过辅助减速齿轮驱动,发动机转矩由传动链传递到从动链轮装置,并由此传给主减速器。每组链轮装置中的其中一个链轮可沿轴向移动,以调整传动链的跨度尺寸,从而连续地改变传动比。2 组链轮装置必须同步进行,这样才能保证传动链始终处于张紧状态,并且具有足够的传动链和链轮之间的接触压力。

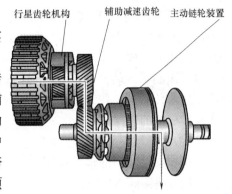

图 3-5 辅助减速齿轮

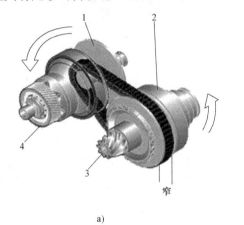
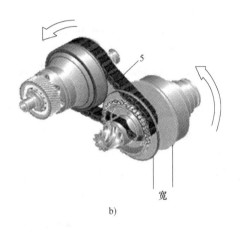

图 3-6 速比变换器的基本组成和原理
a) 低速（传动比大） b) 高速（传动比小）
1—主动链轮装置 2—从动链轮装置 3—动力输出 4—动力输入 5—传动链

速比变换器的结构组成如图 3-7 所示。该速比变换器的工作模式是基于双活塞工作原理。其特点是利用少量的液压油就可以很快地进行换档,从而保证在相对低压时,链轮与传动链之间有足够的接触压力。在主动链轮装置和从动链轮装置上各有一个保证链轮和传动链之间正常接触压力的压力缸和用于调整速比的分离缸。为了有效地传递发动机转矩,链轮和传动链之间需要很高的接触压力,接触压力通过调节压力缸内的油压产生。压力缸表面积很大,能够在低压时提供所需的接触压力。液压系统泄压时,主动链轮的膜片弹簧和从动链轮的螺旋弹簧会产生一个额定的传动链基础张紧力（接触压力）。在卸压状态下,速比变换器起动传动比由从动链轮的螺旋弹簧弹力调整。

（1）换档控制

1）电子控制部分。

奥迪 01J CVT 的电控单元有一动态控制程序（DRP）,用于计算额定的变速器输入转速。为了在每个驾驶状态下获得最佳传动比,驾驶人输入信息和车辆实际工作状态要被计算在内。根据边界条件动态控制程序（DRP）计算出变速器额定输入转速。变速器输入转速传感器 G182 监测主动链轮处的实际转速。电控单元根据实际值与设定值进行比较，并计算出压力调节电磁阀 N216 的控制电流，这样 N216 就会产生液压换档阀的控制压力，该压力与控制电流几乎是成正比的。电控单元通过检查来自变速器输入转速传感器 G182 和变速器输出转速传感器 G195 及发动机转速信号来实现对换档的监控。

2）液力换档控制（增速与降速）。

液压控制单元中的输导控制阀（VSTV）向压力调节电磁阀 N216 提供一个约 0.5MPa 的常压。N216 根据电控单元计算的控制电流产生控制压力，该压力的大小会影响减压阀（UV）的位置。

根据控制压力，减压阀将调节得到的压力传到主动链轮和从动链轮的分离缸。当调节压力在 0.18~0.2MPa 之间时，减压阀处于关闭状态；当控制压力低于 0.18MPa 时，调节压力通过减压阀传到主动链轮的分离缸，同时从动链轮的分离缸与油底壳接通，

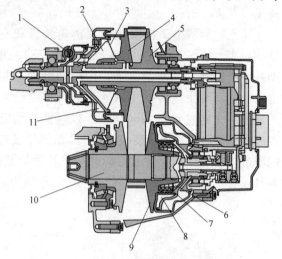

图 3-7　速比变换器的结构组成
1—转矩传感器　2、8—压力缸　3—膜片弹簧
4—主动链轮　5—主动链轮装置　6、11—分离缸
7—螺旋弹簧　9—从动链轮　10—从动链轮装置

速比变换器朝增速的方向进行变速，如图 3-8 所示；当控制压力高于 0.22MPa 时，调节压力通过减压阀传到从动链轮的分离缸，同时主动链轮的分离缸与油底壳相通，速比变换器朝减速的方向变速，如图 3-9 所示。

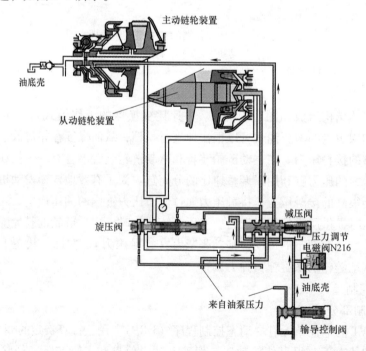

图 3-8　速比变换器增速的控制

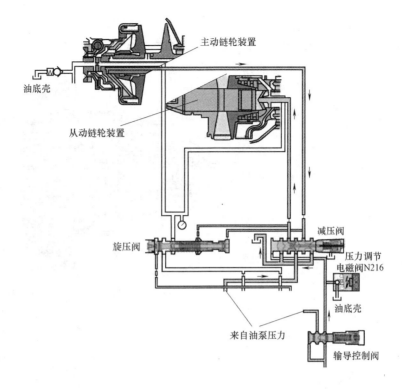

图 3-9 速比变换器减速的控制

（2）接触压力控制　压力缸中合适的油压最终产生链轮与传动链之间的接触压力，若接触压力过高会降低传动效率；若接触压力过低，传动链会打滑，这将损坏传动链和链轮。转矩传感器的目的就是根据要求建立起尽可能精确、安全的接触压力。

转矩传感器集成于主动链轮内，静态和动态高精确度地监控传递到压力缸的实际转矩，并建立压力缸的正确油压。转矩传感器的主要部件为 2 个滑轨架，每个滑轨架有 7 个滑轨，滑轨中装有 7 个滚子，如图 3-10 所示。

滑轨架 1 装在主动链轮的输出齿轮（辅助减速输出齿轮）中，滑轨架 2 通过内花键与主动链轮连接，并可以轴向移动且由转矩传感器活塞支撑。转矩传感器活塞调整接触压力，并形成 2 个压力腔：转矩传感器腔 1 和腔 2。转矩传感器产生的轴向力作为控制力，与发动机转矩成正比，压力缸中建立起来的油压与控制力成正比。转矩传感器支架彼此间可径向旋转，将转矩转化为轴向力（因滚子和滑轨的几何关系），此轴向力施加于滑轨支架 2，并移动转矩传感器控制凸缘关闭或打开转矩传感器腔输出端，如图 3-11 所示。

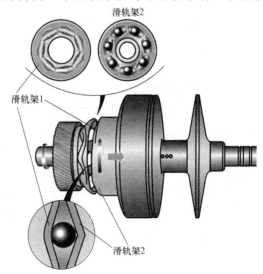

图 3-10 转矩传感器的组成

1) 输入转矩低时（图3-12）。

转矩传感器腔1直接与压力缸相通。发动机转矩产生的轴向力与压力缸内的油压达到平衡。在汽车稳定运行的情况下，排油孔只部分关闭，打开排油孔（转矩传感器）后压力下降，出油孔进油压力降低，直至恢复压力平衡。

2) 输入转矩高时（图3-13）。

转矩达到峰值时，控制凸缘完全关闭出油孔。若转矩传感器进一步移动，将会起到油泵作用，此时被排出的油使压力缸内的油压迅速上升，这样就会毫无延迟地调整接触压力。链轮产生的接触压力不仅取决于输入转矩，还取决于传动链跨度半径，此二者确定了速比变换器的实际传动比。

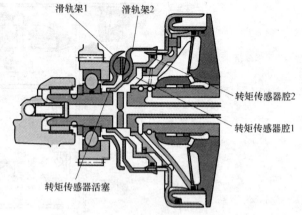

图3-11 转矩传感器的工作原理

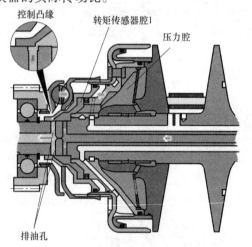

图3-12 低转矩时的控制

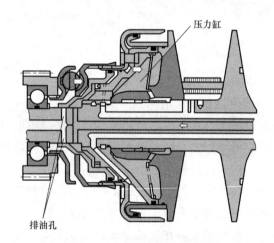

图3-13 高转矩时的控制

4. 液压控制系统

CVT的液压控制系统也像自动变速器的液压控制系统一样，担负着系统油压的控制、油路的转换控制、用油元件的供油以及冷却控制等。

（1）供油装置 奥迪01J CVT的供油装置采用带月牙形密封的内啮合齿轮泵，直接装在液压控制单元上，形成一个整体，减少了压力损失。

（2）液压控制单元 液压控制单元由手动换档阀、9个液压阀和3个电磁控制阀组成。液压控制单元和电控单元直接插接在一起，液压控制单元完成下述功能：

1) 控制前进档离合器/倒档制动器工作。
2) 调节离合器压力。
3) 冷却离合器。
4) 为接触压力控制提供压力油。

5) 传动控制。
6) 为飞溅润滑油罩盖供油。

液压控制系统的油路图如图3-14所示。为防止系统工作压力过高,限压阀将油泵产生的最高压力限制在0.82MPa,并通过输导控制阀向3个压力调节电磁阀提供一个恒定的0.5MPa的输导控制压力。压力阀防止起动时油泵吸入空气,当油泵输出功率高时,压力阀打开,允许ATF从回油管流到油泵吸入厕,提高油泵效率。施压阀控制系统压力,在各种工况下都始终能够提供足够的油压。电磁阀N88、N215和N216在设计上称为压力控制阀,它们将控制电流转变为相应的液压控制压力。

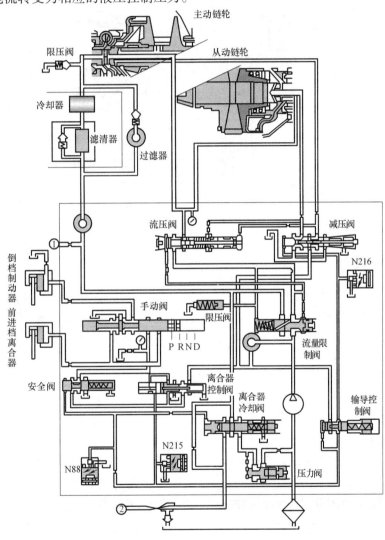

图3-14 液压控制系统的油路图

5. 电子控制系统

奥迪01J CVT的电子控制系统由电控单元、输入装置(传感器、开关)和输出装置(电磁阀)三部分组成。其特点是电控单元集成在速比变换器内,直接用螺栓紧固在液压控制单元上。3个压力控制阀与电控单元间直接通过坚固的插头连接(S形插头),没有连接线。电控单元用一个 25 针脚的小型插头与汽车相连。电子控制系统更具特点的是集成在电控单元内的传感器技术:电器部件的底座为一个坚硬的铝板,壳体材料为塑料,并用铆钉紧固到底座上。壳体容纳全部的传感器,因此不再需要线束和插头。这种结构大大提高了工作效率和可靠性。另外将发动机转速传感器和多功能开关设计成霍尔传感器,霍尔传感器没有机械磨损,信号不受电磁干扰,这使其可靠性进一步提高。传感器为电控单元的集成部件,若某个传感器损坏,必须更换电控单元。图 3-15 所示为电子控制系统的组成。

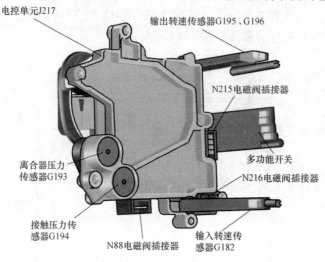

图 3-15　电子控制系统的组成

任务实施

对故障无级变速器进行维修。

1. 维修工作注意事项

1) 发动机运转时,在对车辆进行维修工作前应将变速杆置于 P 位,并拉紧驻车制动手柄。

2) 车辆静止,变速杆换入 D 位后切勿打开节气门。

3) 不允许用超声波清洗装置来清洁液压控制单元和电控单元 J217。

4) 当挡盖已取下或未加 ATF 时,不可起动发动机或拖动车辆。

2. 维修步骤

(1) 问诊　主要询问故障信息的来源、确认故障发生时间、故障症状等。

(2) 基本检查　主要是一些外围的检查,包括:发动机怠速检查、ATF 液面高度检查、油质检查以及利用专用检测仪器的诊断(无级变速器系统、发动机控制系统和 ABS 等)。

(3) 维修前的路试　这一点非常有必要,它是进一步确认故障信息最有效的途径,同时可验证是否与客户所描述的故障信息完全吻合。当然有必要采取随车诊断功能(通过专用检测仪器读取汽车行驶时的动态数据)为下一步维修提供有效的帮助。

(4) 液压控制系统的检修　某些少数 CVT 的液压控制系统可以直接通过油压试验来检查故障原因。大多数 CVT 的液压控制系统是通过油压传感器来反映变速器内部工作油压的,因此必须使用专用检测仪器通过读取汽车运行状态下的动态数据来进一步确认故障信息。对于液压控制元件（阀体）和液压执行元件（离合器或制动器）可进行液压测试和解体检查。

CVT电子控制系统的故障检修与目前电控自动变速器的故障检修几乎是一样的，可通过专用检测仪器进行故障码的分析、动态数据流的分析、波形分析、电控单元电路以及网络数据通信的分析。同时可对电子元件（传感器、开关、电磁阀）进行元件测试和对比试验等来进行故障排除。

（5）机械元件的检修　对于CVT机械元件的检修，只能进行解体检查或故障部位的修理和更换。

3. 维护工作

（1）维护说明

1）日常维护时需目测检查CVT有无渗漏。

2）轿车每行驶60000km需要检查CVT及主减速器润滑油液位，必要时添加润滑油。

3）轿车每行驶60000km或4年需更换CVT的ATF。

（2）AFT的检查、更换

1）检测的前提条件。

①CVT不允许处于紧急运转状态。

②车辆必须处于水平位置。

③连接V.A.S5051，选择车辆自诊断和车辆系统"02-变速器电气设备"。

④发动机必须处于怠速运转。

⑤必须关掉空调和暖风。

⑥开始检查前，ATF的温度不允许超过30℃，必要时先冷却CVT。

2）ATF的加注。

在V.A.S5051上读取ATF的温度，ATF的温度在30~35℃时进行操作。

①发动机处于怠速运转状态。

②车辆必须处于水平位置。

③踩下制动踏板，在所有档位（P、R、N、D）停留一遍，并且在每一个档位发动机怠速运转约2s。

④最后将变速杆置于P位。

3）更换ATF。

①打开CVT底部放油螺栓将旧的ATF排除。

②将ATF加注螺栓打开，利用专用ATF加注器将新的ATF加入CVT内部。

③当ATF从加注孔（油面高度检查孔）溢出即可。

任 务 工 单

任务 3-1　无级变速器认识

班级		姓名		学号	
地点				等级	
任务目的					
任务过程	1. 填写下图中零部件的信息。 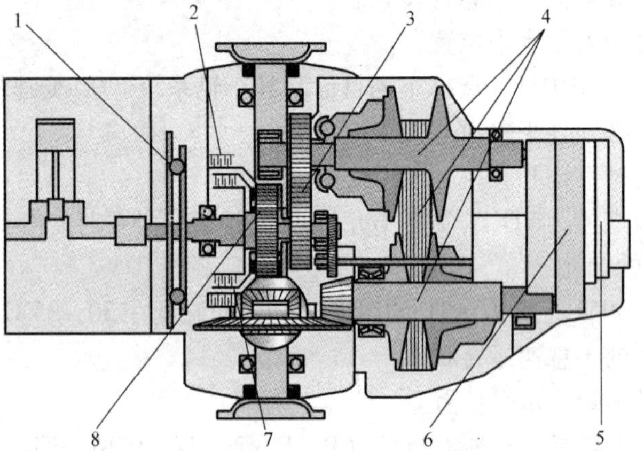 1）名称：_____ 　　作用：_____ 2）名称：_____ 　　作用：_____ 3）名称：_____ 　　作用：_____ 4）名称：_____ 　　作用：_____ 5）名称：_____ 　　作用：_____ 6）名称：_____ 　　作用：_____				

任务过程	7）名称：_____ 　　作用：_____ 8）名称：_____ 　　作用：_____ 2. CVT 是什么？它由哪些部分组成？又有哪些结构特点？ 3. 叙述 CVT 的工作原理。 4. 分组讨论：手动、自动和无级变速器的功能比较，各有哪些优缺点？ 				

	考评项目		分值	教师考核	备注
考核评价	素质考评	团队协作	10 分		
		语言表达	10 分		
		实训纪律	10 分		
	过程考评	工具使用	10 分		
		任务实施	30 分		
		完成情况	20 分		
		工位整理	10 分		
	合　　计				

任务3-2 双离合自动变速器认识

任务要求

1. 熟悉双离合自动变速器的结构。
2. 掌握典型双离合自动变速器的工作原理。

任务描述

双离合自动变速器的设计起源来自赛车运动。双离合自动变速器能够满足驾驶者对操控感觉的需求,同时在民用量产时,由于它的"基于手动变速器"这一本质,使得车辆较为节油,实现了现代社会汽车消费者的"操控和节油并存"的双重需求,也为喜欢手动变速器的驾驶者提供了更好的选择。

相关知识

一、概述

1. 双离合自动变速器简介

双离合自动变速器(Dual Clutch Transmission,DCT)也称为直接换档变速器(Direct Shift Gearbox,DSG),目前较多的是使用英文缩写DSG。它有别于一般的半自动变速器系统,是基于手动变速器而不是自动变速器,因此,它也是AMT(机械式自动变速器)的一员。

2. DSG的优势

DSG是目前世界上最先进的变速器系统之一。DSG结合MT和AT两种变速器的优点,没有使用液力变矩器,而是采用两套离合器,通过两套离合器的相互交替工作,达到无间隙换档的效果。DSG实现低油耗的同时,车辆性能方面也没有损失,由于快速的齿轮转换能够马上产生牵引力和更大的灵活性,加速时间比手动变速器更短。两组离合器分别控制奇数档与偶数档,具体来说就是在换档之前,DSG已经预先将下一档位的齿轮啮合,在得到换档指令之后,DSG迅速向发动机发出指令,发动机转速升高,此时先前啮合的齿轮迅速接合,同时第一组离合器完全放开,完成一次升档动作,后面的动作以此类推。

3. DSG的发展与应用

(1) 发展 大众汽车一直是DSG应用的先锋,获得了博格华纳(BorgWarner)Dual-Tronic技术的许可。目前,大众旗下很多汽车品牌都配备了DSG。

(2) 应用 大众汽车目前在中国推出的DSG系列变速器共有两款,分别是代号为DQ250的6速DSG与代号为DQ200的7速DSG。

这两款DSG的形式不同,DQ250 6速DSG采用湿式离合器,而DQ200 7速DSG采用干式离合器。DQ200是大众在DQ250的技术基础上,简化了相关的液力系统,开发的一款新变速器,它的出现主要是为了拓展DSG的应用范围。目前7速的DQ200主要都应用在大众的小排量车型上,而6速的DQ250变速器则应用在1.8L以上的车型中。

二、DSG 的结构和工作原理

1. DSG 的结构

DSG 主要由湿式多片双离合器、三轴式齿轮变速器、自动换档机构、电子控制液压控制系统组成。在 DSG 的中央是一个由两个部分构成的变速器轴。普通的手动变速器将所有档位的齿轮安放在一根输入轴上，与此不同的是，DSG 将奇数档齿轮和偶数档齿轮分别安放到两根输入轴上。外轴是中空的，其内留有嵌套内轴的空间。外部的中空轴为 2 档和 4 档提供动力，而内轴为 1 档、3 档和 5 档提供动力。其中最具创意的核心部分是双离合器和三轴式齿轮变速器。DSG 的基本结构如图 3-16 所示。

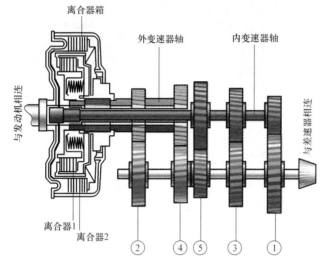

图 3-16　DSG 基本结构
（①～⑤表示档位）

虽然 DSG 与自动变速器类似，但它不像自动变速器那样需要液力变矩器。目前市场上的 DSG 使用的是湿式多片离合器。有些制造商也在开发使用干式离合器的 DSG。

湿式多片离合器（图 3-17）和液力变矩器一样，都是使用液压来驱动齿轮的。液体作用于离合器活塞内部。当离合器接合后，活塞内部的液压迫使一组螺旋弹簧分离，从而将一系列离合器片和摩擦盘推向固定的压板。摩擦盘的内部为齿形，其大小和形状可与离合器从动毂上的花键啮合，从动毂又连接到接收传动力的齿轮。奥迪的 DSG 在其湿式多片离合器中既有一个小的螺旋弹簧，又有一个大的膜片弹簧。为了使离合器分开，活塞内部的液压会减少。这样就可以使活塞弹簧松弛下来，从而减少离

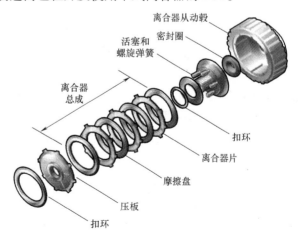

图 3-17　湿式多片离合器的结构

合器总成和压板上的压力。

基本的 DSG（图 3-18）有 2 根同轴心的输入轴，输入轴 1（即内轴）装在输入轴 2（即外轴）里面。输入轴 1 和离合器 1 相连，输入轴 1 上的齿轮分别和 1 档、3 档、5 档的齿轮相啮合；输入轴 2 是空心的，和离合器 2 相连，输入轴 2 上的齿轮分别和 2 档、4 档、6 档的齿轮相啮合；倒档齿轮通过中间轴齿轮和输入轴 1 的齿轮啮合。通俗地讲，离合器 1 管理 1 档、3 档、5 档和倒档，在汽车行驶中一旦用到上述档位中的任何一档，离合器 1 接合；离合器 2 管理 2 档、4 档和 6 档，当使用上述档位中的任一档时，离合器 2 接合。

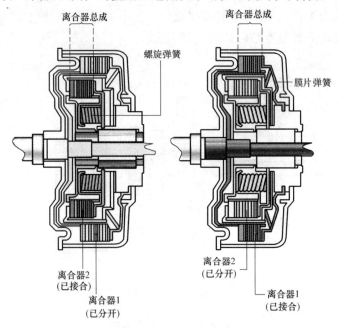

图 3-18　基本湿式多片双离合器的结构

DSG 的湿式多片双离合器的结构和液压式自动变速器中的离合器相似，但是尺寸要大很多。DSG 利用液压缸内的油压和活塞压紧离合器，油压的建立是由电控单元指令电磁阀来控制的，2 个离合器的工作状态是相反的，不会发生 2 个离合器同时接合的情形。DSG 的档位转换是由档位选择器来操作的，档位选择器实际上是个液压马达，推动拨叉就可以进入相应的档位，由液压控制系统来控制它们的工作。在液压控制系统中有 6 个油压调节电磁阀，用来调节 2 个离合器和 4 个档位选择器中的油压，还有 5 个开关电磁阀，分别控制档位选择器和离合器的工作。

2. DSG 的工作原理

DSG 基于手动变速器的基础，但与手动变速器不同的是，DSG 中的 2 个离合器与 2 根输入轴相连（图 3-19），换档和离合器操作都是通过一集成电子和液压组件的机械电子模块来实现，而不再通过离合器踏板操作。就像 Tiptronic 液力自动变速器一样，驾驶人可以手动换档或将变速杆置于全自动 D 档（舒适型，在发动机低速运行时换档）或 S 档（任务型，在发动机高速运行时换档）模式。D 档模式下的换档通常由档位和离合执行器实现，2 个离合器各自与不同的输入轴相连。如果离合器 1 通过输入轴 1（实心轴）与 1、3、5 档相连，那么离合器 2 就通过输入轴 2（空心轴）与 2、4、6 档和倒档相连。

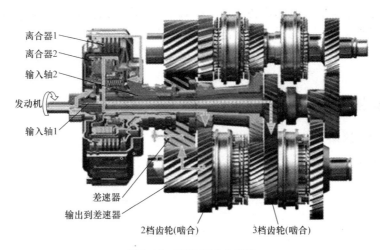

图 3-19 DSG 的动力传递

发动机的输入轴通过缓冲器与 2 个离合器外片相连。发动机起动后自动挂 1 档。由于离合器 1 处于分开状态，因而没有转矩传到驱动轮。当离合器 1 接合时，离合器 1 的外片逐渐贴合内片并开始通过 1 档的实心轴、齿轮组和同步器将发动机转矩传至差速器，最终传至驱动轮。同时，由于离合器 2 此时并不传递转矩，因此 2 档已被预先选定。在从 1 档换到 2 档时，由于 1 档的解除和 2 档的挂档同步，车辆有足够的前冲力。当离合器 2 完全接合后，3 档已被预先选定，因为此时离合器 1 没有接合，不传导转矩，挂档原理依次类推。这好比一辆车有两套离合器，正驾驶人控制一套，副驾驶人控制另一套。当正驾驶人挂上 1 档松开离合器踏板起步时，副驾驶人也预先挂上 2 档但踩住离合器踏板；当车速上升准备换档时，正驾驶人踩住离合器踏板的同时副驾驶人松开离合器踏板，2 档开始工作。这样就省略了档位空置的时间，使动力传递连续，有点像接力赛。双离合器传动系统，通过计算机控制协调工作，此时驾驶人仅感觉到离合器转换。对于快速换档操作来说，换下一档即意味着与之相连的离合器分开，但此档位预先选定。通过变速器控制软件的复杂算法，根据驾驶人各自的需要调整换档类型和换档速度，确保选定正确档位。通过设计，DSG 中的最大差速小于传统的液力自动变速器，操作起来简便快速，舒适感更高。

3. 干、湿式离合器及其比较

离合器作为 DSG 的重要部件之一，担负着起步控制、传递动力、档位切换、减振和防止系统过载等重要作用。离合器的工作性能直接关系到车辆的正常行驶和起步及换档品质。

（1）干式离合器 其通过离合器的摩擦片直接来传递力矩，不通过油液；采用空气进行冷却。

（2）湿式离合器 湿式离合器通过液体黏性摩擦来传递转矩，其摩擦片间的正压力是通过油压推动活塞装置来施加的。因此，湿式离合器的可控性和控制品质好，结构比较单一，具有压力分布均匀、传递转矩容量大、不用专门调整摩擦片间隙等特点。

（3）干式和湿式的区别 湿式双离合器的转矩传递通过浸没在油中的湿式离合器摩擦片来实现，而干式的则通过离合器从动盘上的摩擦片来传递转矩。由于节省了相关液力系统，且干式离合器本身所具有的传递转矩的高效性，加上湿式离合器比干式离合器在换挡滑摩时要消耗更多的能量，因此干式离合器很大程度上提高了燃油经济性。由于干式离合器的转矩传输比湿式离合器的小些，所以用在小排量车型上的较多，湿式的较多用在大排量车型上。

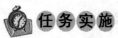

根据已有设备认识 DSG 的结构及各部分组成。

任 务 工 单

任务 3-2　双离合自动变速器认识

班级		姓名		学号	
地点				等级	
任务目的					
任务过程	1. 参照下图解释双离合器自动变速器的结构。 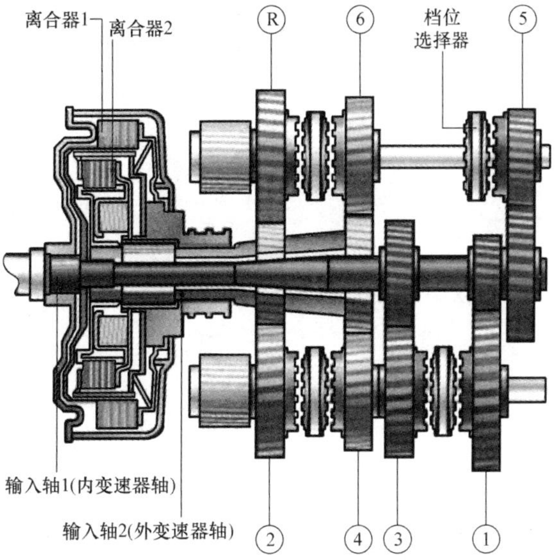				

任务过程	2. 参照下图解释双离合自动变速器的转矩是如何输入的。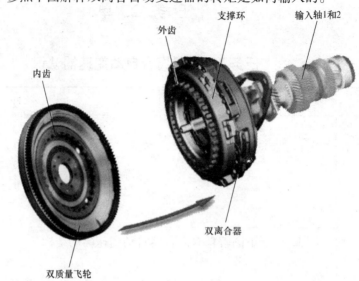3. 双离合器自动变速器的转矩如何输出？ 4. 双离合器自动变速器有哪些特点？

	考评项目		分值	教师考核	备注
考核评价	素质考评	团队协作	10 分		
		语言表达	10 分		
		实训纪律	10 分		
	过程考评	工具使用	10 分		
		任务实施	30 分		
		完成情况	20 分		
		工位整理	10 分		
	合　　计				

项目小结

本章主要学习无级变速器的基本结构及工作原理，以奥迪01J为基本型号进行讲解。同时介绍了典型无级变速器的维修。另外还学习了双离合自动变速器的基本结构及原理。

思考题

1. 无级自动变速器的结构主要包括____、_____、_____等基本部件。
2. 主动轮组和从动轮组都由____与____组成。
3. 传动比是通过_____来改变的。
4. 01J CVT 中，制动器和离合器均采用_____多片式结构。
5. 01J CVT 中，传动链采用了两种不同的链节，其目的是_____。
6. 01J CVT 传动链轮的工作模式基于_____原理。
7. 01J CVT 的电子控制系统主要由_____、_____和执行机构等组成。
8. 变速器的输出转速信号用于_____、_____、_____和为仪表板组件提供车速信号。
9. 简述无级变速器的基本原理。
10. 01J CVT 中，液压控制单元应完成哪些功能？

知识拓展

电子无级变速器（EVT）

电子无级变速器（EVT）不同于以往所见的任何一种形式的变速器，它至少有2个电动机、3组行星齿轮和4个电控离合器，可以组合出4个固定机械传动比，而在这些固定传动比之间又有电动机帮助达到无级变速的效果。EVT分高、低速两种模式，具有系统结构简单、重量轻、响应更加迅速、控制简单灵活、常用工况下效率高等优点。由于集成了电控模块探知驾驶情况，并采用电控单元无级控制传动比，系统能始终工作在最有效率的状态。电动机与变速装置结合紧密，可以在较为紧密的空间里进行布置，较一般的混合动力车辆能腾出更大的可利用空间。在车辆高速行驶时相比传统混合动力系统能更显著地降低油耗，适合大排量或对牵引能力要求较高的车辆，如 SUV。高、低速两种模式的切换十分平滑，几乎没有振动与顿挫感。

双模 EVT 的两种模式分别如下：

（1）模式1　即输入分离模式，主要用于车辆起动及低速巡航。在发动机起动后，系统工作在模式1，以适应市区低速行驶的条件。利用分离的动力输入，发动机及驱动电机 A 同时工作，既给蓄电池充电，也通过变速器内的齿轮给驱动轮提供动力，电能储存在蓄电池内以便电机 B 利用电力提供附加的转矩输出。根据行驶条件，允许发动机工作在4缸模式，电机 B 可能提供动力输出增强4缸模式，而电机 A 则可用于平滑转矩输出。在满足动力需求的同时获得最佳的燃油经济性。

（2）模式2　即复合分离模式，主要用于车辆急加速及高速巡航。模式2在大多数正常工况下最大化地提高发动机能效和燃油经济性。混合动力控制模块（HPCM）处理输出速度传感器、节气门位置传感器和其他传感器发出的信号，以计算将档位换入 EVT 模式 2 的精准时间。与 EVT 模式 1 类似的是，发动机的动力既要通过电机发电，又要通过变速器机械传动来提供输出转矩。同步换档点使得双模式变速器可以在不改变车速的情况下，在 EVT 模式 1 和模式 2 间自由切换。

项目四 防抱死制动系统认识与检修

任务 4-1 防抱死制动系统认识

任务要求

1. 了解防抱死制动系统的理论基础、种类。
2. 掌握防抱死制动系统的组成与工作原理及典型的结构形式和工作过程。
3. 具备防抱死制动系统分析能力。

任务描述

在车辆制动时如果车轮抱死滑动,则车轮与路面间的侧向附着能力将完全丧失。防抱死制动系统(Anti-lock Braking System,ABS)的设计目的,就是不论道路情况如何,将滑移率控制在 20% 左右,从而保证车辆能获得最佳的制动性能。本项任务主要学习 ABS 的基本组成及工作原理。

相关知识

一、ABS 的理论基础

1. 汽车的制动性

汽车在行驶过程中,强制地减速直至停车且维持行驶的方向稳定性的能力称为汽车的制动性。主要评价指标包括:制动效能、制动时的方向稳定性。

1)制动效能——基本评价指标:制动距离、制动减速度、制动时间。

2)制动时的方向稳定性——不发生跑偏、侧滑以及失去转向能力。

2. 汽车制动时车轮的受力分析

图 4-1 所示为汽车制动时车轮的受力分析。

(1)制动器制动力 制动蹄与制动鼓(盘)压紧时形成的摩擦力矩 M_j 通过车轮作用于地面的切向力 F_u。

(2)地面制动力 制动时地面对车轮的切向反作用力 F_x。

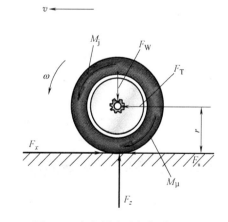

图 4-1 汽车制动时车轮受力分析
v—车速 ω—车轮旋转角速度
M_j—惯性力矩 M_μ—制动阻力矩
F_W—车轮法向载荷 F_z—地面法向反力
F_T—车轴对车轮的推力 F_x—地面制动力
r—车轮半径 $r\omega$—车轮切向速度,简称轮速

3. 附着系数 φ 与滑移率 S 的关系

（1）制动过程中车轮的三种运动状态

第一阶段：纯滚动（车速 v = 轮速 v_ω），路面印痕与胎面花纹基本一致，如图 4-2 所示。

第二阶段：边滚边滑（车速 v > 轮速 v_ω），路面印痕可以辨认出轮胎花纹，但花纹逐渐模糊，如图 4-3 所示。

图 4-2　制动时车轮纯滚动　　　　　　图 4-3　制动时车轮边滚边滑

第三阶段：抱死拖滑（轮速 v_ω = 0），路面印痕粗黑，如图 4-4 所示。

（2）滑移率 S　滑移率表示车轮纵向运动中滑动成分所占的比例，定义为

$$S = \frac{v - r\omega}{v} \times 100\% \tag{4-1}$$

式中，v 为车轮中心的速度；ω 为车轮的角速度；r 为车轮的滚动半径。

图 4-5 所示为附着系数 φ 与滑移率的关系。由图分析可知：

当滑移率为 15%～30%（轮胎处于滑移的临界状态）时，纵向附着系数最大，而横向附着系数在滑移率为 0 时最大。其中，S < 20% 为制动稳定区域；S > 20% 为制动非稳定区域。将车轮滑移率 S 控制在 20% 左右，便可获取最大的纵向附着系数和较大的横向附着系数，是最理想的控制效果。

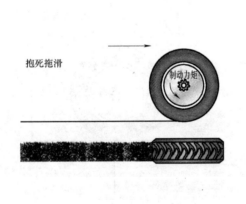

图 4-4　制动时车轮抱死拖滑

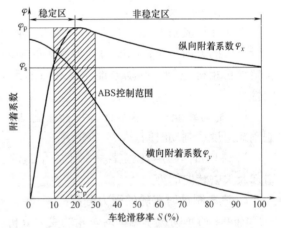

图 4-5　附着系数 φ 与滑移率 S 的关系

二、ABS 的功用与组成

1. 功用

科学计算和试验证明，最佳制动状态不是出现在车轮抱死时，而是出现在车轮与地面维

持20%左右的滑移率时。此时，车辆既可以获得较大的制动力，又可以获得较理想的转向性能和横向稳定性。ABS可以精确控制四个车轮的滑移率保持在20%左右，使车辆制动效能达到最大化（图4-6）。具体作用如下：

1）充分发挥制动器的效能，缩短制动时间和距离。

2）可有效防止紧急制动时车辆侧滑和甩尾，具有良好的行驶稳定性。

3）可在紧急制动时转向，具有良好的转向操纵性。

4）可避免轮胎与地面的剧烈摩擦，减少轮胎的磨损。

ABS的说明：

1）ABS是在常规制动基础上工作的，制动中车轮未抱死时，与常规制动相同；车轮趋于抱死时，ABS才工作，电控单元控制制动压力调节器对分泵制动压力进行调节。

2）ABS工作的汽车车速必须大于5km/h，若低于该车速，制动时车轮仍可能抱死。

3）常规制动系统出现故障，ABS随之失去控制作用；ABS出现故障，电控单元自动关闭ABS，同时ABS警告灯点亮并存储故障码，但常规制动系统仍可正常工作。

2. ABS组成

ABS在传统制动系统的基础上增设了传感器、电控单元和执行器三个部分，如图4-7所示。

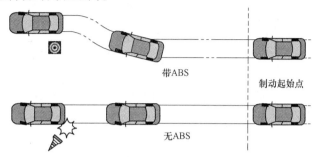

图4-6 ABS工作示意图

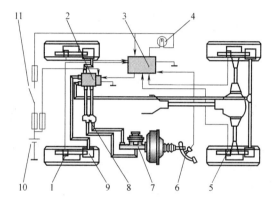

图4-7 ABS的组成

1—前轮轮速传感器 2—制动压力调节装置 3—ABS电控单元
4—ABS警告灯 5—后轮轮速传感器 6—停车灯开关
7—制动主缸 8—比例分配阀 9—制动轮缸
10—蓄电池 11—点火开关

（1）传感器

1）车速传感器。其作用是检测车速，为电控单元提供车速信号，用于滑移率控制方式。

2）轮速传感器。其作用是检测车轮转速，产生与轮速成正比的正弦交流信号，经整形、放大转变成数字信号传给电控单元，用于对制动压力调节器实施控制。

①组成。轮速传感器主要由传感器头和齿圈组成（图4-8）。

传感器头被线圈包围直接安装于齿圈上方。

极轴同永磁体相连磁体的磁通延伸到齿圈并与它构成磁路。

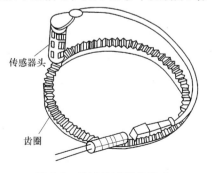

图4-8 轮速传感器的组成

齿圈旋转时齿顶和齿隙轮流交替对向极轴，磁通变化并切割传感线圈，在线圈中产生感应电动势，并由线圈末端通过电线传给ECU。

②安装。一般前轮的传感器头被固定在车轮转向架上，齿圈安装在轮毂上与车轮同步转动；后轮的传感器头被固定在后车轴支架上，齿圈安装在驱动轴上与车轮同步转动。

安装注意事项：

为了保证传感器无错误信号输出，应保证传感器头与齿圈间留有约1mm的空气隙。安装要牢固，保证汽车在制动过程中的振动不会影响传感器信号。安装前需将传感器加注润滑脂，避免灰尘与飞溅的水、泥等对传感器工作的影响。

③工作原理。齿圈随车轮转动时，轮齿与传感器头之间的空气隙发生变化，使传感器中磁路的磁通发生变化，从而切割线圈产生交流电，交流电的频率随齿圈转速的快慢而变化，如图4-9所示。根据交流电的频率，电控单元可以计算出车轮的转速。

有些新设计的ABS采用加速度传感器，可以对由车轮转速计算出来的车速进行补偿，使制动时滑移率的计算更加精确。

3）减速传感器。其作用是检测制动时汽车的减速度，识别是否为冰雪等易滑路面，只用于四轮驱动控制系统。

（2）电控单元（ECU） ABS的ECU用来接收车速、轮速、减速等传感器的信号，计算出车速、轮速、滑

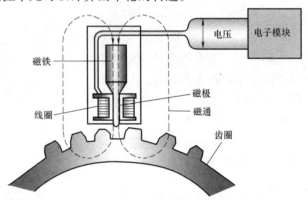

图4-9 传感器工作原理图

移率和车轮的减速度、加速度，并将这些信号加以分析、判别、放大，由输出级输出控制指令，控制各种执行器工作，如图4-10所示。

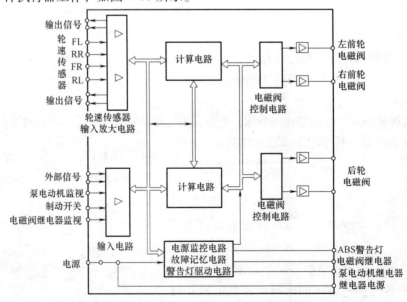

图4-10 ABS ECU

（3）执行器

1）制动压力调节器。其作用是接收 ECU 的指令，通过电磁阀的动作实现制动系统压力的增加、保持和降低。

2）液压泵。受 ECU 控制，在可变容积式制动压力调节器的控制油路中建立控制油压；在循环式制动压力调节器调节压力降低的过程中，将由制动轮缸流出的制动液经蓄能器泵回制动主缸，以防止 ABS 工作时制动踏板行程发生变化。

3）ABS 警告灯。ABS 出现故障时，由 ECU 控制将其点亮，向驾驶人发出警报，并由 ECU 控制其闪烁显示故障码，如图 4-11 所示。

图 4-11　ABS 警告灯工作

三、ABS 的控制方式

1. ABS 的分类

ABS 可分为气压式、液压式和气液组合式。气压式和气液组合式 ABS 主要用于大中型客车或货车。轿车、厢式汽车和轻型载货汽车则采用液压式 ABS。

按照系统部件安装位置不同，ABS 可分为整体式（图 4-12）和分离式（图 4-13），制动主缸与液压控制单元制成一体的称为整体式。

图 4-12　整体式

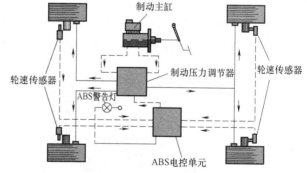

图 4-13　分离式

按照控制通道（能够独立进行制动压力调节的制动管路称为控制通道）数目不同，ABS 分为单通道式、双通道式、三通道式和四通道式四种形式。目前常见的是三通道和四通道两种形式。

2. 控制方式

（1）控制原则

1）按高选原则一同控制：以保证附着力较大的车轮不发生制动抱死为原则进行制动压力调节，称这两个车轮是按高选原则一同控制。

2）按低选原则一同控制：以保证附着力较小的车轮不发生制动抱死为原则进行制动压力调节，称这两个车轮是按低选原则一同控制。

(2) 分类

1) 四传感器四通道/四轮独立控制（图4-14）。该种控制方式的特点如下：

①各制动轮压力均可单独调节（轮控制），控制精度高。

②制动时可最大限度地利用每个车轮的附着力，方向稳定性好。

2) 四传感器三通道/前轮独立-后轮低选控制方式（图4-15）。该种控制方式的特点为：两前轮独立控制，两后轮按低选原则一同控制（轴控制）。

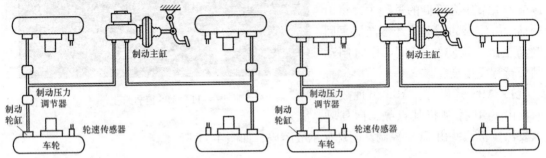

图4-14 四传感器四通道/四轮独立控制　　图4-15 四传感器三通道/前轮独立-后轮低选控制方式

四、ABS工作过程

1. 循环式制动压力调节式ABS

(1) 循环式制动压力调节式ABS组成　循环式制动压力调节式ABS主要由ECU、传感器、执行器组成，ECU和传感器前面已经介绍，这里主要介绍执行器制动压力调节器。

制动压力调节器由电磁阀、液压泵、蓄能器等组成（图4-16），安装在主缸和轮缸之间，接收ECU指令，通过电磁阀直接或间接地控制轮缸的制动压力。

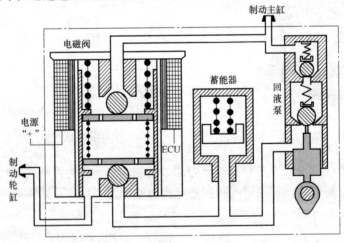

图4-16 制动压力调节器组成

1) 电磁阀。电磁阀直接控制轮缸的制动压力。制动压力调节器多采用三位三通电磁阀，在ECU控制下，使阀处于"升压""保压""减压"三种位置，其工作原理如图4-17所示。

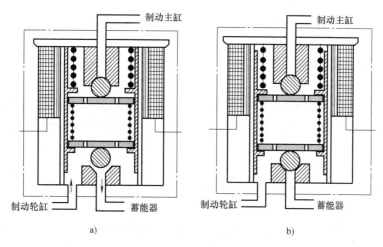

图 4-17 电磁阀工作原理
a) 三位三通电磁阀 (减压)　b) 三位三通电磁阀 (保压)

其工作过程是：电磁线圈未通电时，在主弹簧张力作用下，进液阀打开，回液阀关闭，进液口与出液口保持畅通——增压。

电磁线圈通入较小电流（2A），产生电磁吸力小，吸动衔铁上移量少，但能适当压缩主弹簧，使进液阀关闭，放松副弹簧，回液阀并不打开——保压。

电磁阀线圈通入较大电流（5A），产生电磁吸力大，吸动衔铁上移量大，同时压缩主、副弹簧，使进液阀仍保持关闭，回液阀打开——减压。

因为该电磁阀工作在三个状态（增压、保压、减压）——称之为"三位"。

对外具有三个接口（进液口、出液口、回液口）——称之为"三通"。

所以该电磁阀称之为"三位三通"电磁阀，常写成 3/3 电磁阀。

2) 回油泵与蓄能器（图 4-18）。当电磁阀在减压过程中从制动轮缸流出的制动液经蓄能器由回油泵泵回制动主缸。

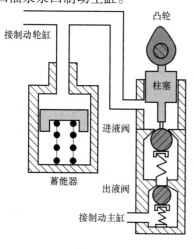
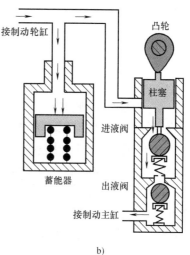

图 4-18 蓄能器与回油泵

低压蓄能器，用来接纳 ABS 减压过程中，从制动轮缸回流的制动液，同时还对回流制动液的压力波动具有一定的衰减作用。

蓄能器内有一活塞和弹簧。减压时，回流的制动液压缩活塞克服弹簧张力下移，使容积增大，暂时存储制动液。

电动回液泵由直流电动机和柱塞泵组成。柱塞泵由柱塞、进出液阀及弹簧组成。

当 ABS 工作（减压）时，根据 ECU 输出的指令，直流电动机带动凸轮转动，凸轮将驱动柱塞在泵筒内移动。

柱塞上行时，蓄能器与制动分泵内具有一定压力的制动液进入柱塞泵筒。

柱塞下行时，打开进液阀及泵筒底部的出液阀，将制动液泵回到制动主缸出液口。

（2）循环式制动压力调节式 ABS 的工作过程

1）升压（常规制动）。踏下制动踏板，由于电磁阀的进液孔 A 开启，回液孔 B 关闭，各电磁阀将制动主缸与各制动轮缸之间的通路接通，制动主缸中的制动液将通过各电磁阀的进出液口进入各制动轮缸，各制动轮缸的制动液压力将随着制动主缸输出制动液压力的升高而升高（图 4-19）。这与常规制动相同。

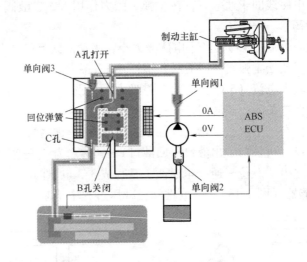

图 4-19 升压过程

2）保压。当某车轮制动中，滑移率接近于 20% 时，ECU 输出指令，控制电磁阀线圈通过较小电流（约 2A），使电磁阀的进液孔 A 关闭（回液孔 B 仍关闭），保证该控制通道中的制动轮缸制动压力保持不变（图 4-20）。

3）减压。当某车轮制动中，滑移率大于 20% 时，ECU 输出指令，控制电磁阀线圈通过较大电流（约 5A），使电磁阀的进液孔 A 关闭，回液孔 B 开启，制动主缸中的制动液将通过回液阀流入蓄能器，使制动压力减小（图 4-21）。

与此同时，ECU 控制电动泵通电运转，将流入蓄能器的制动液泵回到制动主缸出液口。

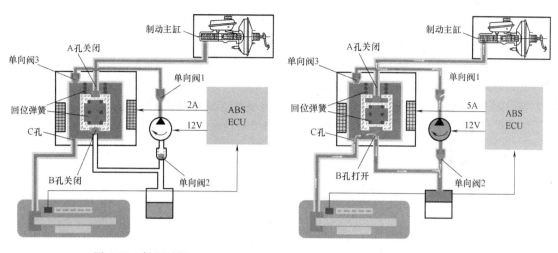

图 4-20　保压过程　　　　　　　　　　图 4-21　减压过程

2. 液压控制可变容积调压式 ABS

（1）特点

1）在汽车原有制动系统管路中增加一套液压控制装置，用于改变制动管路容积，实现增压—保压—减压的循环调节。

2）这种制动压力调节系统的控制液压油路和 ABS 控制的制动液油路是相互隔开的。

（2）液压控制可变容积调压式 ABS 实例（本田车系 ABS）　其结构特点为：四传感器、四通道，四个车轮均独立控制；液压控制可变容积。

其制动压力调节器由电磁阀、调压缸、电动增压泵、蓄能器、压力开关组成，如图 4-22 所示。

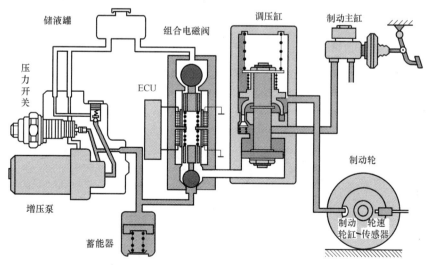

图 4-22　液压控制可变容积调压方式

工作过程：踏下制动踏板，制动液由制动泵-A 腔-开关阀-B 腔-制动轮缸。制动轮缸制动液压力，将随踏板力的增大而增大。

保压——S 趋近于 20%，ECU 控制输入电磁阀略通电后即关闭，输出电磁阀通电关闭。滑动活塞产生位移使开关阀关闭，A 腔与 B 腔隔断，B 腔容积不变。

减压——$S>20\%$，ECU 控制输入电磁阀通电打开，输出电磁阀通电关闭。滑动活塞在控制液压作用下上移，使 B 腔容积增大。

减压——$S<20\%$，ECU 控制输入电磁阀断电关闭，输出电磁阀断电打开。控制油液泄入储液罐，滑动活塞下移，使 B 腔容积减小。

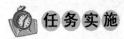

任务实施

根据已有设备认识汽车 ABS。

任 务 工 单

任务 4-1　防抱死制动系统认识

班级		姓名		学号	
地点				等级	
任务目的					
任务过程	1. 请写出下图所示零件和机构名称。 1）_____　2）_____　3）_____ 4）_____　5）_____　6）_____ 2. 根据 ABS 的组成填写下表中的内容。				

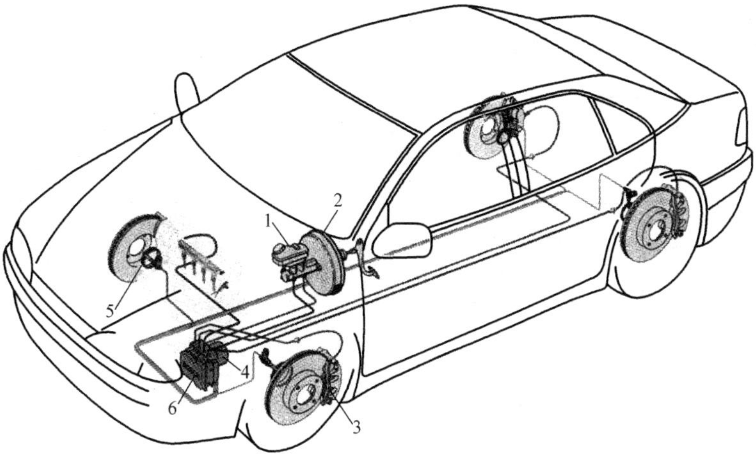

	部件	作　用
1	轮速传感器	
2		连续监测轮速传感器送来的脉冲信号，向液压总成发出指令，以控制制动轮缸油路上电磁阀的通断和液压泵的工作来调节制动压力
3		转换执行 ABS ECU 的指令，自动调节制动器中的液压压力
4	诊断接口	通过与诊断仪连接，传输数据
5	ABS 警告灯	
6		为 ABS ECU 提供"制动器操纵"信息
7		在驻车制动手柄拉紧，制动液位过低，点火开关打开（系统自检）时点亮

3. 对照电路图，在实车上找到相应的零部件并填写下表。

序号	零部件	线束颜色	电路符号	检测参数
1	制动信号开关			电压： 导线的导通性：
2	左前轮轮速传感器			电压： 波形： 导线的导通性：
3	电控单元	无		电压： 导线的导通性：
4	ABS警告灯			电压： 导线的导通性：
5	制动信号灯			电压： 导线的导通性：
6	点火开关供电线			电压： 导线的导通性：

任务过程

考核评价

考评项目		分值	教师考核	备注
素质考评	团队协作	10分		
	语言表达	10分		
	实训纪律	10分		
过程考评	工具使用	10分		
	任务实施	30分		
	完成情况	20分		
	工位整理	10分		
合　　计				

任务 4-2　防抱死制动系统的使用与检修

任务要求

1. 熟悉 ABS 的使用与故障诊断注意事项。
2. 掌握 ABS 主要元件的检修方法，具备一定的 ABS 主要元件检修能力。
3. 具备 ABS 常见故障的诊断能力。

任务描述

一辆奥迪轿车上线检测后车辆仪表板上的 ABS 警告灯点亮，ABS 防抱死功能失效，试诊断并排除。

相关知识

一、ABS 的使用

1. 装备 ABS 的车辆容易出现的一些特殊现象

1）发动机起动后，有时发动机舱内发出类似撞击的声音。
2）某些装有 ABS 的汽车在发动机起动时，踩下制动踏板会弹起，而在发动机熄火时，制动踏板会下沉。
3）制动时转动转向盘，会感到转向盘有轻微的振动。
4）制动时，有时会感到制动踏板有轻微下沉或轻微振动，这是由于制动主缸高速收放时高压的制动液被频繁挤压而产生的。
5）高速行驶急转弯或冰滑路面上行驶时，有时会出现制动警告灯亮起的现象。
6）在积雪路面上制动时，有时制动距离较长。
7）装有 ABS 的汽车在制动后期，车轮也会被抱死，在地面留下拖滑的印痕，但与常规制动时的印痕有所不同。

2. 使用装备 ABS 车辆的注意事项

1）要保持足够的制动距离。
2）切忌反复踩制动踏板。应踩下制动踏板，使施加在制动踏板上的力持续且稳定。
3）ABS 正常时，会产生液压工作噪声和制动踏板震颤，这属于正常现象。在紧急制动时，应直接将制动踏板踩到底，且不放松。
4）不要忘记控制转向盘。
5）在行车中应留意仪表板上的 ABS 警告灯情况，如发现闪烁或长亮，说明已不具备 ABS 功能，但常规制动系统仍起作用，应尽快到修理厂检修。
6）要保持装在车轮上的传感器头及齿圈清洁。
7）应严格按规定的轮胎气压标准给轮胎充气，同时要保持同轴轮胎气压的均衡，严禁使用不同规格的轮胎。

8) ABS 对制动液的要求非常高。

①沸点高，保证制动时不会产生"气阻"。

②运动黏度低，以保证制动时反应及时。

③对金属橡胶无腐蚀性。

④能长期保存，性能稳定。

⑤吸湿性低、溶水性好、沸点下降小。

添加或更换制动液应严格按照车辆使用说明书上的要求，禁止掺杂不同型号的制动液。

二、ABS 的维护项目和要求

ABS 的维护项目和要求在维修手册中有明确的规定，应严格遵守和执行。富康汽车采用的博世 5.3 ABS 的维护要求如下：

1) 制动系统必须使用 PSA（标致雪铁龙）推荐品牌 TOTAL（道达尔）HBF4 或中国牌号 4606 合成制动液，二者不能混用。

2) 每次定期维护时检查液面高度，应接近上限，必要时添加。

3) 一般行驶条件下，24 个月更换一次制动液，苛刻条件下，12 个月更换一次制动液。

4) 每行驶 20000～30000km，检查故障码，必要时排除故障并清除故障码。

三、ABS 检修注意事项

1. ABS 常见故障

1) 紧急制动时，车轮被抱死。

2) 制动效果不良。

3) ABS 警告灯亮起。

4) ABS 出现不正常现象。

2. 检修注意事项

1) 制动系统发生故障由 ABS 警告灯和制动装置警告灯指示。有时 ABS 警告灯和制动装置警告灯不亮，但制动效果仍不理想，则可能是系统放气不干净或在常规制动系统中存在故障。

2) 制动不良时，应先区分是机械故障还是 ABS 故障。

鉴别方法：让汽车以常规制动方式工作，若制动不良故障消失，则说明故障在 ABS；若制动不良故障依然存在，则为机械故障。

3) 拆下 ABS 继电器线束插接器或 ABS 制动压力调节器电磁阀线束插接器，使 ABS 制动压力调节器电磁阀不能通电工作。

4) 确定为 ABS 故障后，应先对 ABS 的外观进行检查，检查制动管路和泵及阀有无泄漏、导线的接头和插接器有无松脱以及蓄电池是否亏电。在检查电路故障时，须防漏检熔断器。

5) 若外观检查正常，用故障诊断仪或人工调取的方式查询故障码，检查故障所在。

6）不要轻易拆检 ECU 和液压控制器件，如果怀疑其有问题，可用替换法检查。

7）在拆检 ABS 液压控制器件时，应先行卸压，以防高压油喷出伤人。

卸压方法：关闭点火开关，反复踩制动踏板 20 次以上，直到感觉踩制动踏板明显费力、变得非常硬时为止。

8）开始维修前，应关闭点火开关，从蓄电池上拆下搭铁线。注意在拔下 ABS 电气插头之前，必须关闭点火开关。

9）拆卸前必须彻底清洁连接点和支撑面，清洁时不要使用像汽油、稀释剂等类似的清洁剂，拆下的零件必须放在干净的地方，并覆盖好。

10）把 ABS ECU 和液压控制单元分开后，必须把液压控制单元放在专用支架上以免在搬运中碰坏阀体。

11）制动系统打开后不要使用压缩空气，也不要移动车辆。

12）拆下的部件如果不能立刻完成修理工作，必须小心地盖好或用塞子封闭，以保证部件的清洁。

13）更换配件时，必须使用质量良好的配件。配件要在安装前才从包装内取出。

14）一定要按维修手册的要求进行安装调整。

15）维修作业完成后，按规定加注制动液，须对系统进行放气。

16）在试车中，至少进行一次紧急制动。当 ABS 正常工作时，会在制动踏板上感到有反弹，并可感觉到车速迅速降低且平稳。

四、ABS 的故障自诊断

1. ABS 的自检

1）点火开关一接通，ABS ECU 就立即对其外部电路进行自检。

两个故障警告灯正常点亮的情况：从点火开关打开起动至自检结束（约 3s），在拉紧驻车制动手柄时制动警告灯点亮，ABS 警告灯亮后又熄灭。如果上述情况两灯不亮，说明故障警告灯本身或电路有故障。

如果 ABS 警告灯常亮，说明 ABS 出现故障；如果制动警告灯常亮，说明制动液缺乏。

2）发动机起动后，车速第一次达到 60km/h 时 ABS 完成自检。

自检过程中，发现异常或工作中 ABS 故障，ECU 就停止使用 ABS，同时制动警告灯亮起，并储存故障码。

2. 故障码的显示方式

故障码由两组数字组成，第一组数字表示故障部件，第二组数字表示故障部位，数字由 ABS 警告灯的闪烁次数表示（图 4-23）。各种车型，故障码显示方式不尽相同，大致有以下 3 种：

1）仪表板上的警告灯闪烁或 ECU 盒上的发光二极管闪烁直接显示故障码。

2）将检查插接器或 ECU 盒上的有关插孔跨接，使仪表板上的 ABS 警告灯闪烁显示故障码。

3）使用专用故障检测仪读取故障码。

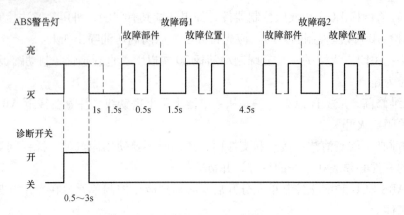

图 4-23　ABS 警告灯闪烁次数与故障码

一、ABS 故障码的调取与清除

目前常用的检修仪器主要有大众公司的 V. A. G1551 和 V. A. S5052 专用诊断仪、丰田车系专用诊断测试仪、修车王电脑诊断仪、金德 K80 和 K81 多功能诊断仪、金奔腾中文 1552 诊断仪、数字电流表等。

这里以丰田车系为例，介绍故障码的调取与清除（人工调码）（故障码具体见维修手册）。

1. 故障码的调取

1）将点火开关置于 OFF 位置，打开发动机罩，找到 ABS 故障诊断座插接器的 Wa 和 Wb 端子，抽出短路销。

2）用专用跨接线跨接诊断插座中的 Tc 和 E1 端子，如果 ABS 有故障，ABS 警告灯会在 4s 后闪烁故障码。

3）将点火开关置于 ON 位置，以正确的方法取读警告灯或发光二极管的闪烁次数，读出故障码。

故障码为两位数，第一次闪烁的为故障码的十位数，停顿 1.5s 后闪烁的为个位数。如果 ABS 有多个故障，系统会停顿 2.5s 后继续闪烁第二个故障码，所有故障码完全显示以后，系统停顿 4s，会从第一个故障码开始重复显示。

如果 ABS 正常，ABS 警告灯会每隔 0.25s 闪烁。

2. 清除故障码的方法

1）汽车停稳。

2）跨接诊断座 Tc 与 E1 端子。

3）分开维修插接器插头或拔出 Wa 与 Wb 端子之间的短路销。

4）接通点火开关。

在上述条件下，在 3s 内连续踩制动踏板 8 次，即可清除故障码。

故障码清除后，将 Tc 与 E1 端子跨接线拆去，将维修插接器插头或 Wa 与 Wb 之间的短路销插好。

3. 车速传感器信号故障码的调取

1）将维修插接器插头分开或 Wa 与 Wb 端子之间的短路销拔出。

2）将诊断座或 TDCL 插接器的 Ts 与 E1 端子跨接。

3）起动发动机怠速运转，仪表板上的 ABS 警告灯闪烁。

4）驾驶汽车上路，使车速达到 90km/h 以上并保持数秒后停车。

5）再将诊断座或 TDCL 插接器的 Tc 与 E1 端子跨接。

此时仪表板上的 ABS 警告灯将会闪烁。警告灯以 2 次/s 的频率闪烁为正常，否则会显示故障码。

车速传感器信号故障码的清除与 ABS 故障码相同。

二、ABS 故障的一般检查方法

1. 车速传感器故障的检查

（1）常见故障

1）感应线圈短路、断路或接触不良。

2）齿圈有缺损或脏污。

3）探头部分安装不牢或磁极与齿圈之间有脏物。

（2）检查方法

1）直观检查传感器、导线及插接器有无松动。

2）用电阻表检测传感器感应线圈电阻，电阻过大或过小应更换。

3）用交流电压表测量传感器的输出信号电压，车轮转动时，应为 2V 以上，随转速的增高而升高。

4）用示波器检测传感器的输出信号电压波形，正常的波形应是均匀稳定的正弦电压波形。

2. ECU 的检查

1）检查 ECU 线束插接器、连接导线有无松动。

2）检查 ECU 线束插接器各端子的电压值、波形或电阻（图 4-24），如与标准值不符且与之相连的部件和电路正常，应更换 ECU 后再试。

3）直接采用替换法检验。即在检查其他部件无故障时，可用新的 ECU 代替，如故障消失，则为 ECU 故障。

3. 制动压力调节器的检查

（1）常见故障

1）电磁阀线圈接触不良。

2）阀有泄漏。

（2）故障检查方法

1）用电阻表检查电磁阀线圈的电阻，若电阻无穷大或过小，则电磁阀有故障。

2）加电压试验。给电磁阀加上其工作电压，如不能正常动作，则应更换。

3）解体后检查。

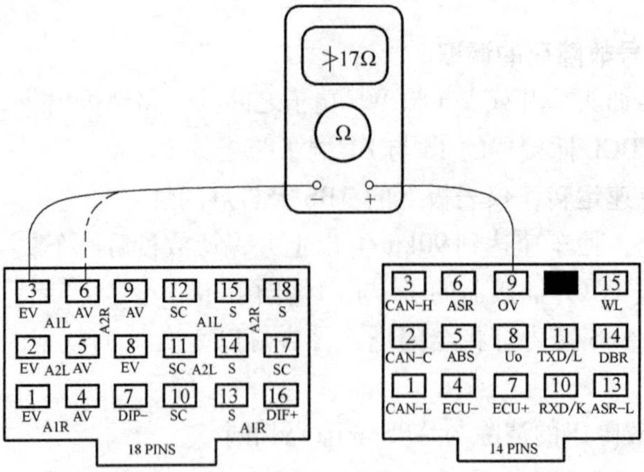

图 4-24　ECU 线束插接器端子电阻测试

4. ABS 控制继电器的检查

（1）常见故障　触点接触不良，控制继电器线圈不良。

（2）检查方法

1）对 ABS 控制继电器施加正常工作电压，若能正常动作，再测继电器触点间的电压和电阻，正常情况下，触点闭合时电压为零。电压大于 0.5V，说明触点接触不良。

2）继电器线圈电阻应在正常范围内。

任 务 工 单

任务 4-2　防抱死制动系统的使用与检修

班　级		姓　名		学　号	
地　点				等　级	
任务目的					
任务过程	1. ABS 故障检查 1）写出车速传感器检测方法。 2）车速传感器感应线圈电阻：_____ 结果分析： 3）车速传感器输出信号电压：_____ 结果分析： 4）试画出车速传感器输出信号电压波形图。 5）写出 ABS ECU 线束插接器各端子的电压值。 6）制动压力调节器电磁阀线圈的电阻：_____ 结果分析： 7）ABS 控制继电器触点间的电压：_____ 结果分析： 8）ABS 控制继电器触点间的电阻： 结果分析： 2. 一辆丰田花冠轿车 ABS 警告灯常亮，请问用下列哪种仪器检测？如何检测？				

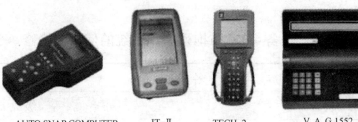

AUTO SNAP COMPUTER　　　IT-Ⅱ　　　TECH-2　　　V.A.G 1552

任务过程

3. ABS检修过程中，修理哪些部件需要泄压？泄压的一般方法是什么？

4. 一辆本田飞度轿车以60km/h的速度行驶，当驾驶人紧急制动时，汽车出现侧滑、失去转向等现象，严重时出现掉头。进入维修店经技术人员用诊断仪检测后，发现ABS警告灯长亮。试分析原因并写出排除故障的流程。

考核评价	考评项目		分 值	教师考核	备 注
	素质考评	团队协作	10分		
		语言表达	10分		
		实训纪律	10分		
	过程考评	工具使用	10分		
		任务实施	30分		
		完成情况	20分		
		工位整理	10分		
	合 计				

任务4-3 电子制动力分配系统认识

1. 熟悉电子制动力分配系统的结构与控制原理。
2. 掌握电子制动力分配系统的检测方法。

制动系统是汽车上最重要的系统之一，其作用是按要求使车辆快速减速制动并在最短距离内停车，它不仅是安全平稳制动的需要，也是为了保证车辆在安全前提下，尽量发挥出高速行驶的性能。电子制动力分配系统完善并提高了ABS的功效，它在ABS开始动作之前就已经平衡了每个车轮的制动力，和ABS配合，极大地改善了制动的平稳舒适性，使制动向智能化技术迈进。

一、电子制动力分配概述

1. 电子制动力分配技术简介

当汽车制动时产生重心的移动，为了发挥最佳制动效果，各车轮根据载重需要有效分配制动力。其中前后轮同时抱死的制动力分配称为理想制动力分配。一辆汽车在制动时，其4个轮胎接触地面的状态条件、摩擦系数等往往相差甚大。例如右前轮和左后轮接触的是正常的柏油路面，而左前轮或右后轮接触的是一个低洼的水潭或泥沼，就会导致4个车轮与地面的摩擦力差异，易造成制动时打滑、颠簸、倾斜，且车辆减速重心前移，尤其是在弯道行驶时制动，严重时会造成车辆甩尾或侧翻事故。而电子制动力分配（Electronic Brake-force Distribution，EBD）系统因其维持车辆稳定、确保安全的功能较为突出，可借助传感器、微处理器，对4个车轮附着的地面进行电子感应测量、计算，得出不同的摩擦力数值，使4个车轮的制动装置根据不同的参数，自动调节前后轴的制动力分配比例，用不同的方式和力量制动，并在运动过程中不断高速自动调整，使制动力与车轮地面实时的摩擦力相匹配，精确分配各车轮的制动力，从而提高了制动效率，有效预防事故发生，保证了安全和制动过程的平稳性。例如汽车从60km/h开始制动，12m能平稳地完全停下来。

当车轮抱死滑移时，车轮与路面间的侧向附着力完全消失。如果只是前轮（转向轮）制动到抱死滑移而后轮还在滚动，汽车将失去转向能力；如果只是后轮制动到抱死滑移而前轮还在滚动，即使受到侧向干扰力，汽车也将产生侧滑（甩尾）现象。这些都极易造成严重的交通事故。

为了避免此类现象的发生，根据重心的移动需要自动分配每个车轮的制动力。在一些车型中采用机械式分配阀（Proportionig Valve），又称P阀来实现这个功能。P阀是为了在紧急制动时提高前后轮的制动均衡力，在发生制动高压时，减小后轮制动压力上升速度。但P

阀不能实现理想的制动力分配，它在轻微制动时不起作用。理想制动控制曲线如图4-25所示。

2. EBD 系统的作用

EBD 系统的主要作用如下：

1）紧急制动时，防止因后轮先抱死造成汽车滑动及甩尾。

2）取代 P 阀的功能，提高后轮制动力，缩短制动距离。

3）可分别控制四轮的制动。

4）确保 ABS 工作时的制动安全性。

5）实现后轮制动压力左右独立控制，确保转向制动时的安全性。

6）提高后轮的制动效果，减少前轮制动摩擦片的磨损量及温度上升，一般轿车的前后轮制动力分配比例约为 70:30。

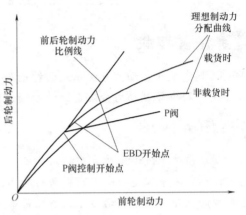

图 4-25　理想制动力控制曲线

3. 制动力分配

（1）前后轮制动力分配　因前后轮荷重不同，所需的制动力不同，在车辆后部无负荷时，适当增大车辆前轮的制动力。如图 4-26 所示，随着车辆后部的负荷重量加大，就要加大后轮的制动力。

（2）左右轮制动力分配　转弯时车辆重心外移，为减少外侧车轮的侧滑（图 4-27），制动时外侧车轮要施加较大的制动力。

图 4-26　前后轮制动力分配示意图

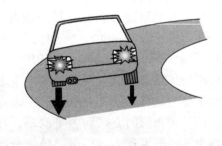

图 4-27　左右制动力分配示意图

二、EBD 系统的组成及控制原理

EBD 系统没有增加新的元件，而是通过软件升级或改变 ECU 程序实现制动力的合理分配，降低成本。EBD 系统必须架构在 ABS 基础上工作。

制动时根据各轮速传感器的信号计算滑移率，通过控制后轮制动压力，使后轮滑移率始终小于或等于前轮滑移率，取代 P 阀对后轮的控制，实现接近于理想制动力分配曲线的制动效果。

1. 液压系统工作过程

在车轮部分制动时，EBD 功能就起作用，转弯时更为突出，轮速传感器发出 4 个车轮的转速信号，ECU 根据这些信号计算车轮的转速及滑移率。

如果后轮滑移率大于某个设定值，则由液压控制单元调节后轮制动压力，使后轮制动力降低，以保证后轮不会先于前轮抱死。

同传统的制动力分配方式（如 P 阀）相比，EBD 功能保证了较高的车轮附着力以及合理的制动力分配。当 ABS 起作用时，EBD 即停止工作。EBD 降压过程如图 4-28 所示。

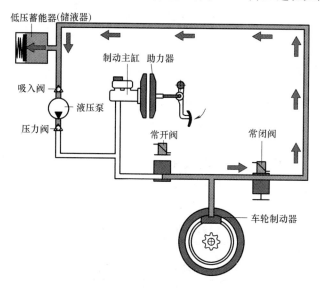

图 4-28　EBD 降压过程

2. 减速度传感器

（1）安装位置　减速度传感器一般安装在差速器里或中控台下。

（2）作用　判断制动时车辆的减速度，调整制动性能，提高 ABS 的工作准确度，损坏后无明显故障，但 ABS 警告灯会亮。

（3）形式　其形式有三种：光电式、水银式和差压阀式。

（4）检测方法　输出电压范围：0～5.0V。ECU 输入电压范围：0.5～4.5V。

传感器一般采用三条导线，分别是电源线（+5V）、搭铁线和信号线（1～4V）。

3. 警告灯控制

（1）ABS 警告灯　在下列情况中，ABS 警告灯会亮。

1）当点火开关置于 ON 位置时，ABS 警告灯亮 3s。

2）ABS 出现异常。

3）自我诊断过程中。

4）拆下 ECU 插接器时。

（2）EBD 警告灯　EBD 警告灯的位置如图 4-29 所示。

当点火开关置于 ON 位置时，EBD 警告灯亮 3s；当不能进行 EBD 控制时，EBD 警告灯也会点亮。

图 4-29　EBD 警告灯的位置

三、系统故障诊断

1. ABS 故障但 EBD 能确保稳定工作的情况

1 个轮速传感器故障；电动泵故障；低电压时。

2. EBD 故障

P 阀故障时，因没有警告装置驾驶人无法判断故障，所以容易造成紧急制动时甩尾；EBD 故障时，及时点亮警告灯确保得到有效的故障排除。

3. 制动系统失效模式

如果轮速传感器出现故障，ABS 警告灯将亮起、ABS 停止工作，但 EBD 仍工作。表 4-1 为制动系统失效模式数据表。

表 4-1　制动系统失效模式数据表

故障原因	系统		警告灯	
	ABS	EBD	ABS	EBD
无故障	不工作	工作	熄灭	熄灭
1 个轮速传感器故障	不工作	工作	点亮	熄灭
电动泵故障	不工作	工作	点亮	熄灭
低电压	不工作	工作	点亮	熄灭
2 个以上轮速传感器故障 电磁阀故障 ABS ECU 故障 其他故障	不工作	不工作	点亮	点亮

 任务实施

根据已有设备进行 EBD 系统的结构认识及检测。

任 务 工 单

任务 4-3　电子制动力分配系统认识

班　级		姓　名		学　号	
地　点				等　级	
任务目的					
任务过程	1. 写出下图中数字指示元件的名称。 1）_____　2）_____　3）_____ 4）_____　5）_____　6）_____ 7）_____　8）_____ 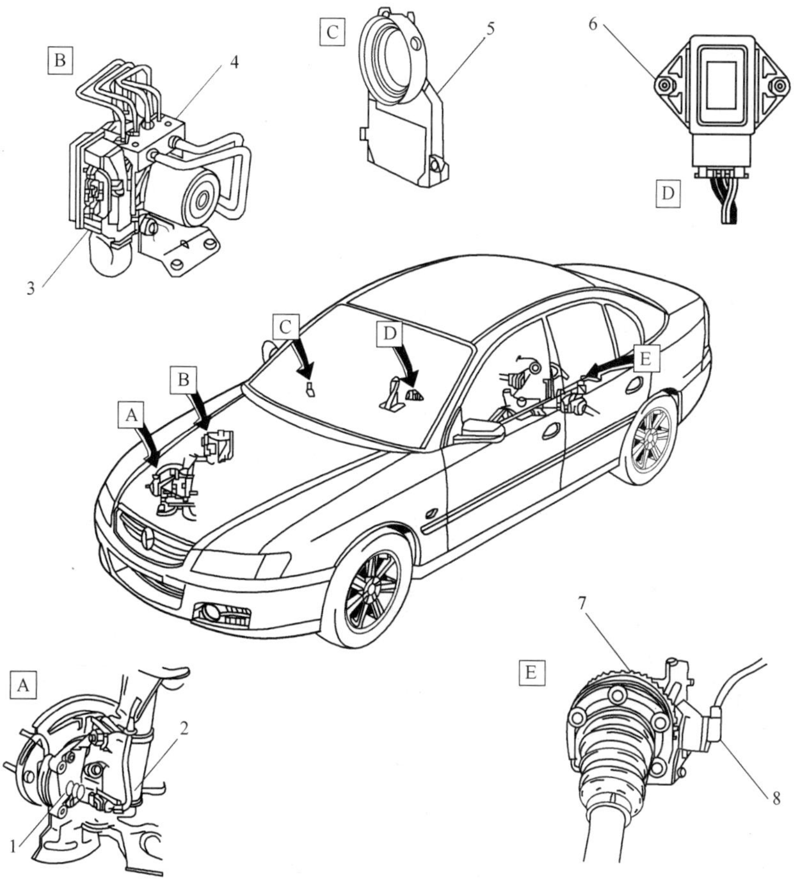				

任务过程	2. 减速度传感器检测 1）输出电压：_____。 2）ECU 输入电压：_____。 3）电源线，搭铁线和信号线情况： 4）结果分析： 3. 分析比较 ABS 与 EBD 的异同。

考核评价	考评项目		分　值	教师考核	备　注
	素质考评	团队协作	10 分		
		语言表达	10 分		
		实训纪律	10 分		
	过程考评	工具使用	10 分		
		任务实施	30 分		
		完成情况	20 分		
		工位整理	10 分		
	合　计				

项目小结

本项目从防抱死制动系统的作用和组成谈起,深入认识了防抱死制动系统的工作原理和维修方法。其中掌握制动压力调节器的工作原理和防抱死制动系统的工作过程对本项目知识的理解非常重要。

在防抱死制动系统的故障诊断和维修中,按照维修站实际流程,对车辆故障分析、电控系统自诊断、系统泄压和排气、典型故障的诊断与排除等步骤进行了技能训练,从而能够达到防抱死制动系统故障诊断和维修的能力。

思考题

1. 说明防抱死制动系统的功能和分类。
2. 说明防抱死制动系统基本组成部件和各部件的作用。
3. 试说明循环式液压制动调节器和可变容积式液压制动调节器的工作原理。

知识拓展

电子制动辅助系统

电子制动辅助(Electronic Brake Assistant,EBA)系统是专为那些在非常紧急的事件中,驾驶者不能迅速踩下制动踏板而设计的,是汽车紧急制动辅助系统的一种,可以有效防止常见的意外追尾。

一、简介

在一些非常紧急的事件中,驾驶者往往不能迅速踩下制动踏板,EBA 就是为此而设计的。该系统利用传感器感应驾驶者对制动踏板踩踏的力度与速度大小,然后通过电脑判断驾驶者此次制动意图。如果属于非常紧急的制动,EBA 此时就会指示制动系统产生更高的油压使 ABS 发挥作用,从而使制动力快速产生,减少制动距离。而对于正常情况制动,EBA 则会通过判断不予起动 ABS。

通常情况下,EBA 系统的响应速度会远远快于驾驶者,这对缩短制动距离,增强安全性非常有利。此外,对于脚力较差的女性及高龄驾驶者闪避紧急危险的制动,也帮助很大。有关测试表明,EBA 系统可以使车速高达 200km/h 的汽车完全停止的距离缩短 21m 之多,尤其是对在高速公路行驶的车辆,EBA 系统可以有效防止常见的追尾意外。

二、工作原理

EBA 系统的工作原理如图 4-30 所示,传感器通过分辨驾驶人踩制动踏板的情况,识别并判断是否引入紧急制动程序。由此 EBA 能立刻激发最大的制动压力,以达到可能的最高的制动效果,制止交通事故的发生。

当驾驶人在紧急情况下迅速踩下制动踏板而踩踏的力矩不足时,EBA 系统便会在几毫秒内把制动力增至最大。其速度要比大多数驾驶人移动脚的速度快得多,在制动踏板刚踩下部分行程时就可以有效停车,提前达到制动的最大力矩,缩短紧急制动情况下的制动距离。

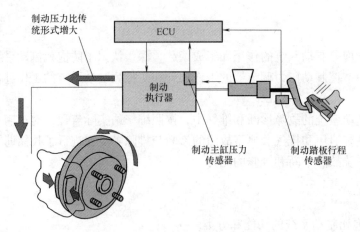

图 4-30 EBA 系统的工作原理

在遇到紧急情况时,大多数驾驶人能很快地踩下制动踏板,但达不到强劲有力,或者在最初碰撞时,驾驶人会过早地放松制动踏板,这两点正是 EBA 系统要解决的。EBA 系统一旦监测到驾驶人踩制动踏板的速度陡增,而且继续加大力度,就认知为紧急制动,会释放出 ABS 蓄能器内储存的压力为 18MPa 的制动液(而在正常情况下常规制动只能使制动主缸制动液产生 2~8MPa 的压力),使之通过蓄能器在 ABS 泄压程序的工作通道进入制动主缸的两个工作腔,在几毫秒内建立起最大的制动力。例如,当汽车在速度为 100km/h 时紧急制动,EBA 系统会使制动距离缩短 45%,有效防止发生追尾事故等事故。当驾驶人释放制动踏板时,EBA 系统就转入待机模式。

三、主要作用

1)用来在踩制动踏板的情况下,防止车轮抱死,使汽车在制动状态下仍能转向,保证汽车的制动方向稳定性,防止产生侧滑和跑偏。

2)由于汽车制动时产生的轴荷转移不同,EBA 能自动调节前、后轴的制动力分配比例,提高制动效能。

3)判断驾驶人的制动动作,在紧急制动时增加制动力,缩短制动距离。

4)在汽车出现车轮打滑、侧倾或者丧失附着力的瞬间,在降低发动机转速的同时,针对个别车轮进行制动控制,并最终将汽车引入正常的行驶轨道,从而避免汽车因失控而造成的危险。

5)通过控制驱动力的大小,减小驱动轮的滑转率,防止磕碰,使车辆趋于稳定。

项目五　驱动防滑系统认识与检修

任务 5-1　驱动防滑系统认识

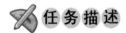 任务要求

1. 了解防滑转控制的方式。
2. 认识驱动防滑系统的结构及控制方式。
3. 掌握典型车型驱动防滑系统的结构组成和工作过程。

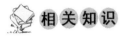 任务描述

驱动防滑系统是汽车防抱死制动系统功能的自然扩展，它的作用是维持汽车行驶时的方向稳定性，并尽可能利用车轮—路面间的纵向附着能力，提供最大的驱动力。学完本节后，试比较 ABS 与 ASR 的异同。

相关知识

一、ASR 简介

有过驾驶经验的人都知道，如果车辆在积雪、结冰或潮湿泥泞的路面上起步或突然加速时，驱动轮就有可能出现快速空转的现象。

汽车发动机传递给车轮的最大驱动力是由轮胎与路面之间的附着系数和地面作用在驱动轮上的法向反力的乘积（即附着力）决定的。但是，驱动力的增大受到附着力的限制，驱动力的最大值只能等于轮胎与路面之间的附着力。当驱动力超过附着力时，驱动轮将会在路面上打滑。

当汽车在低附着系数的路面（如泥泞或冰雪路面）上行驶时，由于地面与车轮之间的附着系数很小，在起步、加速时驱动轮就有可能打滑，导致汽车起步、加速性能下降。此外，当汽车在非对称路面上行驶时，如果某个（或某些）驱动轮处在附着系数较低的路面（如泥泞或冰雪路面）上，则地面对车轮施加的转矩将很小。虽然另一个（或一些）车轮处在附着系数较高的路面上，但是根据差速器转矩等量分配的特性，地面能够提供的驱动转矩只能与处在低附着系数路面上车轮产生的驱动转矩相等。那么此时，车轮也有可能出现打滑现象，导致汽车通过性能变差。

驱动轮打滑，意味着轮胎与地面接触处出现了相对滑动，为了区别于汽车制动时车轮抱死所产生的"滑移"，将这种滑动称为驱动轮的"滑转"。驱动轮的滑转，同样会使车轮与地面的纵向附着力下降，使驱动轮可获得的极限驱动力减小，最终导致汽车的起步、加速性能和在湿滑路面上的通过性能下降。同时，驱动轮的滑转还会导致横向附着系数大幅下降，

从而使驱动轮出现横向滑动，随之产生汽车在行驶过程中的方向失控现象。

因此，为了避免和减少上述情况发生，就出现了汽车驱动防滑系统（Awti-slip Regulation，ASR）。由于 ASR 系统多数是通过控制发动机功率来实现的，故有些车系将其称为牵引力控制系统（Traction Control System，TCS 或 TRC）。

1. ASR 的功用

ASR 是继 ABS 之后，应用在汽车上专门用来防止驱动轮在起步、加速和在湿滑路面上行驶时滑转的驱动力控制系统。为了清楚 ASR 的作用，需要先分析汽车驱动轮的运动状态。

驱动轮的滑转程度可以用滑转率表示，其表达式为

$$S_d = \left(\frac{v_\omega - v}{v_\omega}\right) \times 100\% \tag{5-1}$$

式中 S_d——驱动轮的滑转率；
　　　v_ω——车轮瞬时圆周速度；
　　　v——车速。

当汽车未动（$v=0$）而驱动轮转动时，$S_d=100\%$，车轮处于完全滑转状态；当 $v_\omega = v$ 时，$S_d = 0$，驱动轮处于纯滚动状态。

车轮滑转率（滑移率）与纵向附着系数的关系如图 5-1 所示，可以看出：

1）附着系数随路面的不同而发生大幅的变化。

2）在各种路面上，附着系数均随滑转率（滑移率）的变化而变化，且在各种路面上当滑转率（滑移率）为 20% 左右时，纵向附着系数达到最大值。若滑转率（滑移率）继续增大，则纵向附着系数逐渐减少。

ASR 的基本控制原则：在车轮滑转时，将滑转率控制在最佳滑转率（约 20%）附近，使路面能够提供较大的附着系数，从而使车轮的驱动力能够得到充分利用。

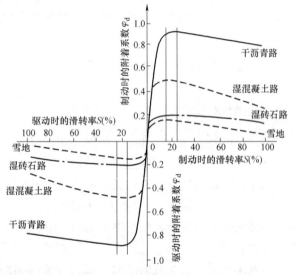

图 5-1　滑转率（滑移率）与纵向附着系数的关系

ASR 的主要功能是：在车轮开始滑转时，通过降低发动机的输出转矩或控制制动系统的制动力等来减小传递给驱动轮的驱动力，防止因驱动力超过轮胎与路面之间的附着力而导致驱动轮滑转，从而提高车辆的通过性，改善汽车的方向操纵稳定性。

综上所述，ASR 的作用是控制车轮的滑转率，防止汽车在起步、加速过程中车轮打滑，特别是防止汽车在非对称路面或转弯时驱动轮的滑转，以保持汽车行驶的方向稳定性和操纵性，维持汽车的最佳驱动力，提高汽车的通过性和行驶平顺性。

ASR 是 ABS 的延伸，在技术上与 ABS 较近，部分软件、硬件可以共用。很多车型采用集成 ABS 与 ASR 功能于一体的结构，控制系统共用一个电控单元（ECU），这种结构也称

为 ABS/ASR 防滑控制系统，或者说汽车防滑控制系统是对 ABS 和 ASR 的统称。

二、ASR 的控制方式及组成

1. ASR 的控制方式

为达到对汽车驱动轮运动状态的精确控制，ASR 可以通过以下方式实现对驱动轮滑转的控制。

（1）发动机输出功率控制　当汽车起步、加速时，若加速踏板踩得过猛，常常会因驱动力超过轮胎和地面的附着极限，而出现驱动轮短时间的滑转。这时，ASR ECU 将根据加速踏板行程大小发出控制指令，通过发动机的副节气门驱动装置，适当调节副节气门的开度，也可以直接由发动机 ECU 改变点火时刻或燃油喷射量，通过限制发动机功率输出，减少驱动轮产生的驱动力，从而达到抑制驱动轮滑转的目的。

（2）驱动轮制动控制　当单侧驱动轮打滑时，ASR ECU 将发出控制指令，通过制动系统的压力调节器，对产生滑转的车轮施加制动力。随着滑转车轮被制动减速，其滑转率逐渐下降。在滑转率降到预定的范围内之后，ECU 立即发出指令，减少或停止这种制动。之后，若车轮又开始滑转，则继续下一轮的控制，直至将驱动轮的滑转率控制在理想范围内。与此同时，另一侧滑转车轮仍然保持正常的驱动力。这种作用类似与驱动桥差速器中的差速锁，即当一侧驱动轮陷入泥泞中，部分或完全丧失了驱动能力，若制动该车轮，另一侧的驱动轮仍然能够产生足够的驱动力，以便维持汽车正常的行驶。如果两侧驱动轮同时出现滑转，但滑转率不同，可以通过对两侧驱动轮施加不同的制动力，分别抑制它们的滑转，从而提高汽车在湿滑及不对称路面上的起步、加速能力和行驶的方向稳定性。这种方式是防止驱动轮滑转最迅速有效的一种控制方法。但是，出于对舒适性的考虑，一般这种控制方式的制动力不可施加太大。因此，常常作为第一种方法的补充，以保证控制效果和控制速度的统一。这种控制方式采用的是 ASR 与 ABS 组合的液压控制系统，在 ABS 中增加了电磁阀和调节器，从而增加了驱动控制功能。

（3）防滑差速锁控制　防滑差速锁（Limited Slip Differential, LSD）能对差速器锁止装置进行电控，锁止范围在 0~100% 之间变化。当驱动轮出现单边滑转时，ASR ECU 发出控制命令，使差速锁和制动压力调节器工作，从而控制车轮的滑转率。这时非滑转车轮还有正常的驱动力，因而可以提高汽车在湿滑路面的起步、加速性能及行驶时的方向稳定性。各驱动轮的锁紧系数可用差速器中的液压预紧盘来调节。它可从零连续增加到完全锁紧，所需液压由蓄压器提供，调节作用由电磁阀控制。电控防滑差速锁系统的组成如图 5-2 所示。

在差速器向驱动轮输出驱动力的输出端，设有离合器，通过调节作用在离合器片上的液压压力，可调节差速器的锁止程度。

（4）综合控制　为了达到更理想的控

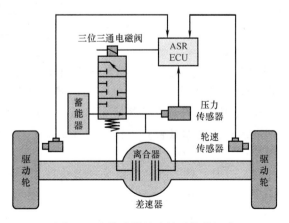

图 5-2　电控防滑差速锁系统的组成

制效果，可采用上述几种控制方式相结合的控制系统。汽车在行驶过程中，由于路面湿滑程度不同，驱动力的状态也随时变化，综合控制系统将根据发动机的工况和车轮滑转的实际情况采取相应的控制措施。例如在发动机处于输出大转矩的状态下，车轮发生滑转的主要原因往往是路面湿滑，采用对滑转车轮施加制动力的方法比较有效。在更为复杂的工况下，借助综合控制的方式能够更好地达到控制驱动轮滑转的目的。

2. ASR 的组成

ASR 的基本组成如图 5-3 所示，主要包括传感器、ECU、执行器等部件。

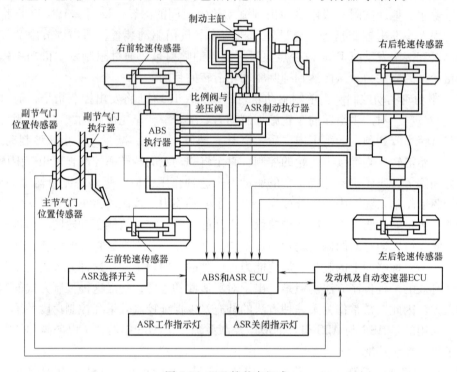

图 5-3　ASR 的基本组成

（1）传感器　传感器主要包括轮速传感器、节气门位置传感器、ASR 选择开关等。一般轮速传感器与 ABS 共用，主要完成对车轮转速的检测，并将轮速信号传递给 ABS 和 ASR ECU。而主、副节气门位置传感器分别用于检测主、副节气门的开启角度，并将这些信号传递给发动机和自动变速器 ECU，与发动机电控系统共用。

ASR 选择开关是系统特有的一个开关装置，它可以通过人为操作选择是否启用 ASR，如将 ASR 的选择开关切断（处于"OFF"位置），ECU 可使系统退出 ASR 工作状态，并点亮 ASR 关闭指示灯。在某些特殊的场合，如为了检查汽车传动系统或其他系统的故障，可以借助该开关使 ASR 停止工作，以避免因驱动轮悬空，致使 ASR 对驱动轮施加制动而影响故障检查。

（2）ECU　ASR ECU 以微处理器为核心，配以输入、输出电路及电源电路等。为了减少电子元器件的数目，简化和紧凑结构，ASR ECU 通常与 ABS ECU 组合为一体，如图 5-4 所示，ASR ECU 的输出信号来自传感器、ABS ECU、发动机 ECU 和选择开关等。根据上述输入信号，ASR ECU 通过计算后向制动压力调节器与副节气门驱动装置发出工作指令，并通过指示灯显示当前工作状态。一旦 ASR ECU 检测到任何故障，就立即停止 ASR 调节。此时车辆仍可以保持常规行驶方式，同时系统会将检测出的故障信息存入计算机的随机存储器（RAM），并使报警指示灯闪烁，以提醒驾驶人。

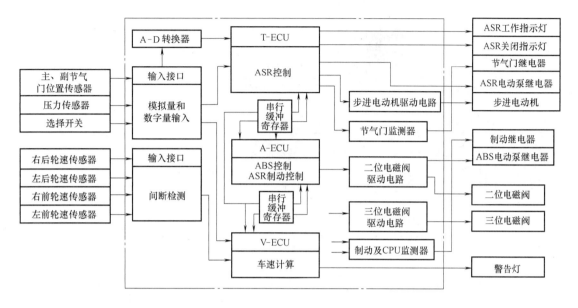

图 5-4　ASR 与 ABS 的 ECU 组合框图

（3）执行器　ASR 的执行器主要包括制动压力调节器、副节气门驱动装置等。前者根据 ABS 和 ASR ECU 的信号，调节制动器中的液压；后者则根据 ASR ECU 传送来的信号控制副节气门的开启角度。

1) ASR 制动压力调节器。

ASR 制动压力调节器通过接收 ASR ECU 的指令，对滑转车轮施加制动力并控制动力，可防止施加制动力太大。ASR 制动压力调节器有独立式和组合式两种结构。独立式是指 ASR 与 ABS 制动压力调节器彼此分立的结构形式，比较适合将 ASR 作为选装系统的车辆，布置较灵活，但结构不紧凑，连接点较多，易泄漏。组合式是指将 ASR 与 ABS 两套压力调节装置合二为一的结构形式，特点与独立式结构相反。

①独立式。制动压力独立调节的结构形式如图 5-5 所示。

当 ASR 制动压力调节器中的三位三通电磁阀（3/3 电磁阀）处于断电状态而取左位时，调压缸右腔与储液器相通，压力较低，故缸内活塞在回位弹簧推力的作用下被推至右极限位置。此时，一方面可借助调压缸中部的通液孔将 ABS 制动压力调节器与车轮上的制动轮缸导通，保证 ABS 实现正常调压，另一方面也可实现 ASR 对制动轮缸的减压。

若电磁阀通电而处于右位，则调压缸右腔与储液器隔断，但与高压蓄能器导通，具有一定压力的液体将调压活塞推向左端，截断 ABS 制动压力调节器与制动轮缸的联系，调压缸左腔的压力回随活塞的左移而增大，进而带动制动轮缸压力的上升，便可实现 ASR 对驱动轮制动压力的增压调节。

当 ECU 使电磁阀半通电而处于中间位置时，调压缸与低压蓄能器和高压蓄压器均相通，

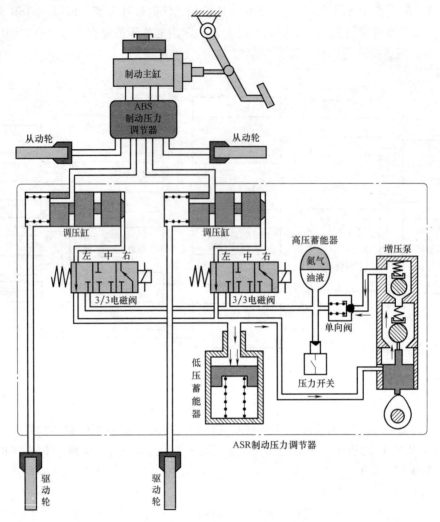

图 5-5 制动压力独立调节的结构形式

而调压缸活塞保持不动，驱动轮缸压力维持不变。

②组合式。制动压力组合调节的结构形式如图 5-6 所示。

当 ASR 调节电磁阀（3/3 电磁阀Ⅰ）断电而取左位时，ASR 不起作用。通过两个 ABS 调压电磁阀（3/3 电磁阀Ⅱ、Ⅲ）的作用，可实现对两驱动轮制动压力的调节。

当 ASR 调节电磁阀通电取右位时，若 ABS 调压电磁阀仍处于断电状态而取左位，则高压蓄能器的压力油可流入驱动车轮的制动轮缸，以达到制动增压的目的。

若 ASR 调节电磁阀半通电，处于中间位置，则切断了高压蓄能器与制动主缸的联系，驱动轮制动压力维持不变。

当两个 ABS 调压电磁阀通电而取右位时，驱动轮的制动轮缸与低压蓄能器相通，制动压力下降，从而实现制动减压。

由此可见，组合式结构通过调节电磁阀（3/3 电磁阀Ⅰ、Ⅱ、Ⅲ）的不同组合，分别实现对驱动轮的防抱死制动控制和驱动防滑控制。另一个调节电磁阀（3/3 电磁阀）实现对从

项目五 驱动防滑系统认识与检修 137

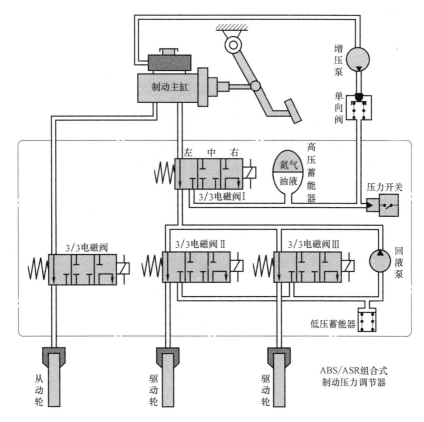

图 5-6 制动压力组合调节的结构形式

动轮的防抱死制动控制。

2）副节气门驱动装置。

ASR 以副节气门控制发动机输出功率是应用最广泛的方法。当 ASR 不起作用时，副节气门处于全开状态，发动机输出功率由主节气门直接控制。当 ASR 起作用时，ECU 控制副节气门的开度变化，便可实现对发动机输出功率的调节。节气门驱动装置一般由步进电动机和传动机构组成，步进电动机根据 ASR ECU 输出的控制脉冲可使副节气门转过规定的角度。

副节气门驱动装置控制原理如图 5-7 所示。

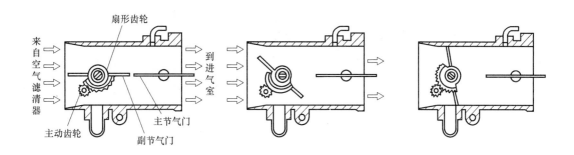

图 5-7 副节气门驱动装置控制原理

尽管现代汽车上采用的 ASR 各不相同，但总体来说，它们在工作中均具有以下特点：

①ASR 可由开关选择其是否工作，并由相应的指示灯指示其状态。

②当 ASR 关闭时，副节气门处于全开位置，此时，制动压力调节装置不影响制动系统的正常工作。

③ASR 在工作时，ABS 具有调节优先权。

④ASR 只在一定车速范围内（如 8～120km/h）起作用。

⑤ASR 在不同的车速范围内通常具有不同的特性。如当车速较低时，以提高牵引力为目的，可对两驱动轮施加不同的制动力矩（即两轮制动压力独立调节）；当车速较高时，则以保持行驶方向稳定性为目的，使施加在两驱动轮上的制动力保持相同（两轮一同控制）。

3. ASR 的工作过程

（1）电路工作过程（图 5-8）

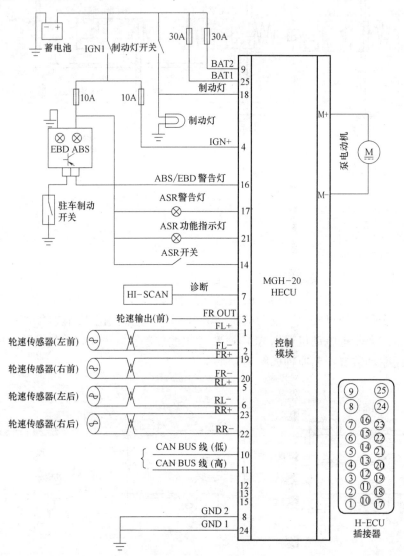

图 5-8　ASR 工作电路图

1) 点火开关打开,ABS ECU 开始自检,ABS 警告灯、ASR 功能指示灯、ASR 指示灯、EBD 警告灯均点亮或闪烁。

2) 约 3s 后自检结束,ABS 处于等待工作状态,若 ASR 开关关闭,ASR 也处于等待工作状态。ABS 警告灯、ASR 功能指示灯、ASR 警告灯均熄灭,EBD 警告灯在驻车制动开关关闭时熄灭。

3) 行驶过程中,ABS 控制模块随时监控驱动轮轮速信号、制动开关信号、从动力模块传来的车速信号及经 CAN 数据线传来的发动机转速、节气门开度等信号,当相应信号达到控制门限时,ASR 进入干预状态。

紧急制动时,ABS 控制模块首先通过 CAN 数据线向动力模块发出减小发动机输出转矩的请求,动力模块减小发动机点火提前角,降低驱动转矩,减轻滑转。

若 ABS 控制模块在发出减小发动机转矩请求后,仍然检测到有驱动轮滑转,则起动 ABS 泵电动机带动液压泵工作产生液压,同时向 ASR 电磁阀发出指令,将适当的油压送到滑转驱动轮的制动轮缸对其实施制动。此时,ASR 功能指示灯闪亮。

4) 若 ASR 开关打开,ASR 退出工作,ASR 功能指示灯点亮。注意,ASR 仅在湿滑路面上行驶时使用,在好路面或在举升机上检查传动系统时应停止 ASR 的工作。

(2) 油路工作过程

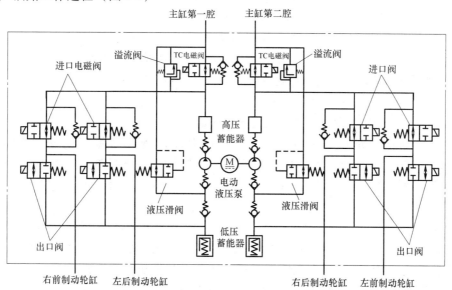

图 5-9 ASR 工作油路

1) 常规制动时,所有电磁阀均断电,制动主缸与制动轮缸相通,制动轮缸制动压力随制动主缸增大而增大。

2) ABS 工作时,TC 电磁阀断电接通,ECU 根据各轮速信号控制各制动轮缸进口和出口电磁阀的打开或关闭,以及电动液压泵的起动或停止,以调节制动油压,控制滑移率。

3) EBD 工作时,ECU 根据各轮速信号比较前后轮的制动压力大小,控制后制动轮缸进口和出口电磁阀的打开或关闭,以及电动液压泵的起动或停止,调节后轮制动油压,使前后轮制动力分配接近理想状态。

4) ASR 制动干预。若驱动轮滑转（如左前轮），需要进行制动干预，其液压油路工作过程如下：

①ASR 增压状态。TC 电磁阀通电关闭、右后制动轮缸进口电磁阀通电关闭、左前制动轮缸进口电磁阀断电打开、左前制动轮缸出口电磁阀断电关闭，且液压泵电动机起动，液压油由制动主缸第二腔、液压滑阀、单向阀被吸入液压泵。加压后，经高压蓄能器、左前制动轮缸进口电磁阀进入左前制动轮缸，对左前轮实施制动。

②ASR 保压状态。当检测到左前驱动轮的滑转率达到规定值时，在增压状态的基础上，左前制动轮缸进口电磁阀通电关闭，轮缸内压力保持不变。

③ASR 降压状态。若检测到左前驱动轮的滑转率小于规定值，则在保压状态的基础上，左前制动轮缸出口电磁阀通电打开，轮缸中的液压油经出口电磁阀、单向阀流回液压泵的进油口，左前制动轮缸的制动压力下降。

三、ASR 与 ABS 的比较

ASR 与 ABS 都是通过控制车轮和路面的相对滑动，来保证轮胎与地面之间存在较小的纵向和横向附着系数，因此两系统密切相关，常采用相同的技术，结合在一起，共享许多电子组件和系统部件来控制车轮的运动状态，构成车辆行驶安全系统。若将 ASR 与 ABS 仔细比较，可以发现两者具有的共性主要如下：

1）ABS 与 ASR 均可以通过控制车轮的制动力矩来达到控制车轮滑动的目的。
2）ABS 与 ASR 均要求系统具有迅速的反应能力和足够的控制精度。
3）两种系统均要求调节过程消耗尽可能小的能量。
4）ABS 与 ASR 均具有自诊断功能。

同时，ASR 与 ABS 也存在以下一些明显的区别：

1）ABS 是防止制动时车轮抱死滑移，改善制动效能，确保制动安全；ASR 则是防止驱动车轮原地滑转，提高汽车起步、加速性能及在滑溜路面上行驶的通过性和方向稳定性。

2）ABS 对所有车轮实施调节，ASR 只对驱动轮加以调节控制，并由驾驶人通过选择开关来确定是否使用 ASR。

3）ABS 只调节制动压力，ASR 的调节包括发动机输出转矩调节和制动压力调节。

4）ABS 是在制动时车轮出现抱死的情况下起控制作用，在车速很低（小于 8km/h）时不起作用；而 ASR 则是在整个行驶过程中都工作（尤其是在起步、加速、转弯等过程中），在车轮出现滑转时起作用，而当车速很高（80km/h 以上）时不起作用。

5）ABS 工作时，传动系统振动较小，各车轮之间的相互影响不大；而 ASR 工作时，由于差速器的作用会使车轮之间产生较大的相互影响，传动系统易产生较大振动。

任务实施

根据已有设备，认识汽车上 ASR 的组成及各部件的位置。

任 务 工 单

任务 5-1 驱动防滑系统认识

班　级		姓　名		学　号	
地　点				等　级	
任务目的					
任务过程	1. ASR 是什么？请写出下图所示零部件的名称及作用。 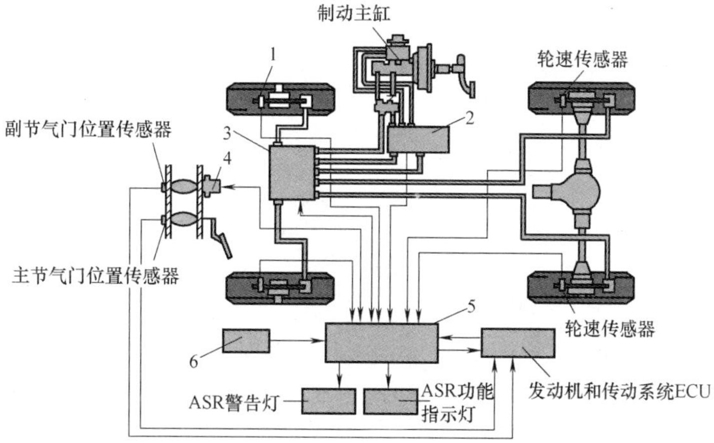 1）名称： 　作用： 2）名称： 　作用： 3）名称： 　作用： 4）名称： 　作用： 5）名称： 　作用： 6）名称： 　作用：				

2. 写出下图所示别克荣誉轿车 ABS-TCS 零部件的名称及作用。

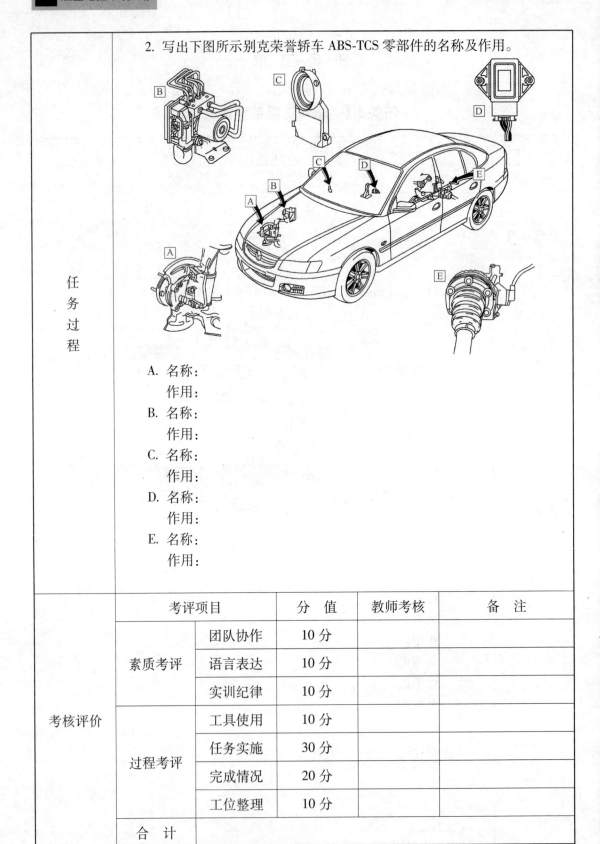

A. 名称：
   作用：
B. 名称：
   作用：
C. 名称：
   作用：
D. 名称：
   作用：
E. 名称：
   作用：

考核评价	考评项目		分 值	教师考核	备 注
	素质考评	团队协作	10 分		
		语言表达	10 分		
		实训纪律	10 分		
	过程考评	工具使用	10 分		
		任务实施	30 分		
		完成情况	20 分		
		工位整理	10 分		
	合 计				

任务5-2 驱动防滑系统检修

任务要求

1. 了解驱动防滑系统的使用。
2. 掌握驱动防滑系统的故障检测诊断方法。
3. 能够进行基本的驱动防滑系统故障检测诊断。

任务描述

一辆奥迪A6轿车,装备APS型发动机,排量为2.6L。该车在行驶过程中驱动防滑系统(ASR)警告灯常亮,试分析其原因。

相关知识

一、ASR的使用

ASR是由电子元件控制的,在工作中有些现象是正常的,例如:

1)系统检查时的声音。在发动机起动后,有时会从发动机舱中传出类似碰击的声音,这是系统在进行自我检查时发出的声音,属于正常现象。

2)工作时的声音。包括液压单元内部电动机的声音;与制动踏板振动一起产生的声音;工作时因制动而引起悬架碰击声或轮胎与地面接触发出的"吱嘎"声。

3)在积雪或沙石路面上,安装有ABS车辆的制动距离有时会比没有安装ABS车辆的长。

4)在ASR工作时,发动机的节气门反应比不工作时慢。

二、ASR的故障诊断及修复

现代汽车电控系统都具有故障自诊断功能。当ASR的ECU检测到系统的故障信息时,立即使仪表板上相应的警告灯点亮,提示驾驶人ASR系统出现故障,同时将故障信息以故障码的形式储存到存储器中。诊断ASR故障时,按照设定的程序和方法可读取故障码和清除故障码。

1. 警告灯的工作

ABS、ASR、ESP(Electronic Stability Program,电子稳定程序)共有3种警告灯:

1)制动装置警告灯K118。
2)ABS警告灯K47。
3)ASR/ESP警告灯K115。

其工作情况见表5-1。

表5-1从上到下依次显示的情况如下:

1)发动机刚起动,系统处于自检过程,三个警告灯常亮。
2)系统自检完成,没有发现故障,或系统正常,三个警告灯都熄灭。

表 5-1 系统故障灯

状态	制动装置警告灯 K118	ABS 警告灯 K47	ASR/ESP 警告灯 K155
点火开关打开	亮	亮	亮
系统正常			
ASR/ESP 正在工作			闪烁
ASR/ESP 按钮关闭，ABS 有效，在加速和正常行驶中 ESP 关闭，但在 ABS 工作时 ESP 激活			亮
ASR/ESP 失效，ABS 失效		亮	亮
ABS 失效，所有系统都关闭	亮	亮	亮

3) 在汽车行驶中，当 ASR/ESP 起作用时，ASR/ESP 警告灯 K155 闪烁。

4) 当按下 ASR/ESP 按钮（系统不工作），且 ABS 有效时，ASR/ESP 警告灯 K155 亮起。

5) 若 ASR/ESP 发生故障，ASR/ESP 警告灯 K155 和 ABS 警告灯 K47 亮起。

6) 若 ABS 发生故障，三个警告灯都亮起。

2. ASR 故障诊断注意事项

1) ABS/ASR 是一种汽车主动安全系统，从事该项目检修诊断工作要求具备该系统的相关知识。

2) 在车辆使用中，若怀疑或确定 ASR 的元件有故障，一般都需要将可疑元件拆下进行检查或更换。

3) 由于蓄能器使管道中的制动液保持一定压力，在拆卸管路时要小心高压制动液喷出。

4) 安装时要按规定的力矩拧紧管路的螺纹连接件，拧得过松容易造成松动和泄漏，拧得过紧又容易造成变形和滑丝。

5) 若在维修中拆动了液压系统元件，安装后必须对液压系统进行排气。

6) 在对 ABS/ASR 进行检修之前原则上要查询故障码。

7) 在拔下 ABS/ASR ECU 插头的情况下不要驾车。

8) ABS/ASR 的元器件插头只有在关闭点火开关时才可拔下或插上。

9) 不允许松开液压单元的螺栓（在更换回油泵继电器和电磁阀时，继电器罩盖螺栓除外)。

10)在进行与制动液有关的作业时,要注意采取有效的安全防范措施。

3. ABS/ASR 故障检测的前提条件

1)所有车轮应使用规定的相同规格的轮胎,轮胎充气压力正常。

2)包括制动灯开关及制动灯在内的常规制动装置应正常。

3)液压系统的接头处和管路应密封良好。

4)轮毂轴承及其间隙应正常,轮速传感器安装位置正确。

5)所有熔丝应正常。

6)电控插头连接应正确,并且锁紧器应可靠锁紧。

7)液压泵继电器和 ABS 电磁阀继电器的插头应正确。

8)蓄电池电压应正常。

9)只有停车及打开点火开关时才可能进入故障自诊断系统,在车速超过 2.75km/h 时不能进入故障自诊断系统,因此在进行故障自诊断时四个车轮必须处于静止状态。

10)在进行 ABS/ASR 故障检测期间,汽车电器设备要远离高耗电设备。

任务实施

使用专用设备(解码仪)进行 ABS/ASR 系统故障码的读取与清除。

任 务 工 单

任务 5-2　驱动防滑系统检修

班　级		姓　名		学　号	
地　点				等　级	

任务目的	

任务过程	1. 简述 ASR 诊断注意事项。 2. 简述诊断步骤。

考核评价	考评项目		分　值	教师考核	备　注
	素质考评	团队协作	10 分		
		语言表达	10 分		
		实训纪律	10 分		
	过程考评	工具使用	10 分		
		任务实施	30 分		
		完成情况	20 分		
		工位整理	10 分		
	合　计				

项目小结

本项目从驱动防滑系统的作用和组成谈起,深入认识了防抱死制动/驱动防滑系统的工作原理和维修方法。掌握制动压力调节器的工作原理和防抱死制动系统的工作过程对本项目知识的理解非常重要。

在驱动防滑系统的故障诊断及维修中,按照维修站实际流程,针对客户车辆故障分析、电控系统自诊断、系统泄压和排气、典型故障的诊断与排除等步骤进行了技能训练,从而能够达到对驱动防滑系统进行故障诊断和维修的能力要求。

思考题

1. 说明驱动防滑系统的工作原理和组成部件。
2. 列举 ABS/ASR 维修时,可能存在的影响健康和安全的因素。
3. 操作:对防抱死制动系统进行故障诊断和维修,列出操作流程。

知识拓展

自动驻车系统

一、概述

自动驻车系统(Auto Hold)是一种汽车运行中可以实现自动驻车制动的技术应用。这项技术使驾驶者在车辆停下时不需要长时间制动,以及在起动自动驻车系统的情况下,能够避免车辆不必要的滑行。图 5-10 为自动驻车系统按钮。

图 5-10　自动驻车系统按钮

自动驻车系统的作用是使车辆不会溜车,特别适用于上下坡以及频繁起步停车的情况。自动驻车系统与电子驻车制动(Electrical Park Brake,EPB)能够共同构成一套智能制动控制系统,从而将行车过程中的临时性制动和停车后的长时性制动功能整合在一起,并且由电子控制方式实现停车制动。

电子驻车制动是由电子控制方式实现停车制动的技术。其工作原理与机械式驻车制动相同,均是通过制动盘与制动片产生的摩擦力来达到控制停车制动,只不过控制方式从之前的机械式驻车制动手柄变成了电子按钮。在功能上将制动控制系统从基本的驻车功能延伸到自动驻车功能。

二、工作原理

自动驻车系统功能的实现，并不是简单使用电子驻车制动来完成的。汽车在上下坡或者交通信号灯前停车时，会使用驻车制动来驻车，此时如果单纯使用电子驻车制动，响应速度会比较慢。因此自动驻车系统的功能实现是另外一种原理。

自动驻车系统的工作原理：如图 5-11 所示，制动管理系统通过电子驻车制动的扩展功能来实现对四轮制动的控制。或者说，自动驻车系统是电子驻车制动的一种扩展功能，由 ESP 部件控制。图 5-12 是自动驻车系统的一些主要部件。

图 5-11　自动驻车系统工作原理示意图

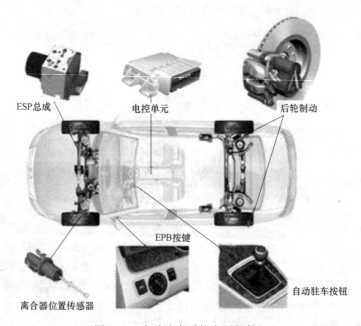

图 5-12　自动驻车系统主要部件

当车辆临时停驻，并且在很短一段时间之后就需要重新起动时，驻车就交由 ESP 控制的制动来完成，ECU 会通过一系列传感器来测量车身的水平度和车轮的转矩，对车辆溜车趋势做一个判定，并对车轮实施一个适当的制动力度，使车辆静止。这个制动力刚好可以阻止车辆移动，且不会太大，以便再次踩加速踏板前行时，不会有太严重的前窜动作。而在临时驻车超过一定时限后，制动系统会转为后轮机械驻车（打开电子驻车制动），以代替之前的四轮液压制动。当车辆将要前行时，电控系统会检测加速踏板的踩踏力度，以及手动档车型的离合器踏板的行程，以判定制动是否解除。

三、系统功能与技术优势

目前很多中高档轿车都有自动驻车功能，只是各厂家的名称不同，作用都是一样的。这个系统的功能主要体现在以下三方面：

1）行驶过程中遇红灯等需要短停的情况。系统在车辆停稳后自动将车轮制动，以防止溜车，这样就不用驾驶人拉紧驻车制动手柄了。绿灯时直接加速起步，系统会自动放松车轮。

2）上坡起步。作用和上一点差不多，上坡起步时系统会自动制动防止倒滑，等起步的前牵引力达到可以上坡的程度，系统会自动放松车轮直接前行。

3）停车落锁不用拉紧驻车制动手柄。系统在这种情况下会自动制动车轮，不过该种功能在某些车型上没有，停车还需人工驻车制动。

传统的驻车制动在斜坡起步时需要依靠驾驶人通过手动放松驻车制动手柄或者熟练的运用加速踏板、离合器踏板配合来顺畅起步。而自动驻车系统能够通过坡度传感器由 ECU 给出准确的驻车力，在起动时，驻车 ECU 通过离合器位置传感器、离合器整合速度传感器、加速踏板位置传感器等提供的信息进行计算，当驱动力大于行驶阻力时自动放松驻车制动，从而使汽车能够平稳起步。就算平时在市区行驶时的走走停停，只要启用自动驻车系统，便会起动相应的自动驻车功能。聪明的自动驻车系统可使车辆在等待红灯或上下坡停车时自动起动四轮制动，即使在 D 位或是 N 位，也无须一直踩制动踏板或拉紧驻车制动手柄，车辆始终处于静止状态。当需要解除静止状态时，只需轻点加速踏板即可解除制动。这一配置对于那些经常在城市里走走停停的车主来说比较实用，同时也减少了由于一时疏忽造成的一些不必要的事故。

项目六　电子稳定程序认识与检修

任务 6-1　电子稳定程序认识

任务要求

1. 掌握电子稳定程序的功用、组成与工作原理。
2. 能够正确认识和使用电子稳定程序。

任务描述

电子稳定程序（Electronic Stability Programme，ESP）是基于车辆 ABS 的一项主动安全技术，也称为动态驾驶控制系统。简单地说它是一个防滑系统。ESP 能够识别车辆的不稳定状态，并通过对制动系统、发动机管理系统和变速器管理系统实施控制，有针对性地弥补车辆滑动，以防车辆滑出跑道。

相关知识

一、ESP 概述

ESP 属于车辆的主动安全系统。德国博世公司将直接横摆力偶矩控制与 ABS 及 ASR 结合起来，开发了基于制动力横向分配的电子稳定程序（ESP），形成了同时控制车轮滑移率和整车横摆运动的综合系统。该技术通过合理分配纵向和侧向轮胎力，精确控制极限附着情况下的汽车动力学行为，使汽车在物理极限内最大限度按照驾驶人的意愿行驶。ESP 是 ABS 和 ASR 两种系统功能的扩展，它们之间的差别在于 ABS 或 ASR 只能被动地做出反应，而 ESP 则能够探测和分析车况并纠正驾驶的错误，防患于未然。

ESP 是车辆新型的主动安全系统，是在 ABS 和 ASR 的基础上，增加了横摆率传感器、测向加速度传感器和转向盘转角传感器，通过电控单元（ECU）控制前后左右车轮的驱动力和制动力，确保车辆行驶的侧向稳定性。

在汽车行驶过程中，ESP 通过不同传感器实时监控驾驶人转弯方向、车速、节气门开度、制动力以及车身倾斜度和侧倾速度，并以此判断汽车正常安全行驶与驾驶人操纵汽车意图的差距，然后通过调整发动机的转速和车轮上的制动力分布，修正过度转向或不足转向（图 6-1）；当制动发生时，ESP 监控制动力的大小和各车轮制动力的分配情况。

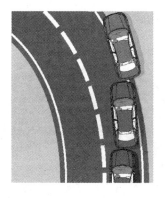 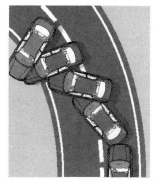

图 6-1　不足转向与过度转向

二、ESP 的功能与组成

1. ESP 的功能

ESP 能保证转向状态下车辆的稳定性（横向），避免车辆产生侧滑。ESP 能以 25 次/s 的频率对驾驶人的行驶意图和实际行驶情况进行检测，在转向状态下，能自动根据车辆的状态，有针对性地单独制动各个车轮，或控制发动机、自动变速器的状态使车辆保持稳定行驶，即装备 ESP 的车型，将同时具有 ASR、EDL（Electronic Differential，电子差速器）、ABS 功能。

（1）直线行驶车轮滑移的控制　当汽车在湿滑路面上直线起步或躲避障碍物行驶时（图 6-2），ESP ECU 一旦通过轮速传感器检测到某个或全部车轮滑移率大于某设定值，便立即通过 ASR 向发动机 ECU 发出减小喷油量的指令，降低发动机的动力输出，使驱动轮不再打滑。

图 6-2　直线躲避障碍物行驶

（2）前轮侧滑的纠偏　当汽车高速转弯产生前轮侧滑时（图 6-3），ESP ECU 首先通过 ASR 向发动机 ECU 发出减小喷油量的指令，降低发动机的动力输出，并采用反向平衡的原理，同时向 ABS ECU 发出先制动内侧后轮的纠偏指令，使车身得到向内转的运动，然后对 4 个车轮进行制动，使车速降到某一水

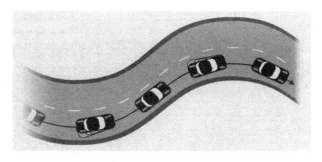

图 6-3　高速转弯前轮纠偏

平，抑制汽车的侧滑，汽车便按照驾驶人的意图，回复到正确的轨道上来。

（3）后轮甩尾的纠偏　当汽车转弯产生后轮甩尾时（图 6-4），ESP ECU 同样采用反向平衡原理，首先通过 ASR 向发动机 ECU 发出减小喷油量的指令，降低发动机的动力输出，并同时向 ABS ECU 发出先制动外侧前轮的纠偏指令,使车身得到向外转的运动,然后对 4 个车轮进行制动,使车速降到某一水平,抑制汽车的甩尾,汽车便按照驾驶人的意图,回复到正确的轨道上来。

2. ESP 的组成

如图 6-5 所示,ESP 主要由 ECU、转向盘转角传感器、轮速传感器、横摆率传感器、侧向加速度传感器及液压系统等组成。图 6-6 所示为其部件所对应的系统。

(1) ECU 一般安装在汽车的右侧放脚空间的前部,是 ESP 的核心,监控所有电器部件,并周期性地检查系统的每个电磁阀工作情况。同时为保障系统的可靠性,在系统中有两个处理器,两个处理器用同样的软件处理信号数据,并相互监控比较。ECU 出现故障,驾驶人仍可做一般的制动操作,但 ABS/ EBS/ ASR /ESP 功能失效。

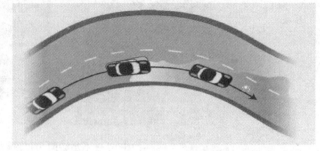

图 6-4 后轮甩尾纠偏

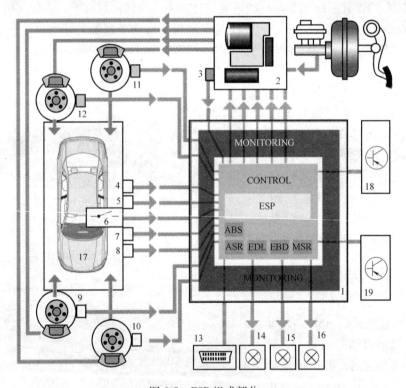

图 6-5 ESP 组成部分

1—电控单元(ECU) 2—液压控制单元 3—制动压力传感器 4—侧向加速度传感器
5—横摆率传感器 6—ASR/ESP 按钮 7—转向盘转角传感器 8—制动灯开关
9~12—轮速传感器 13—自诊断接口 14—制动系统警报灯 15—ABS 警告灯
16—ASR/ESP 警告灯 17—车辆和驾驶状态 18—发动机管理 19—变速器管理

(2) 转向盘转角传感器 转向盘转角传感器 G85 一般安装于汽车转向柱上,位于转向灯开关和转向盘之间,与安全气囊时钟弹簧集成为一体。其作用是向带有 EDL/ASR/ESP 的

ABS 控制单元传送转向盘转角信号，测量的角度为 ±720°，对应转向盘转 4 圈。无该传感器信号车辆无法确定行驶方向，ESP 失效。

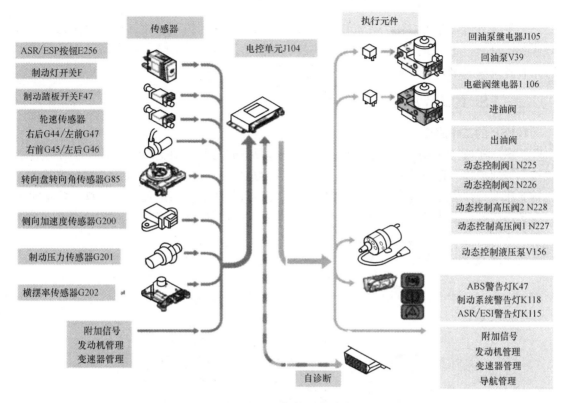

图 6-6　ESP 部件对应系统

（3）组合传感器　组合传感器包括侧向加速度传感器 G200（一般多安装在驾驶人座椅下的放脚空间）和横摆率传感器 G202（一般安装在转向柱下方偏右侧）；两者也可集中在一个舱盒内，位于副仪表板手套箱下方，此处为整车的重心位置。

1）侧向加速度传感器。该传感器用于确定车辆是否受到使其发生滑移作用的侧向力，以及侧向力的大小。无该信号 ECU 无法计算出车辆的实际行驶状态，ESP 功能失效。

2）横摆率传感器。该传感器用于确定车辆是否沿垂直轴线发生转动，并提供转动速率。没有横摆率测量值，ECU 无法确定车辆是否发生转向，ESP 功能失效。

（4）制动压力传感器　安装于行驶动力调节液压泵中，其功能是向 ECU 传送制动系统的实际压力信号，ECU 计算出作用在车轮上的制动力和整车的纵向力大小（即控制预压力）。如果 ESP 正在对不稳定状态进行调整，ECU 将这一数值包含在侧向力计算范围之内。如没有制动系统压力信号，系统无法计算出正确的侧向力，ESP 失效。

（5）ASR/ESP 按钮开关　按下该按钮，ESP 功能关闭。再次按该按钮，ESP 功能重新激活。重新起动发动机该系统也可自动激活。但是在下列情况下，应该关闭 ESP 功能。

1）在积雪路面或松软路面上，让车轮自由转动，前后移动的车辆。

2）安装带防滑链的车辆。

3）车辆在功率测试状态下行驶时。

如果 ASR/ESP 按钮出现故障后 ESP 无法关闭，组合仪表上的 ESP 警告灯有警报显示。

（6）动力调节液压泵　其功能是在制动踏板力较小或根本没有压力时，弥补回油泵的不足，为加油泵吸入端提供所需的初压力。

（7）液压控制单元　制动轮缸由液压控制单元的电磁阀控制，通过控制制动轮缸的入口阀和出口阀，建立了三个工作状态：建压、保压、卸压。当电磁阀功能出现不可靠故障时，整体系统关闭。

三、ESP 的工作原理与工作过程

1. ESP 的工作原理

ABS/ASR 就是要防止在车辆加速或制动时出现驾驶人所不期望的纵向滑移，而 ESP 是要控制横向滑移，它是各种工况下的一个主动安全系统，处理各种异常情况，减轻驾驶人的精神紧张及身体疲劳。只要 ESP 识别出驾驶人的输入与车辆的实际运动不一致，就立即通过有选择的制动发动机干预来稳定车辆。ESP 首先通过转向盘转角传感器及各轮速传感器识别驾驶人的转弯方向（驾驶人意愿），通过横摆率传感器，识别车辆绕垂直于地面轴线方向的旋转角度及侧向加速度传感器识别车辆实际运动方向。ESP 的控制框如图 6-7 所示。

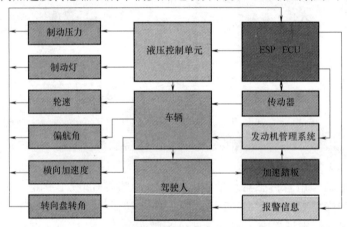

图 6-7　ESP 的控制框图

2. ESP 的工作过程

（1）两个问题的应答　ESP 在对危急驾驶情况做出反应前，必须获得两个问题的应答（图 6-8）。

如图 6-5 所示，汽车行驶时，4 个轮速传感器（9~12）不断向电控单元（ECU）1 提供车轮的转速数据。同时，转向盘转角传感器 7 又把所得的数据通过 CAN 总线传给 ECU，由此，ECU 根据这两种传感器的信息计算出汽车的所需转向和所需行驶状态。与此同时，侧向加速度传感器 4 也在向 ECU 传送侧向的偏转信息；横摆率传感器 5 则传送着汽车的离心趋势，因此，ECU 根据这两种传感器的信息同时又算出汽车的实际行驶状态。之后，ECU 将刚才算出的所需值与实际状态进行比较，检测是否有偏差，如有偏差（即汽车有发生翻转或者偏离驾驶人需求的行驶路线的趋势），ESP 进行调节。调节过程中，ESP 会决定哪个车轮应制动或加速以及发动机转矩是否应减小，在装有自动变速器的汽车上，还决定是否需要使用自动变速器 ECU。当 ESP 调节完成后，ECU 根据各传感器的检测数据，检查调节作

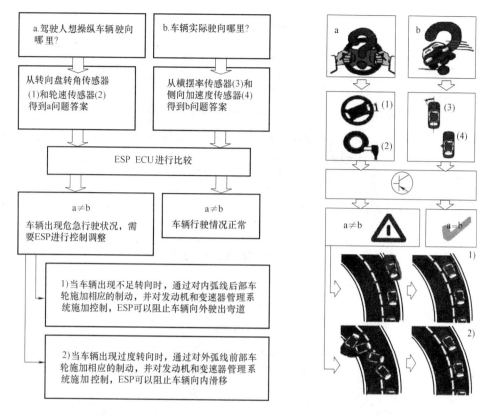

图 6-8 ESP 动作程序

用是否有成效。如果有成效,则 ESP 停止工作,并继续观察汽车的运行状态;如果没有成效,则 ESP 重新工作。ESP 工作时,ESP 指示灯亮,提示驾驶人注意。

(2)工作过程 图 6-9 所示为 ESP 起作用前的工作过程。

1)常规制动过程。常规制动时,所有电磁阀均断电,制动主缸与制动轮缸直接相通。

2)ABS 工作过程。在 ABS 工作过程中,隔离电磁阀、起动电磁阀仍保持断电,ESP ECU 根据轮速信号控制各轮进口阀、出口阀关闭或打开并适时起动。油泵电动机,调节相应车轮制动轮缸的油压,控制车轮滑移率。

3)EBD 的工作过程。在 EBD 工作过程中,隔离电磁阀、起动电磁阀、前轮进口阀、前轮出口阀断电。在制动力增长阶段车轮没有出现抱死趋势之前,ESP ECU 根据前后轮速信号控制后轮进口阀、出口阀关闭或打开并适时起动。油泵电动机,调节后轮制动轮缸油压,使前后轮制动力分配保持在理想状态。

4)ASR/ESP 工作过程。隔离电磁阀通电关闭、起动电磁阀通电打开,非滑转驱动轮的进口阀通电关闭、出口阀断电关闭,滑转驱动轮的进口阀断电打开、出口阀断电关闭,电动机带动回油泵运转,将制动液从制动主缸经起动电磁阀、进口阀压入滑转驱动轮的制动轮缸,实施制动干预。在制动过程中,ESP 根据滑转情况通过进口阀和出口阀调节制动压力。

5)ESP 工作过程。

①油路控制部件组成。如图 6-10 所示,ESP 油路控制部件主要由一些阀与泵及助力器等组成。

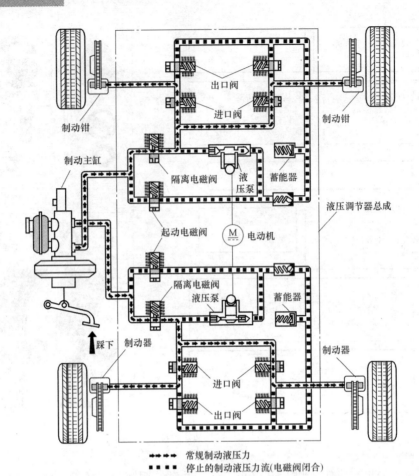

图 6-9　ESP 起作用前的工作过程

②当 ESP 检测到汽车出现不足转向时,可以对一个或两个内侧车轮施加制动,以保证汽车按照驾驶人理想的转向角度行驶,如图 6-11 中 1 所示。

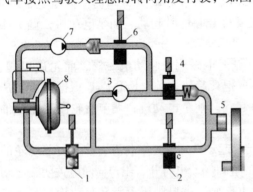

图 6-10　ESP 油路控制部件组成
1—分配阀 N225　2—进液阀　3—回油泵　4—出液阀
5—制动轮缸　6—高压阀 N227　7—行使动力
调节液压泵　8—制动助力器

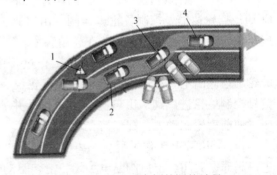

图 6-11　ESP 对车辆的调整过程
1—紧急制动,猛打转向盘,车辆有不足转向的倾向
2—增加右后轮制动压力车辆按照转向意图行驶
3—恢复正常的行驶路线,车辆有过度转向的倾向,在左前轮上施加制动力
4—车辆保持稳定

此时，隔离电磁阀通电关闭、起动电磁阀通电打开，内侧车轮的一个（或两个）进口阀断电打开、出口阀断电关闭，外侧车轮的进口阀通电关闭、出口阀断电关闭，电动机带动回油泵运转，将制动液从制动主缸经起动电磁阀、进口电磁阀压入一个（或两个）内侧车轮的制动轮缸，实施制动干预。在制动过程中，ESP 根据汽车的横摆情况通过进口阀和出口阀调节制动压力（图 6-12）。

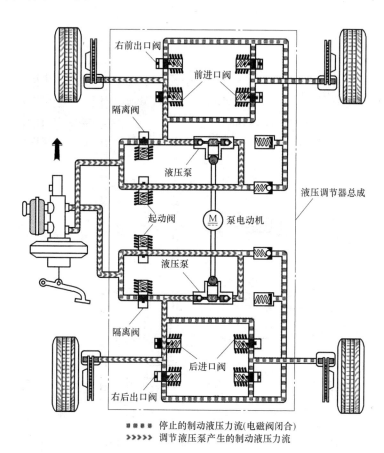

图 6-12　ESP 对转向不足的调节

③当 ESP 检测到汽车出现转向过度时，可对一个或两个外侧车轮施加制动，以保证汽车按照驾驶人理想的转向角度行驶，如图 6-11 中 3 所示。

此时，隔离电磁阀通电关闭、起动电磁阀通电打开，外侧车轮的一个（或两个）进口阀断电打开、出口阀断电关闭，内侧车轮的进口阀通电关闭、出口阀断电关闭，电动机带动回油泵运转，将制动液从制动主缸经起动电磁阀、进口电磁阀压入一个（或两个）外侧车轮的制动轮缸，实施制动干预。在制动过程中，ESP 根据汽车的横摆情况通过进口阀和出口阀调节制动压力（图 6-13）。

（3）ESP 电路控制图　如图 6-14 所示。

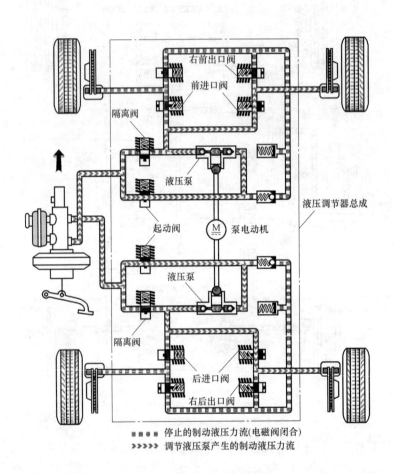

图6-13　ESP对转向过度的调节

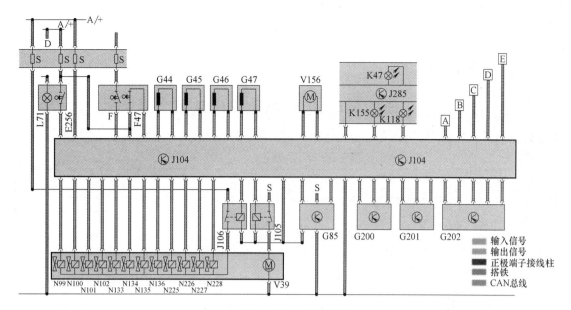

图 6-14 ESP 电路控制图

A/+—正极连接　D—点火开关　E256—ASR/ESP 按钮　F—制动灯开关　F47—制动踏板开关
G44—右后轮速传感器　G45—右前轮速传感器　G46—左后轮速传感器　G47—左前轮速传感器
G85—转向盘转角传感器　G200—侧向加速度传感器　G201—制动压力传感器　G202—横摆率传感器
J104—带有 EDS/ASR/ESP 的 ABS ECU　J105—回油泵继电器　J106—电磁阀继电器
J285—组合仪表显示 ECU　K47—ABS 警告灯　K118—制动系统警告灯　K155—ASR/ESP 警告灯
N99—右前 ABS 入口阀　N100—右前 ABS 出口阀　N101—左前 ABS 入口阀　N102—左前 ABS 出口阀
N133—右后 ABS 入口阀　N134—左后 ABS 入口阀　N135—右后 ABS 出口阀　N136—左后 ABS 出口阀
N225—动态调节控制阀 1　N226—动态调节控制阀 2　N227—动态调节高压阀 1
N228—动态调节高压阀 2　S—熔断器　V39—ABS 回油泵　V156—动态调节液压泵
L71—ASR/ESP 按钮照明灯泡　A—连接驻车制动警告灯　B—导航系统
C—发动机转矩控制　D—变速器控制（自动变速器）　E—自诊断

任务实施

一、根据试验车辆分析轿车 ESP 的构成。
二、在车上或试验台架上找出与 ESP 相关的传感器的位置。

任 务 工 单

任务 6-1　电子稳定程序认识

班　级		姓　名		学　号	
地　点				等　级	
任务目的					

任务过程

1. 下图为奥迪 A4 轿车 ESP 的构成图，请分别写出图中所示部件的名称及作用。

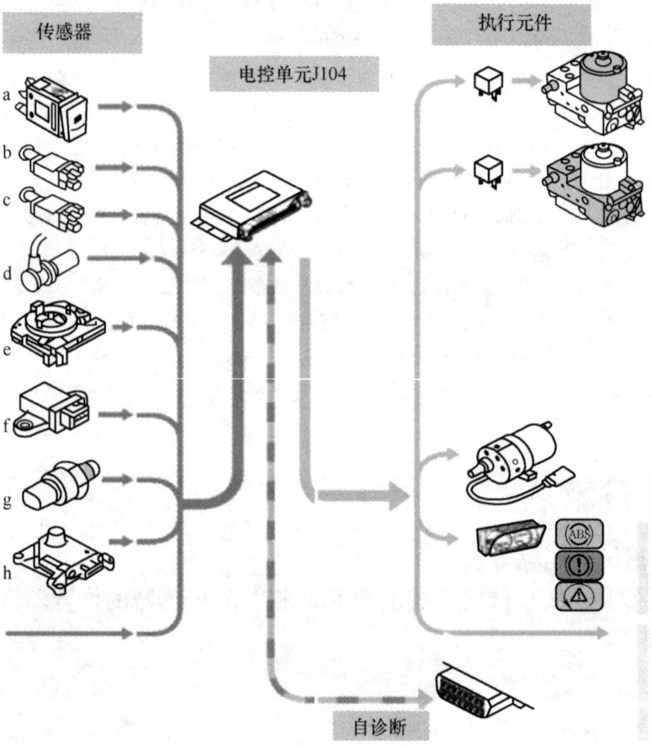

a. 名称：
　作用：
b. 名称：
　作用：
c. 名称：
　作用：

<table>
<tr><td rowspan="2">任务过程</td><td colspan="2">
d. 名称：
   作用：
e. 名称：
   作用：
f. 名称：
   作用：
g. 名称：
   作用：
h. 名称：
   作用：
2. 下图为ESP的传感器位置图，请在车上找出传感器，说出名称和安装位置。

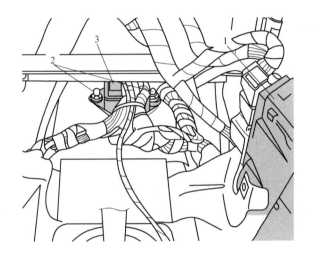
</td></tr>
</table>

考核评价	考评项目		分 值	教师考核	备 注
	素质考评	团队协作	10分		
		语言表达	10分		
		实训纪律	10分		
	过程考评	工具使用	10分		
		任务实施	30分		
		完成情况	20分		
		工位整理	10分		
	合 计				

任务6-2 典型ESP检修

任务要求

1. 掌握ESP自诊断系统的使用。
2. 能够使用自诊断系统对ESP进行调整和检查。

任务描述

一辆宝来轿车在行驶中ESP警告灯突然亮起，提示"请检修ESP"，熄火后再起动，又恢复正常，一直到目的地也没有再出现问题，ESP的开关也能正常工作，试分析其原因。

相关知识

一、ESP电控系统

ESP电控系统由传感器、电控单元和执行元件三部分组成。

1. 传感器

ESP的传感器主要包括转向盘转角传感器G85、侧向加速度传感器G200、横摆率传感器G202和制动压力传感器G201。

（1）转向盘转角传感器G85

1）安装位置：转向柱上，转向开关与转向盘之间，与安全气囊时钟弹簧集成为一体。

2）作用：向带有EDL/TCS/ESP的ABS ECU传递转向盘转角信号。

3）测量范围：±720°，4圈；测量精度：1.5°；分辨速度：1°~2000°/s。

4）失效影响：系统将不能识别车辆的预期行驶方向（驾驶人意愿），导致ESP不起作用。

5）自诊断：更换ECU或传感器后，需重新标定零点。

6）电路连接：G85是ESP中唯一个直接由CAN-BUS向ECU传递信号的传感器。打开点火开关后，转向盘转动4.5°（相当于1.5cm），传感器进行初始化。

拆装注意事项：安装时，要保证G85在正中位置，观察孔内黄色标记可见。

（2）侧向加速度传感器G200

1）安装位置：转向柱下方偏右侧，与横摆率传感器集成为一体。

2）作用：确定侧向力。

3）失效影响：没有G200信号，无法识别车辆状态，ESP失效。

4）测量精度：1.2V/g，g为加速度；测量范围：±1.7g（加速度）；信号：0~2.5V。

（3）横摆率传感器G202

1）安装位置：转向柱下方偏右侧，与侧向加速度传感器一体。

2）作用：感知作用在车辆上的转矩，识别车辆围绕垂直于地面轴线方向的旋转运动。

3）失效影响：没有此信号，ECU不能识别车辆是否发生转向，ESP功能失效。

（4）制动压力传感器G201

1) 安装位置：位于制动主缸上，为了最大限度地保证安全，有些系统采用 2 个传感器（双重保障，实际 1 个就够用，本任务中的宝来轿车采用 1 个）。

2) 功能：计算制动力，控制预压力。

3) 失效影响：ESP 功能不起作用。

4) 最大测量值：170bar（$1bar=10^5Pa$）；最大能量消耗：10mA，5V。

（5）TCS/ESP 开关 E256

1) 安装位置：位于仪表板上。

2) 作用：按此开关可关闭 ESP/TCS 功能，并由仪表板上的警告灯指示出来，再次按压此开关可重新激活 ESP/TCS 功能。如果驾驶人忘记重新激活 ESP/TCS，再次起动发动机后系统可被重新激活。

遇到下列情况时，有必要关闭 ESP。

①在积雪路面或松软路面上，让车轮自由转动，前后移动车辆。

②安装了防滑链的车辆。

③在测功机上检测车辆。

ESP 正在介入时，系统将无法被关闭；E256 失效，ESP 将不起作用。

2. 电控单元

图 6-15 所示为电控单元，其功能包括：

1) 控制 ESP、ABS、EDL、TCS、EBD。

2) 连续监控所有电气部件。

3) 支持自诊断。

打开点火开关后，控制单元将做自测试。所有的电气连接都将被连续监控，并周期性检查电磁阀功能。

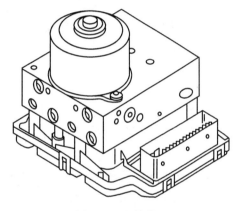

图 6-15　电控单元

二、ESP 自诊断

在宝来轿车 ESP 中，有以下自诊断功能可用：

00（查询控制单元版本）；01（读故障码）；02（清除故障码）；03（控制单元编码）；04（通道调整匹配）；05（读测量数据流）；06（测试执行元件）；08（系统登录）；11（系统基本调整）。

特别说明：更换了转向盘转角传感器 G85 及电控单元 J104 后，须重新进行标定工作，即传感器学习转向盘正前方位置。若 G85 底部检查孔内的黄点清晰可见，则表明传感器在零点位置。更换了制动压力传感器 G201、侧向加速度传感器 G200，也需要做调整工作。偏航传感器自动校准。自诊断及调整项目见表 6-1。

下列为 04 功能"基本设定"中的通道号：

60——转向盘转角传感器 G85 零点平衡；

63——侧向加速度传感器 G200 零点平衡；

66——制动压力传感器 G201 零点平衡；

69——纵向加速度传感器零点平衡（四轮驱动）。

表 6-1　自诊断项目及调整项目

项　目	转向盘转角传感器 G85 初始化标定	ESP 路试和系统测试	电控单元编码
转向盘转角传感器 G85 断电	●		
转向盘转角传感器 G85 拆卸或更换	●	●	●
侧向加速度传感器 G200 拆卸或更换		●	
横摆率传感器 G202 拆卸或更换		●	
制动压力传感器 G201 拆卸或更换		●	
电控单元 J104 更换	●	●	●

1. G85 零点平衡

1）连接故障诊断仪 V. A. G1551 或 V. A. S5051，进入 03 地址。

2）登录进入防抱死制动系统，选择功能按确认键（做多项调整时，只需登录 1 次）。

3）起动车辆，在平坦路面试车，以不超过 20km/h 的速度行驶。

4）如果转向盘是正中位置（若不在正中位置，须调整），停车即可，不要再调整转向盘，不要关闭点火开关。

5）检查 08 功能下 004 通道第一显示区 0°（见维修手册）。

6）输入组号 60 按确认键，ABS 警告灯闪亮。

7）06 退出，ABS 和 ESP 警告灯亮约 2s。

8）结束。

2. 侧向加速度传感器 G200 零点平衡

1）将车辆停在水平路面上。

2）连接 V. A. G1551 或 V. A. S5051，进入 03 地址。

3）进入防抱死制动系统，选择 11 功能按确认键。

4）检查 08 功能下 004 通道第二显示区（见维修手册）。

5）输入组号 60 按确认键，ABS 警告灯闪亮。

6）06 退出，ABS 和 ESP 警告灯亮约 2s。

7）结束。

若显示该功能不能执行，说明登录有误。

若显示基本设定关闭，说明超出零点平衡允许公差。读取 08 数据块（004 通道第二显示区静止时为 ±1.5；转向盘转至止点，以 20km/h 的速度左右转弯，测量值应均匀上升）及故障记忆，然后重新进行。

3. 制动压力传感器 G201 零点平衡

1）不要踩制动踏板。

2）连接 V. A. G1551 或 V. A. S5051，进入 03 地址。

3）进入 08 阅读测量数据块 005 通道，检查第一显示区 ±7bar（7×10^5Pa）（见维修手册）。

4）进入防抱死制动系统，选择 11 功能按确认键。

5）输入组号 60 按确认键，ABS 警告灯闪亮。

6）06 退出，ABS 和 ESP 警告灯亮约 2s。

7）结束。

若显示该功能不能执行，说明登录有误。

若显示基本设定关闭，说明超出零点平衡允许公差。读取 08 数据块（005 通道）及故障记忆，然后重新进行设定。

4. ESP 启动检测

ESP 启动检测用于检查传感器（G200、G202、G201）信号的可靠性，拆卸或更换 ESP 部件后，必须进行 ESP 启动检测。具体方法如下：

1）连接 V. A. G1551 或 V. A. S5051，打开点火开关，进入 03 地址。

2）进入 04 "基本设定"，选择 093 通道，按 "Q" 键。

3）显示屏显示 "ON"，ABS 警告灯亮。

4）拔下自诊断插头，起动发动机。

5）用力踩下制动踏板（制动力应大于 35×10^5 Pa），直到 ESP 警告灯闪亮。

6）以 15～30km/h 的速度试车，时间不超过 50s，行车时应保证 ABS、EDS、ASR、ESP 不起作用。

7）转弯并保证转向盘转角大于 90°。

8）ABS 警告灯和 ESP 警告灯熄灭，则 ESP 启动检测顺利完成。

若 ABS 灯不灭，说明 ESP 启动检测未顺利完成，应重复上述操作；若 ABS 灯不灭且 ESP 灯亮起，说明系统存在故障，查询故障存储器，并予以排除后，再重新进行 ESP 启动检测。

任务实施

对宝来轿车的 ESP 进行诊断。

仪器设备：带 ESP 的宝来轿车一辆，故障诊断仪 V. A. G1551 或 V. A. S5051，进行如下诊断：

1. G85 零点平衡。

2. 侧向加速度传感器 G200 零点平衡。

3. 制动压力传感器 G201 零点平衡。

4. ESP 起动检测。

任 务 工 单

任务 6-2 典型 ESP 检修

班 级		姓 名		学 号	
地 点				等 级	

任务目的	
任务过程	1. 下列指示灯（宝来轿车）分别代表什么含义？试查阅资料分析当 ESP 出现故障时会出现什么情况。 2. ESP 检测诊断需要注意哪些事项？

任务过程	3. 简述宝来轿车 ESP 主要传感器的类型及作用。				
考核评价	考评项目		分 值	教师考核	备 注
	素质考评	团队协作	10 分		
		语言表达	10 分		
		实训纪律	10 分		
	过程考评	工具使用	10 分		
		任务实施	30 分		
		完成情况	20 分		
		工位整理	10 分		
	合 计				

项目小结

本项目从 ESP 的作用和组成谈起,深入认识了 ABS/ASR 的工作原理和维修方法。其中掌握 ESP 类型和系统自诊断的工作过程对本项目知识的理解非常重要。

在 ESP 的故障诊断和维修中,按照维修站实际流程,针对客户故障分析、电控系统自诊断、系统泄压和排气、典型故障的诊断与排除等步骤进行了技能训练,从而能够达到 ESP 故障诊断和维修的能力要求。

思考题

1. 分析 ESP 的组成与工作原理。
2. 试述 ESP 控制过程。

知识拓展

胎压监测系统

一、概述

胎压监测系统(Tire Pressure Monitoring System,TPMS)可以通过记录轮胎转速或安装在轮胎中的电子传感器,对轮胎的各种状况进行实时自动监测,能够为行驶提供有效的安全保障,如图 6-16 所示。

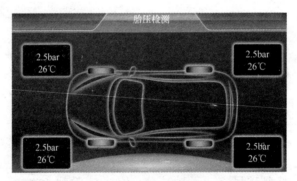

图 6-16 胎压监测系统

二、系统类别

胎压监测系统可分为两种,一种是间接式胎压监测系统,通过轮胎的转速差来判断轮胎是否异常;另一种是直接式胎压监测系统,通过在轮胎里面加装 4 个胎压监测传感器,在汽车静止或者行驶过程中对轮胎气压和温度进行实时自动监测,并对轮胎高压、低压、高温进行及时报警,避免因轮胎故障引发的交通事故,确保行车安全。

1. 间接式胎压监测系统

间接式胎压监测系统又称为 WSBTPMS,WSBTPMS 需要通过汽车 ABS 的轮速传感器来比较轮胎之间的转速差别,以达到监测胎压的目的。ABS 通过轮速传感器确定车轮是否抱死,从而决定是否启动防抱死系统。当轮胎压力降低时,车辆的重量会使轮胎直径变小,车速就会产生变化。车速变化就会触发 WSB TPMS 的报警系统，从而提醒驾驶人注意轮胎胎压不足。因此间接式胎压监测系统属于被动型胎压监测系统。

2. 直接式胎压监测系统

直接式胎压监测系统又称为 PSBTPMS，PSBTPMS 是利用安装在轮胎上的压力传感器来测量轮胎的气压和温度，利用无线发射器将压力信息从轮胎内部发送到中央接收器模块上的系统，然后对轮胎气压数据进行显示。当轮胎出现高压、低压、高温时，系统就会报警提示驾驶人。驾驶人可以根据车型、用车习惯、地理位置自行设定胎压报警值范围和温度报警值。因此直接式胎压监测系统属于主动型胎压监测系统。

3. 胎压监测系统对比

直接式胎压监测系统可以提供更高级的功能，随时测定每个轮胎内部的实际瞬压，很容易确定故障轮胎。间接式胎压监测系统造价相对较低，已经装备了 4 轮 ABS（每个轮胎装备 1 个轮速传感器）的汽车只需对软件进行升级。但是，间接式没有直接式准确率高，它根本不能确定故障轮胎，而且系统校准极其复杂，在某些情况下系统无法正常工作，如同一车轴的 2 个轮胎气压都低时。

还有一种复合式胎压监测系统，它兼有上述两个系统的优点，它在两个互相成对角的轮胎内装备直接传感器，并装备一个 4 轮间接系统。与全部使用直接式系统相比，这种复合式系统可以降低成本，克服间接式系统不能检测出多个轮胎同时出现气压过低的缺点。但是，它仍然不能像直接式系统那样提供所有轮胎实际压力的实时数据。

三、系统作用

胎压监测系统不仅能在轮胎出现高压、低压、高温时报警提醒驾驶人注意行车安全，而且有利于节油。

胎压监测系统相关统计数据显示：汽车在胎压不足情况下行驶将多消耗 3.3% 的燃油。很多驾驶人可能不知道轮胎有缓慢自然漏气的现象，有时轮胎气压不足也没有察觉。

通过胎压监测系统时刻了解轮胎状况，预防爆胎，节油环保。目前很多中高级车型上都采用了此技术。

四、发展前景

胎压监测系统已经成为中国汽车电子产业的研发热点，现今已有超过 7 亿个轮胎安装了胎压监测传感器。美国及欧洲相继颁布了关于胎压监测系统在车辆上的使用要求等。中国是汽车消费大国，相信在不久的将来也会制定相关法规。胎压监测系统的需求使一个新兴产业正在崛起。

而像在宝马、英菲尼迪、沃尔沃、雪佛兰、日产、奥迪、凯迪拉克、大众等公司的轿车上均采用的胎压监测系统，是在 4 个车轮上安装胎压传感器，直接检测轮胎压力，而且还能检测轮胎的温度，这种方式敏感度更高。

现在的胎压监测系统还存在着不少需要完善改进的地方。对于间接式系统来说，同轴或 2 个以上轮胎缺气的情况无法显示；车速 100 km/h 以上时监测失效。而对于直接式系统，无线信号传输的稳定性和可靠性、传感器的使用寿命、报警提示的准确性（有无误报、错报）以及传感器的耐压性等都是亟待提高的。

项目七　电控动力转向系统检修

任务 7-1　电控液压动力转向系统检修

任务要求

1. 了解动力转向系统的功能和类型。
2. 掌握液压式电动动力转向系统的组成及其工作原理。

任务描述

汽车动力转向系统是在驾驶人的控制下，借助汽车发动机产生的液体压力或电动机驱动力来实现车轮转向的系统。电动助力转向系统（Electric Power Steering，EPS）是一种直接依靠电动机提供辅助转矩的动力转向系统，与传统的液压助力转向系统相比，EPS 具有很多优点。

相关知识

一、动力转向系统的功能和分类

动力转向系统是指在驾驶人的控制下，借助一定的动力助力方式，对转向器施加作用力以减少驾驶人转动转向盘的操纵力、减轻驾驶疲劳的转向系统。动力转向是以驾驶人对转向盘的操作为输入信号，以作用在转向器上的作用力为输出信号的一种伺服机构。采用动力转向系统的汽车转向所需的能量，在正常情况下，只有小部分是驾驶员提供的体能，而大部分是发动机驱动的液压泵所提供的液压能。

常见的动力转向系统按照助力工作介质不同，分为液压式、气压式、电动式三种类型；按照动力源不同，分为机械液压动力转向（图 7-1）、电控液压动力转向（图 7-2）和电动动力转向三种类型。机械液压动力转向系统已发展了近一个世纪，技术成熟、成本低廉，普及率也最高。但是机械液压动力转向系统的缺点是会消耗发动机功率，并且结构复杂，泵、管路、液压缸都需要定期维护，液压泵转子与液压油之间的

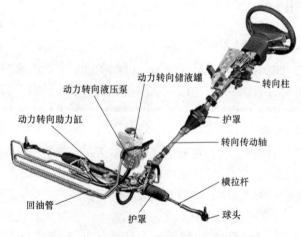

图 7-1　机械液压动力转向系统的组成

损耗会产生很大的能量损失,而液压泵在不转向时也会消耗能量。电控液压动力转向系统虽然比传统的液压式动力转向系统先进一些,引入了电控装置,可随速度调节助力力度,不过它的开发成本高,并且依旧靠发动机驱动,因此仍然会造成发动机功率的消耗。电动动力转向系统是在上述两种动力转向系统的基础上发展起来的,它采用独立电动机直接提供助力,助力的大小由电控单元根据车速快慢进行控制。它具有节能、环保(可相应降低排放)、高安全性等特点。电动动力转向系统有效地解决了车辆在操纵稳定性和转向盘转向手感方面的问题,具有兼顾低速转向轻便性和高速增强路感的优点。

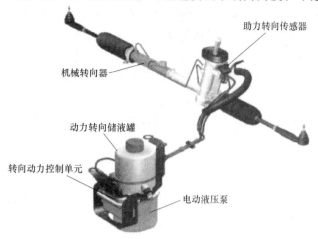

图 7-2 电控液压动力转向系统的组成

二、电控液压动力转向系统

电控液压动力转向系统是在普通动力转向系统中增设了控制液体流量的电控系统,包括电磁阀、车速传感器以及电控单元(ECU)等。ECU通过传感器的信号控制电磁阀的开、闭,使得动力转向系统的助力程度连续可调,从而满足车辆在高、低速时的不同转向力要求。目前电控液压动力转向系统在轿车上应用较多,如 Polo、Audi A6 等。

根据控制方式不同,电控液压动力转向系统分为流量控制式、反力控制式和阀灵敏度控制式三种形式。

1. 流量控制式电控液压动力转向系统

流量控制式电控液压动力转向系统的工作原理如图 7-3 所示,在动力转向油泵与转向控制阀之间设有旁通管路,在旁通管路中又设有旁通流量控制阀。系统工作时,ECU 根据车速传感器、转向角速度传感器和控制开关等信号,给旁通流量控制阀通入如图 7-4 所示的不同占空比的信号,以控制其开启程度,进而控制供油和回油管路之间的旁通油量,从而调整供给转向器内部的转向液的流量。当车辆高速行驶时,流过旁通流量控制阀电磁线圈的平均电流增大,阀的开

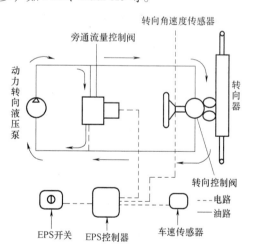

图 7-3 蓝鸟轿车流量控制式电控液压动力转向系统的工作原理

度增大,旁路液压油量增大,油泵供给转向器的油量减少,转向控制阀灵敏度下降(传力介质减少),转向助力作用降低,操纵转向盘的转向力增加;反之,阀开度减小,旁路液压油量减小,油泵供给转向器的油量增多,转向助力作用提高,操纵转向盘的转向力减小。

图 7-5 所示为流量控制式电控液压动力转向系统旁通流量控制阀的结构示意图。在阀体

内装有主滑阀2和稳压滑阀7,主滑阀的右端与电磁线圈柱塞3连接,主滑阀与电磁线圈的推力成正比移动,从而改变主滑阀左端流量主孔1的开口面积。调整调节螺钉4可以调节旁通流量的大小。稳压滑阀7的作用是保持流量主孔前后压差的稳定,以使旁通流量与流量主孔的开口面积成正比。当因转向负荷变化而使流量主孔前后压差偏离设定值时,稳压滑阀阀芯将在其左侧弹簧张力和右侧高压油压力的作用下发生滑移。如果压差大于设定值,则阀芯左移,使节流孔6开口面积减小,流入阀内的液压油量减少,前后压差减小;如果压差小于设定值,则阀芯右移,使节流孔开口面积增大,流入阀内的液压油量增多,前后压差增大。流量主孔前后压差的稳定,保证了旁通流量的大小只与主滑阀控制的流量主孔的开口面积有关。

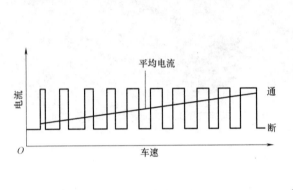

图7-4 电磁阀驱动信号

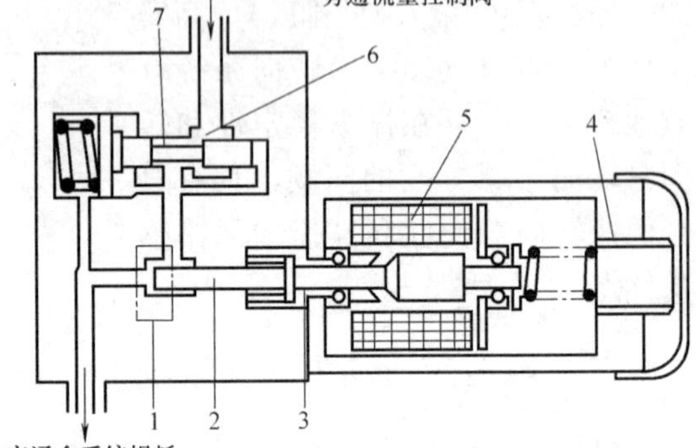

图7-5 旁通流量控制阀的结构示意图
1—流量主孔 2—主滑阀 3—电磁线圈柱塞 4—调节螺钉 5—电磁线圈 6—节流孔 7—稳压滑阀

在实际的转向操作中,驾驶人可以通过转换开关选择不同的转向模式:"H"(高)、"N"(中)、"L"(低),得到三种适应不同行驶条件的转向力特性曲线,如图7-6所示。另外,ECU还可以根据转向角度传感器输出信号的大小,在汽车急转弯时按照特殊的转向力特性实施最优控制,如图7-7所示。

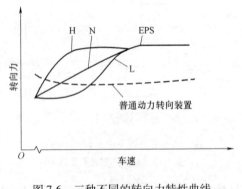

图7-6 三种不同的转向力特性曲线

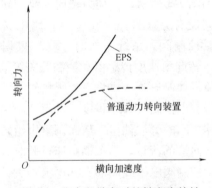

图7-7 汽车急转弯时的转向力特性

图7-8所示为流量控制式电控动力转向系统控制系统电路图,主要由传感器及开关等信号输入装置、ECU、执行器等组成,当系统出现故障时,能够实现自诊断和失效保护等功能。

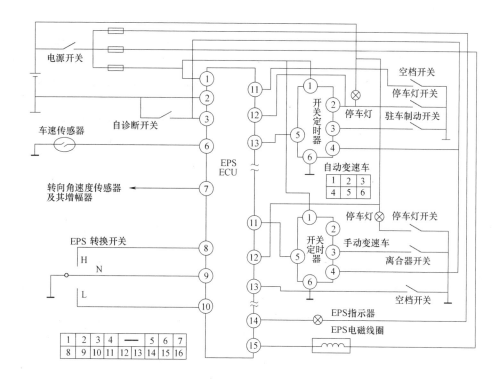

图 7-8　流量控制式电控动力转向系统控制系统电路图

2. 反力控制式电控液压动力转向系统

该系统的工作原理：汽车转向时，转向盘上的转向力通过扭杆传递给小齿轮轴。当转向力增大，扭杆发生扭转变形时，控制阀阀套和阀芯之间将发生相对转动，于是就改变了阀套和阀芯之间油道的通、断关系和油液的流动方向，从而实现不同的转向助力作用。反力控制式电控液压动力转向系统工作时，ECU 根据车速的高低线性控制电磁阀的开度（图 7-9）。

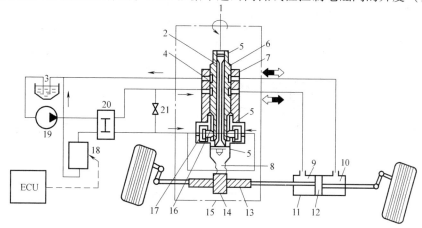

图 7-9　反力控制式电控液压动力转向系统工作图
1—转向盘　2—扭杆　3—储油箱　4—接口　5—销钉　6—控制阀阀芯　7—回转阀阀体
8—小齿轮轴　9—左室　10—右室　11—动力转向助力缸　12—活塞　13—齿条
14—小齿轮　15—转向齿轮箱　16—柱塞　17—油压反力室　18—电磁阀
19—液压泵　20—分流阀　21—小节流孔

1) 当车辆停驶或速度较低时，ECU 使电磁线圈的通电电流增大，电磁阀开口面积增大，经分流阀分流的液压油通过电磁阀重新回流到储油箱中，作用于柱塞的背压（油压反力室压力）降低，于是柱塞推动控制阀阀芯的力（反力）减小，因此只需要较小的转向力就可使扭杆扭转变形，使转向控制阀的阀套与阀芯产生相对转动而实现转向助力作用。

2) 当车辆在中、高速区域转向时，ECU 使电磁线圈的通电电流减小，电磁阀开口面积减小，油压反力室的油压升高，作用于柱塞的背压增大，于是柱塞推动控制阀阀芯的力增大。此时需要较大的转向力才能使转向控制阀的阀套与阀芯之间作相对转动（相当于增加了扭杆的扭转刚度），从而实现转向助力作用。因此在中、高速时可使驾驶人获得良好的转向手感和转向特性。

反力控制式电控液压动力转向系统具有选择转向力的自由度较大，转向刚度大，驾驶人能感受到路面情况，可以获得稳定的操作手感等优点；其缺点是结构复杂，且价格较高。

3. 阀灵敏度控制式电控液压动力转向系统

阀灵敏度控制式电控液压动力转向系统是根据车速控制电磁阀直接改变转向控制阀的油压增益（阀灵敏度）来控制系统油压，进而控制转向助力的大小。

图 7-10a 所示为阀灵敏度控制式电控液压动力转向系统的组成。该系统主要由动力转向系统电磁阀、转向控制阀、动力转向助力缸、储油箱、车速传感器和电控单元（ECU）等组成。系统对转向控制阀做了局部改进，如图 7-10b 所示，一般是在控制阀阀套的圆周上形成 6 条或 8 条沟槽，各沟槽利用阀部外体与油泵、助力缸、电磁阀及储油箱连接。控制阀的可变小孔分为低速专用小孔（1R、1L、2R、2L）和高速专用小孔（3R、3L）两种，在高速专用小孔的下边设有旁通电磁阀回路。

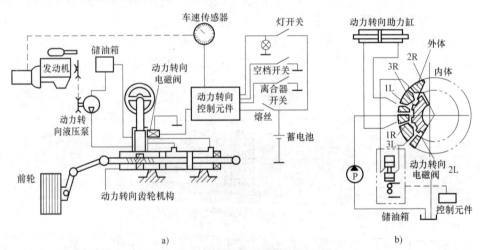

图 7-10 阀灵敏度控制式电控液压动力转向系统
a) 系统组成　b) 控制阀结构

如图 7-11 所示，当车辆停止时，电磁阀完全关闭，如果此时向右转动转向盘，则低速专用小孔 1R 及 2R 在较小的转矩作用下即可关闭。动力转向液压泵的高压油液经 1L 流向动力转向助力缸的右腔室，其左腔室的油液经 3L、2L 流回储油箱，所以此时具有轻便的转向特性。而且施加在转向盘上的转向力矩越大，低速专用小孔1L、2L的开口面积越大，节流作用越小，转向助力作用越明显。

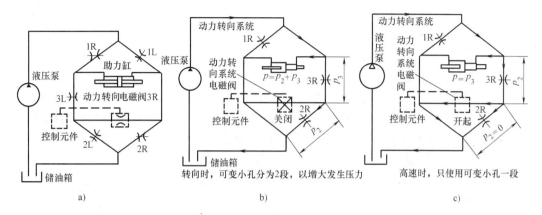

图 7-11 控制阀的等效液压回路图
a）等效液压回路　b）助力作用增大　c）助力作用减小

随着车辆行驶速度的提高，在 ECU 的作用下，电磁阀的开度也线性增加，如果向右转动转向盘，则动力转向液压泵的高压油液经 1L、3R 旁通电磁阀流回储油箱。此时，动力转向助力缸右腔室的转向助力油压就取决于旁通电磁阀和灵敏度低的高速专用小孔 3R 的开度。车速越高，在 ECU 的控制下，电磁阀的开度越大，旁路流量越大，转向助力作用越小；在车速不变的情况下，施加在转向盘上的转向力越小，高速专用小孔 3R 的开度越大，转向助力作用越小。当转向力增大时，3R 的开度逐渐减小，转向助力作用也随之增大。

由此可见，阀灵敏度控制式电控液压动力转向系统可使驾驶人获得非常自然的转向手感和良好的速度转向特性。

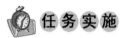任务实施

一、电控液压动力转向系统检修

1. 动力转向液压系统的维护

（1）维护项目与要求　动力转向液压系统的维护项目与要求在各车型的维修手册中均有明确要求，应严格遵照执行。以桑塔纳 2000 型汽车为例，按照其维修手册和 GB/T 18344—2001《汽车维护、检测、诊断技术规范》具体维护规定如下：

1）润滑维护（每行驶 7500km），检查动力转向液压系统各接头处是否渗漏。

2）常规维护（每行驶 15000km）。

①检查传动带张紧度。旧传动带：100N 压力下，标准静挠度为 13～14mm；新传动带：100N 压力下，标准静挠度为 9～10mm。必要时应调整或更换。

②动力转向储液罐液面在刻线范围内，必要时应添加油液。

③转向液品质须良好。

3）每运行 6～10 万 km，更换转向液，可用 ATF 或型号为 Dexron Ⅱ 的转向液。

（2）检查动力转向液压系统的密封性

1）将汽车停放在平坦的路面上。

2）在发动机怠速时，转动转向盘数次，使转向液达到正常工作温度（50~80℃）。

3）将转向盘快速转到左或右极限位置并保持不动（时间不能超过15s），检查液压系统的密封性，视情况紧固或更换密封元件。

(3) 检查动力转向储液罐油液

1）将汽车停放在平坦的路面上。

2）在发动机怠速时，转动转向盘数次，使转向液达到正常工作温度（50~80℃）。

3）再转动转向盘数次，检查储液罐内的油液是否起泡或乳化。如果有起泡或乳化现象，则表示转向液内已渗入空气，此时应进行排气操作。

4）检查转向液油质，若转向液变质或使用期限已到，则应更换油液。

5）在发动机怠速时，检查储液罐的液位高度。确保液位在储液罐的液位上限（MAX）和液位下限（MIN）之间，并以油液80℃时不超过上限为准，如图7-12所示。

(4) 排除液压系统空气

1）将车辆前部用千斤顶或举升器顶起，并用支架牢靠固定。

2）转动转向盘，从左极限位置转到右极限位置，来回转动3~5次。

3）起动发动机，使其怠速运转，并重复步骤2）。

4）将车辆前部放下，在发动机怠速运转的状态下，转动转向盘5~8次，使油温升高，然后将转向盘置于中间位置，检查并记录油罐内液面高度。

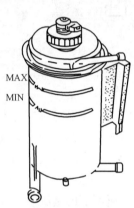

图7-12　动力转向储液罐的液位标记

5）关闭点火开关3~5min后，再查看储液罐内液面高度，并与步骤4）的液面高度比较，若两次无差异或差值小于5.0mm，且油液中无气泡或乳化现象，说明系统内空气已排净。否则，仍需重复步骤4）、5），直至空气被排净为止。

6）检查液位高度，视需要添加油液。

(5) 更换转向液

1）用千斤顶或举升器将车辆前部顶起，并稳固支撑。

2）卸下储液罐的回油软管，从储液罐及回油软管上放出旧油至适当的容器中。小心不要把旧油洒到车体或零部件上，以免损坏车漆，若溅洒应立即擦净。

3）使发动机怠速运转，一边排油一边左右连续转动转向盘至极限位置，直到油液排尽，再停止发动机。

4）将回油软管重新安装到储液罐上。

5）向储液罐内加注规定的液压油至液位上限。

6）执行排气程序。

7）重新检查液位高度，必要时添加油液。

(6) 检查调整动力转向液压泵的驱动传动带

1）检查传动带。

①检查传动带外观应无裂纹、毛刺、硬化等现象。

②在液压泵传动带的上侧中部施加100N的力，测量传动带的静挠度，其值应符合标

准，否则应予以调整。

2) 调整传动带的松紧度。

①松开液压泵支架上的固定螺栓。

②松开张紧螺栓的固定螺母。

③通过旋转张紧螺栓把传动带张紧至合适紧度。

④拧紧张紧螺栓的固定螺母。

⑤拧紧液压泵支架上的固定螺栓。

2. 检测油路压力

(1) 测试条件及标准

查阅维修手册等资料，明确油压测试的条件与标准。如桑塔纳 2000 型汽车的动力转向系统，当油温为 50~80℃、发动机怠速运转、转向盘置于极限位置时，系统油压为 6.8~8.2MPa。

(2) 测试油路压力

1) 连接油压表（图 7-13）。

2) 完全开启手控阀。

3) 起动发动机并使其怠速运转。

4) 将转向盘在左右极限位置之间连续转动数次，使油温升至 50~80℃，并确保液面高度正常。

5) 保持发动机怠速运转，快速关闭手控阀（关闭时间不超过 10s，避免油泵过热），观察并记录油压表的最高稳定指示值。

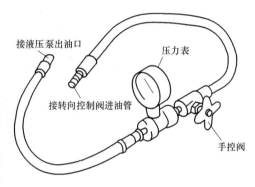

图 7-13 油压表

6) 保持发动机怠速运转，快速打开手控阀，转向盘向左或向右打到极限位置，观察并记录油压表的最高稳定指示值。

(3) 分析处理测试结果

1) 上述步骤 5) 测得的油压应为 6.8~8.2MPa。若低于此范围，故障在动力转向液压泵，应进一步检查或更换。

2) 上述步骤 6) 测得的油压应为 6.8~8.2MPa。若低于此范围，故障在转向控制阀或转向助力缸（内部泄漏），应进一步检查或更换。

3. 检修流量调节电磁阀

(1) 检测工作电流　关闭点火开关，脱开流量调节电磁阀的线束插接器，在线束端子 1 与电磁阀端子 1 之间插入连接线，将万用表接在线束端子 2 与电磁阀端子 2 之间，顶起驱动车轮，起动发动机，测量电磁阀的工作电流，如图 7-14 所示。

当发动机怠速运转并原地将转向盘向左或向右打到极限位置时，测得电流应为 1A，挂档运行，当车速从 60km/h 升高到 120km/h 时，电流应逐渐降为 0.25A。否则应进一步检查电磁阀电路。

(2) 检测电阻　关闭点火开关，脱开流量调节电磁阀的线束插接器，用万用表测量电磁阀两端子之间的电阻（图 7-15），应为 5.7~7.7Ω；各端子对地（转向器壳体）的电阻应为 ∞。否则更换电磁阀。

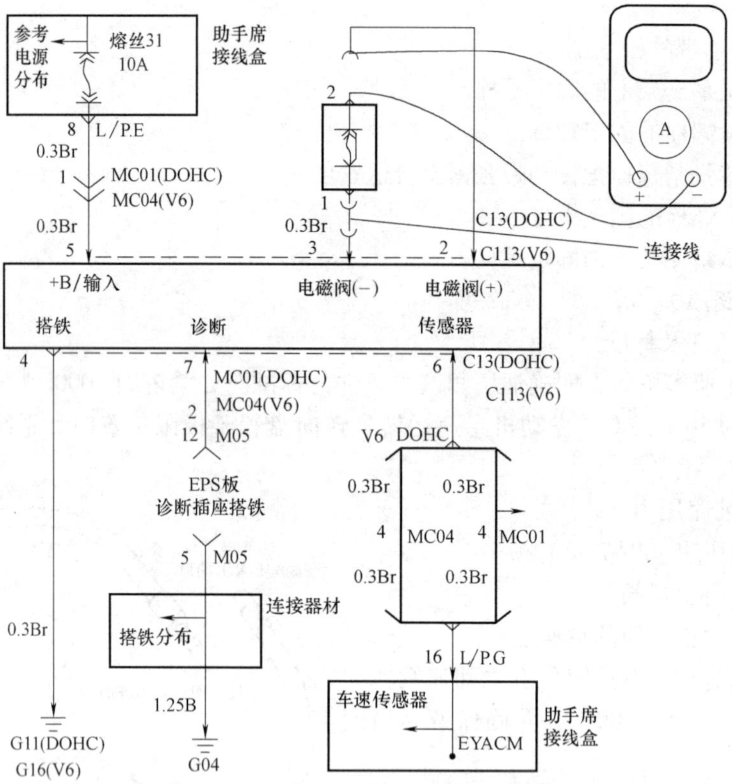

图 7-14 流量调节电磁阀工作电流的检测

(3) 动作测试　将蓄电池电压加在流量调节电磁阀线束插接器的端子上,应能听到清脆的动作声,如图 7-16 所示。

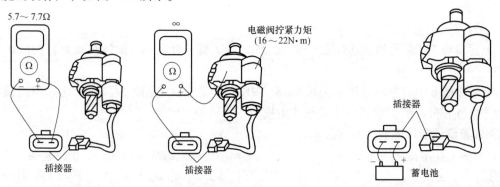

图 7-15　流量调节电磁阀的电阻检测　　图 7-16　流量调节电磁阀动作测试

(4) 检测连接电路　装回流量调节电磁阀线束插接器,脱开电控单元线束插接器。如图 7-17 所示,用万用表测量线束端子 2、3,测量结果应符合图中所示参数标准。否则应检查电路有无短路、断路、搭铁故障以及电磁阀线束插接器有无接触不良。

(5) 检测供电　装回电控单元线束插接器,脱开流量调节电磁阀线束插接器,用万用表测量电磁阀插接器线束侧端子 1 与 2 之间的电压,如图 7-18 所示。

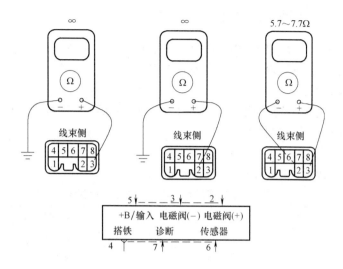

图 7-17 流量调节电磁阀连接电路测试

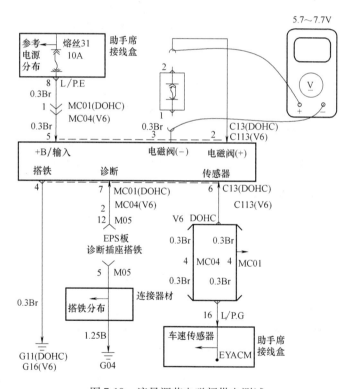

图 7-18 流量调节电磁阀供电测试

起动发动机并怠速运转，原地将转向盘向左或向右打到极限位置，测得的电压值应为 5.7～6.7V。否则应进一步检查电磁阀与电控单元插接器有无接触不良，或电控单元有无正常电压输出（若车速传感器及其电路正常应更换电控单元）。

二、常见电控液压动力转向系统的故障诊断

液压动力转向系统在使用中，由于零件产生磨损、变形及疲劳裂纹等，会发生不同程度的转向沉重、方向不稳、行驶跑偏和转向轮摆振等故障。

故障诊断步骤如下：

1) 按照液压系统维护要求检查电控液压动力转向系统的密封性、液面高度、油液质量、是否混入空气等，并恢复技术要求。

2) 测试系统压力。

3) 依据故障症状表（表 7-1）分析故障所在部位。

表 7-1　电控液压动力转向系统故障症状表

故障类型	故障现象	故障原因
转向沉重	汽车行驶中感到转向沉重或转向盘转动困难	1) 动力转向储液罐缺油或液面高度低于规定要求 2) 各油管接头处密封不良，有泄漏现象 3) 液压回路中渗入了空气 4) 油管变形、油路堵塞 5) 动力转向液压泵传动带张紧力不足，传动带打滑 6) 动力转向液压泵内部磨损、泄漏严重，使液压泵输出压力达不到标准 7) 动力转向液泵内调压器失效，使输出压力过低 8) 转向控制阀、动力转向助力缸内部泄漏
转向回正不良	汽车在完成转向后，转向盘不能自动回到中间行驶位置（直线行驶位置），而需驾驶人操作才能回位	1) 动力转向液压系统油路中渗入空气 2) 回油管路变形阻塞 3) 转向控制阀或动力转向助力缸活塞发卡 4) 转向控制阀定中不良
转向盘抖动	在发动机工作时，转动转向盘，转向盘抖动，尤其是当转向盘转到极限位置时，其抖动更甚	1) 动力转向液压泵传动带打滑 2) 动力转向储液罐液面过低 3) 动力转向液压系统油路中渗入空气 4) 动力转向液压泵输出压力不足 5) 动力转向液压泵内调压器活塞卡滞
转向跑偏、发飘	汽车直线行驶时，难以保证驶向正前方而总向一边跑偏	1) 转向控制阀扭杆损坏或太软，难以克服转向器逆传动阻力，使阀套不能及时回位 2) 因油液脏污使阀芯与阀套运动受阻 3) 转向控制阀阀芯偏离中间位置，或虽然在中间位置但与阀套槽肩的缝隙大小不一致 4) 动力转向液压泵调压器的调压活塞卡住，使液压泵泵油流量过大，造成转向助力缸左右腔压力差过大
转向噪声	汽车转向时出现过大的噪声	1) 动力转向液压泵损坏或磨损严重或油路中混入空气导致噪声过大 2) 动力转向液压泵传动带松动或传动带打滑引起噪声过大 3) 转向控制阀性能不良 4) 油管接头松动或油管破裂 5) 滤清器滤网堵塞，或油路中有过多的沉积物

任 务 工 单

任务 7-1　电控液压动力转向系统检修

班　级		姓　名		学　号	
地　点				等　级	

任务目的	

任务过程

1. 采用动力转向系统的目的是什么？

2. 传统液压式动力转向系统由哪些部分组成？各部分的作用是什么？

3. 液压动力转向系统故障诊断总结。

考核评价	考评项目		分　值	教师考核	备　注
	素质考评	团队协作	10 分		
		语言表达	10 分		
		实训纪律	10 分		
	过程考评	工具使用	10 分		
		任务实施	30 分		
		完成情况	20 分		
		工位整理	10 分		
	合　计				

任务7-2　电动动力转向系统检修

任务要求

1. 掌握电动动力转向系统的结构及工作原理。
2. 认识电动动力转向系统的组成并能分析其工作原理。

任务描述

电控液压动力转向系统由于工作压力和工作灵敏度较高,外廓尺寸较小,因而获得广泛应用。随着电子技术的进一步发展,目前越来越多的轿车上采用电动动力转向系统(EPS),它是一种直接依靠电动机提供辅助转矩的动力转向系统。

相关知识

普通动力转向系统的助力特性是不变的,且与车速无关,这会导致转向盘在停车及低速时操纵沉重,中速时较轻快,车速增高时更加轻快。如果考虑停车及低速时的轻便性,会使高速时操纵力过小,路感下降,易出现转向过度。反之则会使停车及低速时的操纵力过大,转向沉重,效率下降。为了实现在各种行驶条件下转向盘上所需的力都是最佳值,必须采用更先进的电动动力转向系统。本项目介绍电动动力转向系统。

一、概述

1. EPS 的组成

EPS 通常由转向角传感器、转矩传感器、电控单元(ECU)、电动机、减速器、机械转向器及蓄电池等组成,如图7-19所示。各元件的位置因车而异。

2. EPS 的优点

1)采用电力作为转向动力,省去了液压系统,因此不需要给转向液压泵供油,也不必担心漏油。

2)没有液压式动力转向系统所必需的常运转转向液压泵,电动机只在需要转向时才接通电源,因此动力消耗和燃油消耗均可降到最低。

3)将各部件装配成一个整体,既无管道也无控制阀,其结构紧凑、质量较小。一般 EPS 的质量比液压式的质量小25%左右。

4)电动机工作可用 ECU 进行控制,可以较容易地按照汽车性能的需要设置、修改转向助力特性,具有较

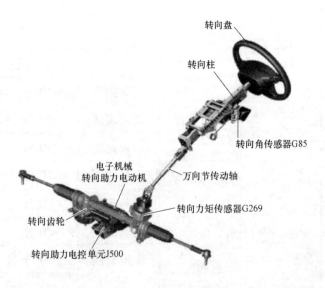

图7-19　EPS 的组成

好的兼容性。

3. EPS 的分类

根据电动机对转向系统产生助力的部位不同，EPS 可分为三种类型：

（1）转向轴助力式　转向助力机械装置安装在转向轴上。当驾驶人转动转向盘时，ECU 根据接收的转矩、转动方向、车速等信号，控制电动机的电流。电动机的动力经离合器、电动机齿轮传给转向轴的齿轮，然后经万向节及中间轴传给转向器。

（2）转向器小齿轮助力式　转向助力机械装置安装在转向器小齿轮处。与转向轴助力式相比，可以提供较大的转向力，适用于中型车。

（3）齿条助力式　转向助力机械装置安装在转向齿条处。电动机通过减速传动机构直接驱动转向齿条。与转向器小齿轮助力式相比，可以提供更大的转向力，适用于大型车，对原有的转向传动机械结构有较大改变。

4. EPS 的工作过程

当操纵转向盘时，装在转向轴上的转矩传感器不断测出转向轴上的转矩，并由此产生一个电压信号。该信号与车速信号同时输入 ECU，ECU 根据这些输入信号进行运算处理，确定助力转矩的大小和方向，即选定电动机的电流和转向方向，调整转向的助力。电动机的转矩由电磁离合器通过减速机构减速增矩后，加在汽车的转向机构上，使之得到一个与工况相适应的转向作用力。

二、EPS 部件的结构及工作原理

1. 传感器

EPS 的传感器主要有车速传感器、转矩传感器和转角传感器。其中，车速传感器的作用是测量车辆行驶速度，以作为电动助力调节的依据；转矩传感器的作用是测量转向盘与转向器之间的相对转矩，以作为电动助力调节的依据；转向角传感器的作用是测量转向盘的方向和角度。

（1）转矩传感器　转矩传感器也称为转向传感器，其作用是通过测定转向盘与转向器之间的相对转矩，作为电动助力调节的依据之一。转矩传感器的结构、原理如图 7-20 所示。

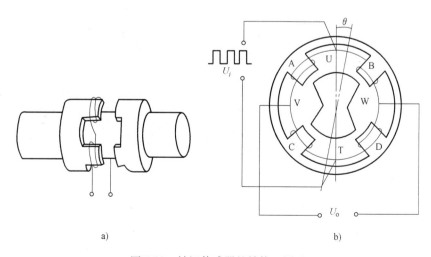

图 7-20　转矩传感器的结构、原理
a）结构　b）原理

用磁性材料制成的定子和转子可以形成闭合的磁路,线圈 A、B、C、D 分别绕在极靴上,形成一个桥式回路。转向轴扭转变形的扭转角与转矩成正比,因此只要测定轴的扭转角,就可间接知道转向力的大小。

在线圈的 U、T 两端施加连续的脉冲电压信号 U_i,当转向轴上的转矩为零时,定子与转子的相对转角也为零。这时转子的纵向对称面处于定子 AC、BD 的对称平面上,每个极靴上的磁通量是相同的,电桥平衡,V、W 两端的电位差 $U_0=0$。

如果转向轴上存在转矩,定子与转子的相对转角不为零,此时转子与定子间产生角位移 θ。A、D 间的磁阻增加,B、C 间的磁阻减小,各个极靴的磁阻产生差别,电桥失去平衡,在 V、W 两端产生电位差。这个电位差与转向轴的扭转角 θ 和输入电压 U_i 成比例,从而可知道转向轴的转矩。

(2) 转向角传感器　转向角传感器主要有光电式、磁阻式和电容式三种。

1) 光电式转向角传感器。光电式转向角传感器安装于转向柱上,当驾驶人转动转向盘时,转向柱带动转向角传感器的转子随转向盘一起转动,光源就会通过转子缝隙照在传感器的感光元件上产生信号电压。由于转子缝隙间隔大小不同,故产生的信号电压变化也不同,如图 7-21 所示。

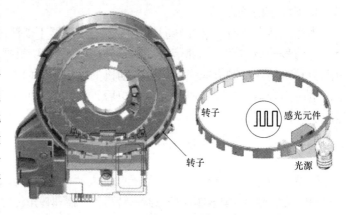

图 7-21　光电式转向角传感器

2) 磁阻式转向角传感器。磁阻式转向角传感器的齿轮随转向盘转动,带动两测量齿轮转动,主测量齿轮比次测量齿轮多两个齿,故两个测量齿轮转速不同,如图 7-22 所示。

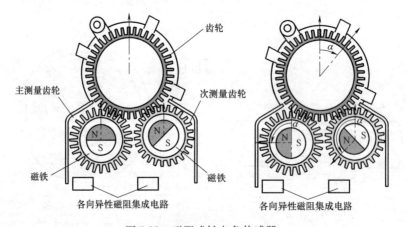

图 7-22　磁阻式转向角传感器

由于两个测量齿轮磁铁的转速不同,在各向异性磁阻集成电路中就会产生两个相位和周期不同的信号,如图 7-23 所示。经过分析和计算后便可测得转向盘的转动方向和角度。

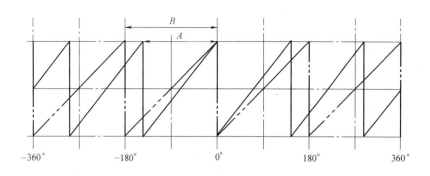

图 7-23 磁阻式转向角传感器相位和周期信号

3) 电容式转向角传感器。电容式转向角传感器安装在转向轴上，转向轴带动转子在 9 个小型平板电容器之间旋转，平板电容器的电容顺序发生变化，由此可以得到输入轴的旋转信息，如图 7-24 所示。

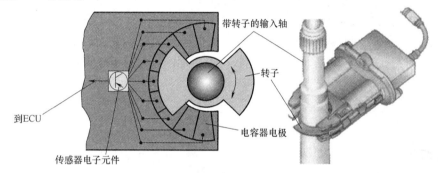

图 7-24 电容式转角传感器

2. 控制系统

EPS 的控制系统如图 7-25 所示。该系统的核心是一个具备 4K ROM 和 256 RAM 的 LPC2131 微控制器。

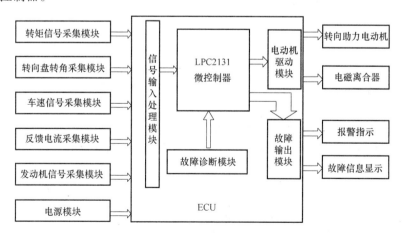

图 7-25 电动 EPS 的控制系统

转矩信号和车速信号等经过输入接口送入 ECU，随着车速升高，ECU 控制相应地降低转向助力电动机的电流，以减少助力转矩。发动机转速信号也被送入 ECU，当发动机处于怠速时，由于供电不足，转向助力电动机和电磁离合器不工作。因此，电动 EPS 工作时，ECU 必须控制发动机处于高怠速工作状态。点火开关的通断信号经 A-D 转换接口送入 ECU。当点火开关断开时，转向助力电动机和电磁离合器不能工作。

ECU 输出控制指令经 D-A 转换接口送入转向助力电动机和电磁离合器的驱动放大电路中，控制电动机的旋转方向和离合器的离合。电动机的电流经驱动放大电路、电流表、A-D 转换接口反馈给 ECU，即将电动机的实际电流与按 ECU 指令应给的电流相比较，调节电动机的实际电流，使两者接近一致。

ECU 还具有自我修正的控制功能。当 EPS 出现故障时，可自动断开电动机的输出电流，恢复到普通的转向功能；同时转速表内的 EPS 警告灯点亮，以通知驾驶人动力转向系统发生故障。

3. 电动机组件

电动机组件包括转向助力电动机、电磁离合器和减速机构，其结构如图 7-26 所示。

（1）转向助力电动机 转向助力电动机是一般的永磁电动机（原理不再叙述）。电动机的输出转矩控制通过控制其输入电流来实现，而电动机的正转和反转则是由 ECU 输出的正反转触发脉冲控制。图 7-27 所示为一种比较简单实用的电动机正反转控制电路。

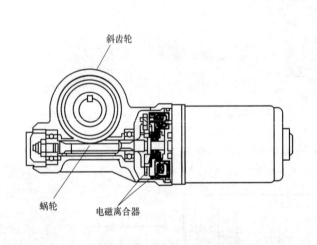

图 7-26 电动机组件

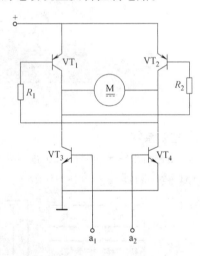

图 7-27 电动机正反转控制电路

a_1、a_2 为触发信号端。从 ECU 得到的直流信号输入到 a_1、a_2 端，用以触发电动机产生正反转。当 a_1 端得到输入信号时，晶体管 VT_3 导通，VT_2 得到基极电流而导通，电流经 VT_2 的发射极和集电极、电动机、VT_3 的集电极和发射极搭铁，电动机有电流通过而正转。当 a_2 端得到输入信号时，晶体管 VT_4 导通，VT_1 得到基极电流而导通，电流经过 VT_1 的发射极和集电极、电动机、VT_4 的集电极和发射极搭铁，电动机因有反向电流通过而反转。控制触发信号端的电流大小，就可以控制电动机通过电流的大小。

（2）电磁离合器 一般使用干式单片电磁离合器，如图 7-28 所示。其工作电压为 12V，额定转速时传递的转矩为 15 N·m，线圈电阻（20℃时）为 19.5Ω。

电磁离合器的工作原理：当电流通过集电环进入线圈时，主动轮产生电磁吸力，带花键的压板被吸引与主动轮压紧，电动机的动力经过电动机轴、主动轮、压板、花键、从动轴传给执行机构。

由于转向助力的工作范围限定在一定速度区域内，电磁离合器一般设定一个速度范围。如当车速超过 30km/h 时，离合器便分离，电动机也停止工作，这时就没有转向助力的作用。当电动机停止工作时，为了不使电动机及离合器的惯性影响转向系统的工作，离合器也应及时分离，以切断辅助动力。当电动机等发生故障时，离合器会自动分离，此时仍可恢复手动控制转向。

（3）减速机构　目前使用的减速机构有多种组合方式，一般采用蜗轮蜗杆与转向轴驱动组合式，也有的采用两级行星齿轮与传动齿轮组合式，如图 7-29 所示。蜗轮与固定在转向输出轴上的斜齿轮相啮合，它把电动机的回转运动减速后传递到输出轴上。为了抑制噪声和提高耐久性，减速机构中的齿轮有的采用特殊齿形，有的采用树脂材料制成。

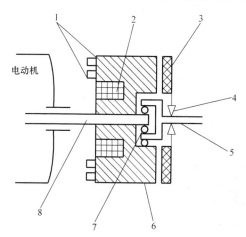
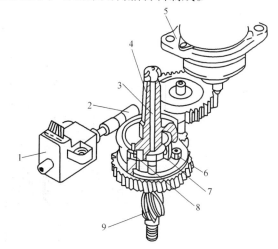

图 7-28　干式单片电磁离合器的结构
1—集电环　2—线圈　3—压板　4—花键
5—从动轴　6—主动轮　7—滚珠轴承
8—电动机轴

图 7-29　双级行星齿轮减速机构
1—转矩传感器　2—转轴　3—扭杆　4—输入轴
5—电动机与离合器　6—行星小齿轮 A　7—太阳轮
8—行星小齿轮 B　9—驱动小齿轮

一、检测转矩传感器的电路

1. 检测转矩传感器输出信号波形

起动发动机并怠速运转，用示波器分别检测 ECU 线束插接器 C4 的端子"C4-7"、"C4-8"、"C4-9"、"C4-10"的波形，如图 7-30 所示。左右转动转向盘，测得波形如图 7-30 右上角所示。否则应进一步检查传感器电路。

2. 检测转矩传感器的电阻

关闭点火开关，脱开转矩传感器的线束插接器，用万用表检测传感器相应端子之间的电阻，测量结果应符合图 7-31 所示参数。否则应更换转矩传感器。

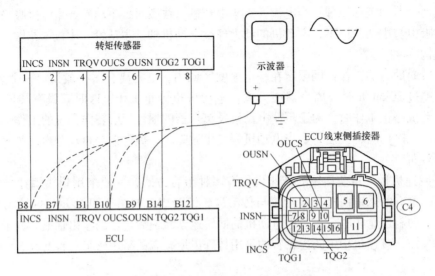

图 7-30 转矩传感器信号波形检测

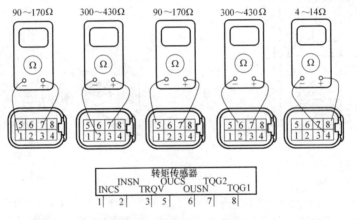

图 7-31 转矩传感器电阻检测

3. 检测转矩传感器连接导线

脱开转矩传感器线束插接器 C3 及 ECU 线束插接器 C4，用万用表依次检测 C3、C4 线束侧相关端子 C3-1—C4-8、C3-2—C4-7、C3-4—C4-1、C3-5—C4-10、C3-6—C4-9、C3-7—C4-14、C3-8—C4-12 间的电阻，测量结果均应不大于 1Ω，任一端子对地电阻应为 ∞，如图 7-32 所示。否则应检查电路有无短路、断路或搭铁故障。

4. 检测转矩传感器的线束插接器

装回转矩传感器的线束插接器 C3，脱开 ECU 线束插接器 C4，用万用表检测 C4 相关端子间的电阻，测量结果应符合图 7-33 所示参数，且转矩传感器连接导线所测对应结果相差不大于 2Ω，如图 7-33 所示。否则应进一步检查 C3 相关端子有无接触不良的现象。

5. 检测转矩传感器供电

装回 ECU 线束插接器 C4，脱开转矩传感器线束插接器 C3。打开点火开关，用示波器检测 C3 的端子 C3-4 或 C3-8 的波形，如图 7-34 所示。否则应进一步检测 C4 有无接触不良或 ECU 有无正常电压输出。

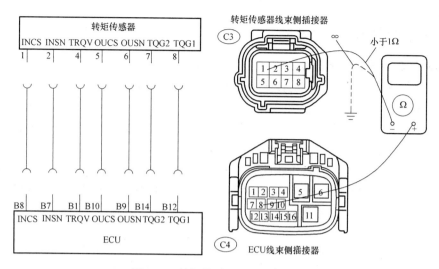

图 7-32 转矩传感器连接导线检测

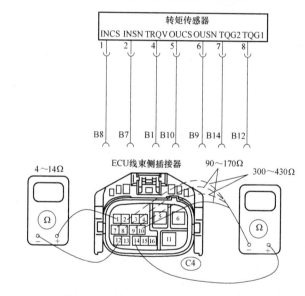

图 7-33 转矩传感器线束插接器检测

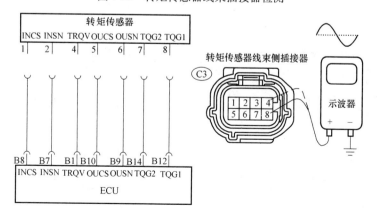

图 7-34 转矩传感器供电检测

二、检修转向角传感器电路

1. 检测转向角传感器信号波形

打开点火开关，原地左右转动转向盘，用示波器检测ECU转向角传感器端子"3"的波形，如图7-35所示。

当转向盘的转动速度改变时，脉冲宽度应随之改变，同时能听到转向助力电动机的转速随之改变。否则应进一步检查相关电路。

关闭点火开关，脱开转向角传感器的线束插接器，在传感器端子2、3间施加蓄电池电压（12V），转动转向盘，用示波器检测端子1的波形，应如图7-36所示。否则应更换传感器。

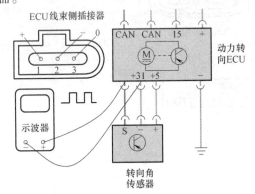

图7-35 转向角传感器波形检测

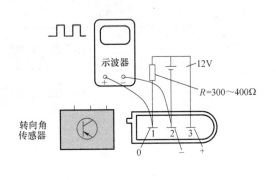

图7-36 转向角传感器波形检测

2. 检测转向角传感器连接电路

关闭点火开关，脱开转向角传感器和ECU的线束插接器，用万用表检测两插接器对应端子3-1、2-2、1-3之间的电阻及端子搭铁电阻，检测结果应如图7-37所示。否则应进一步检测电路有无短路、断路或搭铁故障。

3. 检测转向角传感器供电

装回ECU线束插接器，打开点火开关，用万用表检测传感器线束插接器相应端子之间的电压，检测结果应如图7-38所示。否则应进一步检测ECU线束插接器是否接触不良或ECU是否工作正常。

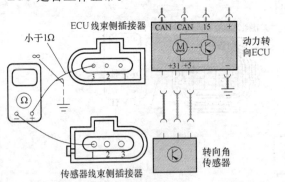

图7-37 转向角传感器连接电路检测

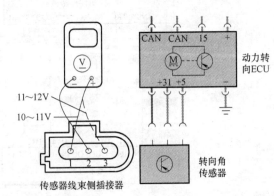

图7-38 转向角传感器供电检测

三、检修转向助力电动机电路

1. 检测转向助力电动机工作电流

起动发动机并怠速运转,原地左右转动转向盘,用钳形电流表测量电动机工作电流(交流),电流应按图 7-39 所示规律变化。否则应进一步检查相关电路。

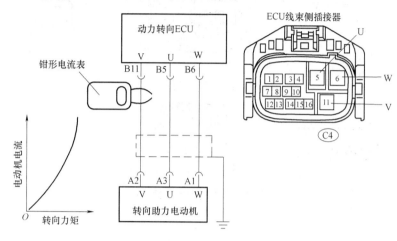

图 7-39 助力电动机电流检测

2. 检测转向助力电动机线圈

关闭点火开关,脱开转向助力电动机线束插接器 C1,用万用表检测电动机有关端子(表 7-2)之间的电阻,如图 7-40 所示。检测结果应符合表 7-2 所示值,否则应更换转向助力电动机。

表 7-2 转向助力电动机电路检测标准值

端子号	检测条件	标准参数	端子号	检测条件	标准参数
C1-3(U)——C1-2(V)	始终	小于1Ω	C1-3(U)——车身搭铁	始终	∞
C1-2(V)——C1-1(W)	始终	小于1Ω	C1-2(V)——车身搭铁	始终	∞
C1-1(W)——C1-3(U)	始终	小于1Ω	C1-1(W)——车身搭铁	始终	∞

3. 检测转向助力电动机电路

脱开转向助力电动机的线束插接器 C1 及 ECU 的线束插接器 C4,用万用表检测 C4-11 与 C1-2、C4-5 与 C1-3、C4-6 与 C1-1 之间的电阻,应小于1Ω,任一端子的对地电阻应为∞,如图 7-41 所示。否则应进一步检查相关电路是否有短路、断路或搭铁故障。

4. 检测转向助力电动机供电

装回 ECU 线束插接器 C4,保持转向助力电动机线束插接器 C1 脱开,打开点火开关,在转向盘静止不动和左右转动转向盘

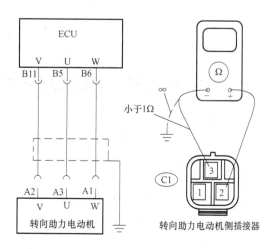

图 7-40 转向助力电动机线圈检测

时分别测量 C1-1—C1-2、C1-1—C1-3、C1-2—C1-3 之间的电压，测量结果应如图 7-42 所示。否则应进一步检查 C4 相关端子是否接触不良或 ECU 是否有故障。

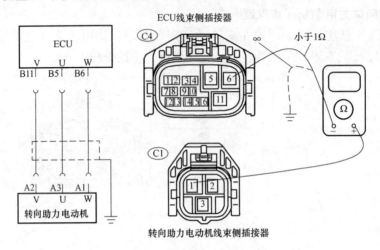

图 7-41　助力电动机电路检测

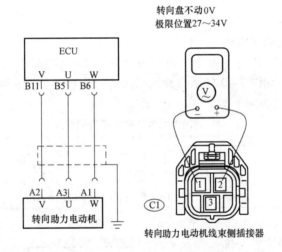

图 7-42　转向助力电动机供电检测

四、转向角传感器、转矩传感器零点校正

1. 校正前检查

1）关闭点火开关，连接解码器。

2）打开点火开关。

3）接通解码器。

4）从数据表中选择"IG Power Supply"（IG 电源）。

5）从屏幕上读取 IG 电源电压，应为 10~14V。否则，校准无法进行。

6）清除故障码 DTC C1516（转矩传感器零点调整未完成）、DTC C1526（转向角传感器初始化未完成)。

2. 实施校正

1) 接通解码器,选择"Utility"(功能)。

2) 选择"Torque Sensor Adjustment"(转矩传感器调整)。

3) 按照仪器显示屏提示的步骤进行转向角传感器校准值清除、转向角传感器值初始化和转矩传感器零点校正。

五、常见 EPS 故障诊断

1. 明确故障诊断步骤

EPS 的故障诊断程序与发动机电控系统基本相同,主要如下:

1) 接车询问。

2) 读取并记录故障码、数据流。

3) 清除故障码。

4) 故障症状再现和确认。

5) 读取故障码、数据流。若有故障码,进行有关电路检测;若无故障码,按照故障症状表进行有关检查。

6) 根据检测结果,维修或更换有关部件。

7) 确认、试车。

其中,故障码、数据流的读取可参照诊断仪或维修手册提示进行。

2. 确认故障部位

EPS 常见故障部位见表 7-3

表 7-3 EPS 常见故障部位

故障症状	可疑部位	故障症状	可疑部位
转向困难	1. 动力转向器总成 2. 转向柱总成 3. 蓄电池和电源系统 4. 动力转向 ECU 的电源电压 5. 动力转向 ECU	行驶时转向力矩未随车速而改变,或转向盘不易返回中间位置	1. 转速传感器 2. 防滑控制 ECU 3. 动力转向 ECU 4. 动力转向器总成
		低速行驶中转动转向盘时,出现摩擦声	1. 动力转向器总成 2. 转向柱总成
左右转向力矩不同或不均	1. 动力转向 ECU 未正确记录转向中心点 2. 动力转向器总成 3. 转向柱总成 4. 动力转向 ECU	车辆静止慢转转向盘时,出现尖锐声音(吱吱响)	动力转向器总成
		车辆静止慢转转向盘时,转向盘振动且有噪声出现	1. 动力转向器总成 2. 转向柱总成

任 务 工 单

任务7-2 电动动力转向系统检修

班　级		姓　名		学　号	
地　点				等　级	

任务目的	

任务过程	1. 分别写出下图所示数字代表什么部件。 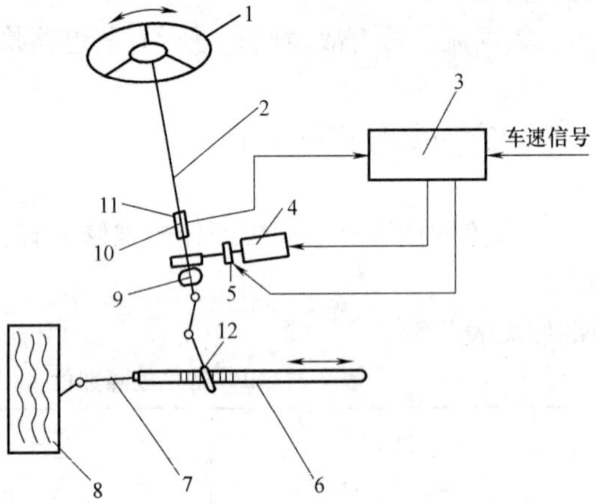 1. _____　2. _____ 3. _____　4. _____ 5. _____　6. _____ 7. _____　8. _____ 9. _____　10. _____ 11. _____　12. _____

任务过程

2. 下图所示为何种传感器？如何工作？

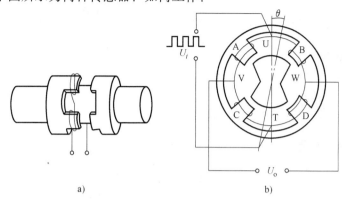

a)　　　　　　b)

考核评价

考评项目		分　值	教师考核	备　注
素质考评	团队协作	10 分		
	语言表达	10 分		
	实训纪律	10 分		
过程考评	工具使用	10 分		
	任务实施	30 分		
	完成情况	20 分		
	工位整理	10 分		
合　计				

任务 7-3　四轮转向系统认识

任务要求

1. 了解四轮转向系统的组成。
2. 认识四轮转向系统，能说出其工作方式。

任务描述

随着汽车技术的发展，主动安全性日益受到重视。四轮转向系统是提高主动安全性的方法之一。四轮转向车辆首次于 20 世纪 80 年代在日本出现。近年来，本田、日产、马自达等汽车厂商纷纷推出了带有四轮转向系统的概念车，并把一些成熟的四轮转向技术应用到了其普及型汽车中，提高了汽车的主动安全性。

相关知识

四轮转向（4 Wheel Steering，4WS）汽车是指 4 个车轮都是转向车轮的汽车，或 4 个车轮都能起转向作用的汽车。它是在传统两轮转向系统的基础上，增设了一个安装在后悬架上的后轮转向机构，能够使驾驶人操纵转向盘时转动汽车的前后 4 个车轮，不仅提高了汽车高速行驶时的稳定性和可控性，而且提高了低速时的机动性。

四轮转向系统在汽车低速行驶转向且转向盘转动角度很大时，使后轮相对于前轮反向偏转，并且偏转角度随转向盘转角增大而在一定范围内增大，如汽车急转弯、掉头行驶、避障行驶或进出车库等，从而使汽车转向半径减小，转向机动性能提高。汽车在高速行驶转向时，后轮应相对于前轮同向偏转，从而使汽车车身的横摆角度和横摆角速度大为减小，使汽车高速行驶时的操纵稳定性显著提高。

根据后轮转向装置的控制方法，四轮转向系统可分为转角随动型四轮转向系统和车速感应型四轮转向系统。转角随动型四轮转向系统采用机械式；而车速感应型四轮转向系统有液压式、电控液压式和全电子控制式。下面介绍不同类型的四轮转向系统。

一、机械式四轮转向系统

如图 7-43 所示，机械式四轮转向系统主要由转向盘、后轮转向取力齿轮箱、后轮转向传动轴、后轮转向器等组成。后轮转向也是绕转向节主销偏转的，其结构与前轮相似。

1. 后轮转向取力齿轮箱

（1）结构　后轮转向取力齿轮箱的结构如图 7-44 所示。后轮转向取力齿轮箱中只有一个齿轮齿条传动机构，其齿条与前

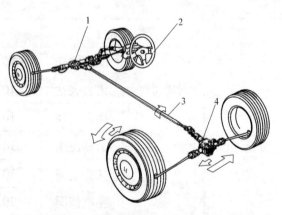

图 7-43　机械式四轮转向系统的组成
1—后轮转向取力齿轮箱　2—转向盘
3—后轮转向传动轴　4—后轮转向器

轮转向器中的齿条共用，取力齿轮固定在与后轮转向传动轴相连的齿轮轴上，齿轮轴通过衬套支撑在齿轮箱壳的轴承孔中，后轮转向取力齿轮箱固定在车架上。

（2）工作原理　当转动转向盘使前轮转向时，后轮转向取力齿轮箱中的齿条与前轮转向器的转向齿条一起左右移动，驱动与其啮合的取力齿轮转动，并带动后轮转向传动轴旋转，转向盘的转向操纵力的方向、大小、快慢就由后轮转向传动轴传给后轮转向器。

2. 后轮转向器

（1）功用　后轮转向器的功用是利用后轮转向传动轴传来的转向操纵力，驱动后轮偏转并实现后轮转向。另外，还要控制后轮在转向盘不同转角下，相对于前轮做同向或异向偏转。

（2）结构　后轮转向器的结构如图7-45所示，主要由偏心轴、齿圈、行星齿轮、滑块、导向块、转向横拉杆和后轮转向器壳等组成。

（3）工作原理　后轮转向器的工作原理如图7-46所示。

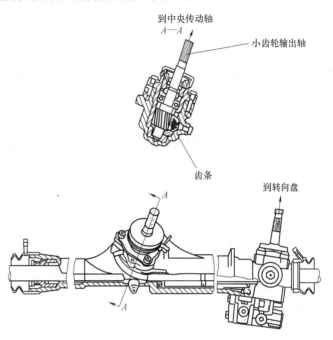

图7-44　后轮转向取力齿轮箱

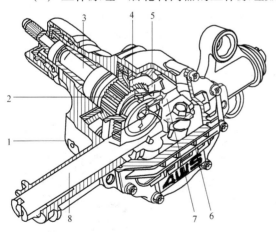

图7-45　后轮转向器结构
1—后轮转向器壳　2—行星齿轮　3—偏心轴
4—齿圈　5—滑块　6—齿轮箱盖
7—导向块　8—转向横拉杆

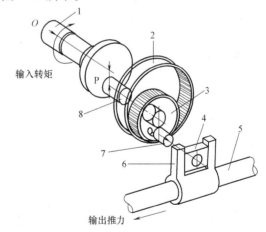

图7-46　后轮转向器的工作原理
1、7、8—偏心轴　2—齿圈（固定）　3—行星齿轮
4—滑块　5—转向横拉杆　6—导向块

后轮转向传动轴输入的转向操纵力首先驱动偏心轴1使其绕轴线O转动，这时行星齿

轮3在偏心轴8的带动下绕轴线O公转,同时还与齿圈2啮合绕轴线P自转,偏置在行星齿轮上的偏心销7穿过滑块4的中心孔并带动滑块运动,滑块的水平运动通过导向块6传给转向横拉杆5,驱动后轮做转向运动。

二、液压式四轮转向系统

机械式四轮转向系统的后轮偏转是依靠机械传动将前轮偏转运动传到后轮上。由于机械部分不可避免地存在磨损,传动间隙增大,而使后轮实际偏转角不准确,性能下降。因此被车速感应型四轮转向系统取代。

1. 液压式车速感应型四轮转向系统的结构

液压式车速感应型四轮转向系统的结构如图7-47所示,主要由前轮动力转向器、前轮转向液压泵、后轮转向控制阀及后轮转向助力缸、后轮转向液压泵等组成。

后轮转向系统由后轮转向控制阀、后轮转向液压泵和后轮转向助力缸组成。控制阀的内腔被柱塞分割成

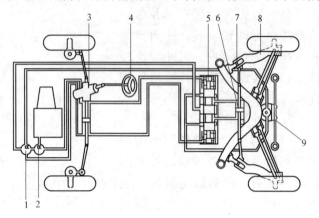

图7-47 液压式车速感应型四轮转向系的结构
1—转向储液罐 2—前轮转向液压泵 3—前轮动力转向器
4—转向盘 5—后轮转向控制阀 6—后轮转向助力缸
7—铰接头 8—从动臂 9—后轮转向液压泵

几个工作油腔,左、右油腔分别与前轮转向助力缸的左、右油腔相通,柱塞的位置由前轮助力缸内的油压进行控制。后轮转向液压泵由后轴差速器驱动,其输出油量只受车速影响。

前轮采用齿轮齿条式动力转向器,其结构与普通液压动力转向系统相同。

液压式车速感应型四轮转向系统的特点是低速时汽车只采用两轮转向,而当汽车行驶达到一定车速(50km/h)后才进行四轮转向。

2. 液压式车速感应型四轮转向系统的工作原理

如图7-48所示,当向左转动转向盘时,前轮转向助力缸及控制阀侧压力腔压力升高,控制柱塞向右移动,柱塞的移动量受前轮转向助力缸左右腔压力差的控制,同时受转向盘操纵力大小的控制,转向盘操纵力越大,同时后轮转向液压泵输出的油液经过控制阀的相应通道进入后轮转向助力缸的右腔,使助力缸活塞向左移动,通过活塞杆将作用力作用于后轮悬架的中间铰接头,使后轮与前轮同向偏转。当向右转动转向盘时,情况则与上述相反,后轮与前轮仍同向偏转。由于后轮转向液压泵送油

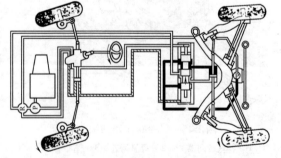

图7-48 液压式车速感应型
四轮转向系统的工作原理

量与车速成正比,高速时送油量大,反应快,后轮转角也大;在低速或倒车时,则不产生作用。当液压系统发生故障时,控制阀柱塞会保持在中间位置,保持两轮转向。

三、电控液压式四轮转向系统

随着电子技术的发展,电子控制技术也应用于四轮转向系统。在上述两种四轮转向系统中,由于采用机械和随车速变化的油压控制,使后轮偏转角的控制不够精确。在电控液压式四轮转向系统中,由于采用了电子相位控制系统,使后轮偏转角度控制更精确。

1. 电控液压式四轮转向系统的组成及结构

如图7-49所示,该系统主要由转向盘、转向液压泵、前轮转向器、后轮转向传动轴、车速传感器、电控单元、后轮转向系统组成。

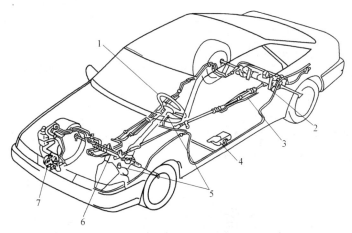

图7-49 电控液压式四轮转向系统
1—转向盘 2—后轮转向系统 3—后轮转向传动轴 4—电控单元
5—车速传感器 6—前轮转向器 7—转向液压泵

(1) 前轮转向器 前轮转向器(图7-50)为齿轮齿条式,但齿条加长,与固定在后轮转向传动轴上的小齿轮啮合。当转动转向盘使齿条水平移动时,齿条一方面控制前轮转向助力缸工作,推动前轮转向,同时将转向盘转动的方向、快慢和角度传给后轮转向传动轴,驱动该轴转动,以控制后轮转向。

(2) 后轮转向系统 后轮转向系如图7-51所示,它主要包括相位控制系统、液压控制阀、后轮转向助力缸等。

1) 相位控制系统。相位控制系统包括步进电动机、扇形控制齿板、摆臂、大锥齿轮、小锥齿轮、液压控制阀联杆等,如图7-52所示。后轮转向传动轴与转向齿轮连接并输入前轮转向齿条的运动状态。一个前后轮转向

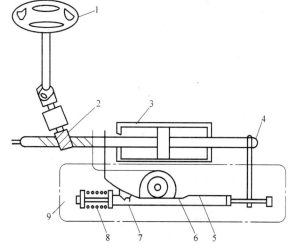

图7-50 前轮转向器
1—转向盘 2—齿轮齿条副 3—前轮转向助力缸 4—齿条端部
5—控制齿条 6—前带轮 7—转角传动拉索
8—弹簧 9—带轮传动组件

角比传感器安装在扇形控制齿板旋转轴上。

①步进电动机。用螺栓固定在壳体一端，电动机输出轴装有锥齿轮，与固定在蜗杆轴上的另一锥齿轮啮合，蜗杆轴的转动使扇形控制齿板摆动。步进电动机接收车速传感器的信号而转动，转动结果使扇形控制齿板正向摆动或逆向摆动一定角度，从而将摆臂拉向或推离步进电动机。

②液压控制阀联杆。其一端连接摆臂，中间穿过大锥齿轮上的孔，另一端与液压控制阀主动杆连接。大锥齿轮的转动是由小锥齿轮驱动的，而小锥齿轮的转动是由后轮转向传动轴驱动的。

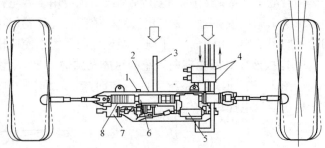

图7-51 后轮转向系统
1—转向角比传感器 2—后轮转向助力缸 3—后轮转向传动轴 4—电控阀 5—液压控制阀 6—动力输出杆
7—步进电动机 8—回位弹簧

由此可见，液压控制阀联杆的运动是摆臂运动和大锥齿轮运动的合成，即液压控制阀联杆的运动受车速和前轮转向运动的综合影响。

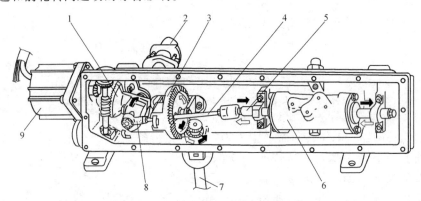

图7-52 相位控制系统
1—扇形控制齿板 2—转向角比传感器 3—大锥齿轮 4—液压控制阀联杆 5—液压控制阀主动杆
6—液压控制阀 7—后轮转向传动轴 8—摆臂 9—步进电动机

2）液压控制阀。如图7-53所示，液压控制阀是一滑阀结构，其滑阀的位置取决于车速和前轮转向系统转角。图中所示为滑阀向左移动的过程，此时转向液压泵送来的油液通过液压控制阀进入助力缸右腔，同时助力缸左腔通过液压控制阀与转向储油罐相通。在助力缸左右腔压差的作用下，动力输出杆左移，使后轮向右偏转。因为阀套与动力输出杆固定在一起，所以当动力输出杆左移时将带动阀套左移，从而改变油路通道大小，当油压与回位弹簧及转向阻力的合力达到平衡时动力输出杆（连同阀套）停止移动。

提示：上述作用原理与液压常流滑阀式动力转向装置的工作原理基本一致。

3）后轮转向助力缸。阀套将滑阀密封，阀套内含有连接相位控制系统和助力缸的油道。输出杆穿过助力缸活塞（输出杆与助力缸活塞固定连接），两端分别与左、右转向横拉杆连接，在助力缸两腔的压差作用下，输出杆向左或向右移动，从而使后轮做相应偏转。当

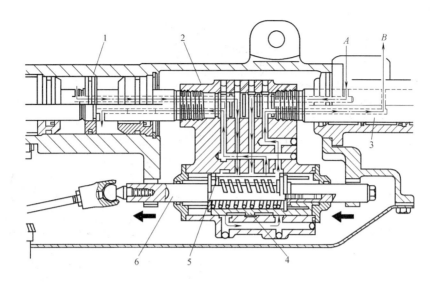

图 7-53 液压控制阀结构示意图
1—助力缸活塞 2—阀套 3—动力输出杆 4—滑阀 5—回油道 6—液压控制阀主动杆
A—进油口 B—回油口

汽车直线行驶时,在助力缸两腔的回位弹簧及油压作用下,后轮处于直线行驶位置。此功能也使得当电子控制系统或液压回路出现故障时,后轮回到直线行驶位置,使四轮转向变成一般的两轮转向工作状态。

(3) 电子控制系统　电子控制系统由四轮转向电控单元、转角比传感器和电控阀组成。

1) 四轮转向电控单元。四轮转向电控单元的功用如下:

①根据车速传感器送来的电脉冲信号计算汽车的车速,再根据车速的高低计算汽车转向时前后轮的转角比。

②比较前后轮理论转角比与当时的实际转角比,并向步进电动机发出正转或反转及转角大小的指令。另外还起监控四轮转向电控系统工作是否正常的作用。

③发现四轮转向系统工作出现异常时,点亮警告信号灯,并断开电控阀的电源,使四轮转向系统处于两轮转向状态。

2) 转角比传感器。转角比传感器的功用是检测相位控制系统中的扇形控制齿板的转角位置,并将检测出的信号反馈给四轮转向电控单元,作为监督和控制信号使用。

3) 电控阀。电控阀的功用是控制由转向油液压输向后轮转向助力缸的油路通断。当液压回路或电子控制线路出现故障时,电控阀就切断由转向液压泵通向液压控制阀的油液通道,使四轮转向系统处于一般两轮转向工作状态,起到失效保护的作用。

四、全电子控制式四轮转向系统

全电子控制式四轮转向系统采用转向角比例控制。所谓转向角比例控制,是指使后轮的偏转方向在低速区与前轮的偏转方向相反,在高速区与前轮的偏转方向相同,并同时根据转向盘转向角度和车速情况控制后轮与前轮的偏转角度比例。图 7-54 所示为转向角比例控制式四轮转向系统的构成。

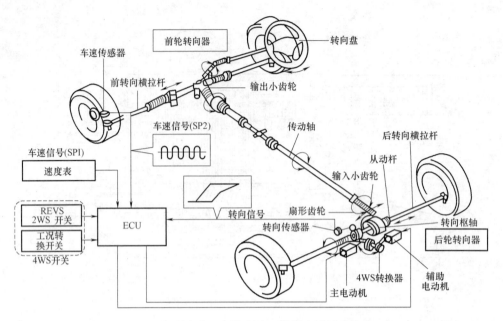

图 7-54　转向角比例控制式四轮转向系统的构成

1. 组成

（1）转向枢轴　如图 7-55 所示，转向枢轴是一个大轴承，其外圈与扇形齿轮为一体，围绕枢轴可左右转动；其内圈与连杆突出的偏置轴相连，连杆通过 4WS 转换器的电动机连杆绕旋转中心做正反旋转，偏置轴可在转向枢轴机构内上下回转 55°。通过连接轴的输入使小齿轮向左或向右旋转时，旋转力传递到扇形齿轮，再由转向枢轴通过偏心轴使连杆左右移动。连杆带动后转向横拉杆和后转向节臂实现后轮转向。

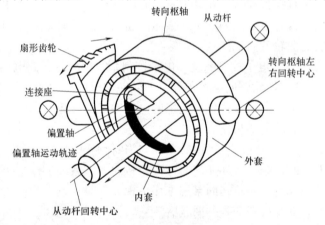

图 7-55　转向枢轴的构成

（2）4WS 转换器　4WS 转换器的作用是驱动从动杆转动，实现 2WS 向 4WS 方式的转换和后轮转向方向与转向角比例控制。4WS 转换器的结构如图 7-56 所示。

（3）转向角比例控制系统　转向角比例控制系统主要由转向 ECU、车速传感器、4WS 工况转换开关、转向角比例传感器和 4WS 转换器等组成，转向 ECU 是控制中心。转向角比例控制式四轮转向系统的工作原理如图 7-57 所示。

2. 系统的主要控制功能

（1）转向控制方式的选择　当通过 2WS 开关选择 2WS 方式时，转向 ECU 控制 4WS 转换器使后轮在任何车速下的转向角为零，这是为习惯于前轮转向的驾驶人设置的；在 4WS 方式下，驾驶人可根据驾驶习惯和行驶情况通过 4WS 工况转换开关进行 NORM 工况与 SPORT 工况的变换，对后轮转向角比例控制特性进行选择。

（2）转向角比例控制 当选定4WS方式时，转向ECU根据车速信号和转向角比例传感器信号，计算车速与转向角的实际数值，控制4WS转换器电动机调节后轮转向角控制比例。

（3）安全保障功能 当转向控制系统发生故障时，4WS故障警告灯点亮，并在转向ECU中记忆故障部位，同时，后备系统实施以下控制：

1）当4WS转换器主电动机发生故障时，转向ECU驱动辅助电动机工作，使后轮以NORM模式与前轮作同向转向运动，并根据车速进行转向角比例控制。

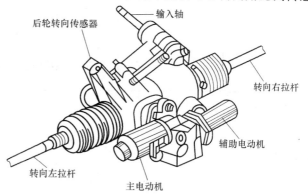

图7-56 4WS转换器的结构

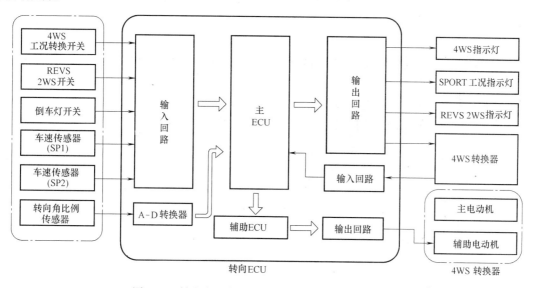

图7-57 转向角比例控制式四轮转向系统的工作原理

2）当车速传感器发生故障时，转向ECU取SP1和SP2两个车速传感器中输出车速信号高的为依据，控制4WS转换器的主电动机仅进行同向转向的转向角比例控制。

3）当转向角比例传感器发生故障时，转向ECU驱动4WS转换器的辅助电动机使后轮处于与前轮同向转向最大值，并终止转向角比例控制。如果辅助电动机发生故障，则通过驱动主电动机完成这一控制。

4）当转向ECU出现异常时，4WS转换器的辅助电动机驱动后轮至与前轮同向转向最大值位置，以避免后轮处于反向运动状态，并终止转向角比例控制。当后轮处于与前轮同向转向状态时，后轮的最大转向角很小，且有利于确保高速转向时的方向稳定性。

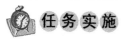

根据学校条件选择任意车型或台架认识四轮转向系统，熟悉其结构组成及工作方式。

任 务 工 单

任务 7-3　四轮转向系统认识

班　级		姓　名		学　号	
地　点				等　级	

任务目的	

任务过程	1. 什么是四轮转向系统？它有什么功能和特点？ 2. 四轮转向系统在低速和高速时分别是如何控制的？ 3. 四轮转向系统如何进行转角比例控制？

考核评价	考评项目		分　值	教师考核	备　注
	素质考评	团队协作	10分		
		语言表达	10分		
		实训纪律	10分		
	过程考评	工具使用	10分		
		任务实施	30分		
		完成情况	20分		
		工位整理	10分		
	合　计				

项目小结

本项目从认识电控动力转向/四轮转向系统的作用谈起,学习了电控液压动力转向系统、电动动力转向系统和四轮转向系统的工作原理及维修方法。其中掌握电动动力转向/四轮转向系统的控制方式对本项目知识的理解非常重要。

在电动动力转向/四轮转向系统的检修中,按照维修站实际流程,针对客户故障分析、基本的检查和调整、电控系统自诊断、液压系统和电子控制系统部件检修、典型故障的诊断与排除等步骤进行了技能训练,从而能够达到对电动动力转向/四轮转向系统进行故障诊断和维修的能力要求。

思考题

1. 简述电动动力转向系统的优点。
2. 电控液压动力转向系统中电磁阀、车速传感器、转向角传感器和 ECU 的作用分别是什么?
3. EPS 由哪几部分构成?
4. EPS 中转矩传感器的作用是什么?
5. EPS 是如何控制转向助力,改善转向路感的?
6. 电控液压动力转向系统出现低速转向沉重故障时,应首先检查液压系统还是电控系统?

知识拓展

耐世特汽车转向技术

转向及动力传动系统供应商耐世特汽车系统公司在德国法兰克福举办的第六十七届 IAA 国际汽车展上推出高可用性电动动力转向系统(EPS)和线控转向技术(Steer-by-Wire)。耐世特凭借这两项转向技术为二级至五级自动驾驶提供先进安全性和功能性,并继续扩大自动驾驶产品组合。

1. 高可用性电动动力转向系统

随着汽车行业不断朝着自动化驾驶发展,耐世特 EPS 的冗余性能与航空领域所采用的系统类似,能够发挥重要的安全备用功能,为车辆提供自始至终的安全保障。

耐世特的高可用性 EPS 具备很强的操作适应性,采用品质和可靠性极高的组件,通过在转矩与位置传感器、电子控制单元和多绕组电机中加入额外的冗余性能,以及双备份车辆电源和整车通信连接,实现智能优化。

2. 线控转向技术

为实现驾驶人与路面反馈和真实转向手感的"连接",线控转向技术在转向管柱和车轮齿条上安装电子器件和执行器,从而取代了车轮和转向盘之间的机械连接。这项技术支持手动驾驶和自动驾驶,为先进的功能安全、车辆轻量化和整车布局灵活性开启了全新可能。

耐世特的线控转向技术高度可定制,能够匹配整车制造商的品牌基因和个性——不论是高性能的运动体验,还是豪华轿车的转向手感。

除了转向手感之外,线控转向技术的路面反馈和路面监测功能为驾驶人的安全提供重要保障。即便转向盘和车轮之间只有线控转向技术的电子连接，转向系统依然会向驾驶人告知路面情况，例如结冰路面或打滑的松散砾石路面。

　　线控转向技术还在先进安全性功能方面开启了全新可能，例如防撞性能、稳定性控制等。先进安全性功能既可以通过转向系统执行，也可以结合制动系统执行，从而实现更高的安全性。耐世特将线控转向技术看作是一项基础技术，通过收集来自驾驶人、车辆、路面和周边环境的数据以增强安全转向操控，打造面向未来的智能转向，不断提升驾驶人的安全性。作为自动驾驶领域的关键驱动技术，耐世特的线控转向技术还支持其他先进的功能，例如耐世特随需转向 TM 系统（Nexteer Steering on Demand TM System）和耐世特静默转向盘 TM 系统（Nexteer Quiet Wheel TM Steering）。对于支持美国汽车工程师协会（SAE）三级、四级和五级自动驾驶的车辆，耐世特随需转向 TM 系统能够实现在驾驶人人为控制和自动驾驶控制之间更安全、更直觉的切换。此外，该系统还能够让驾驶人随心定制多个驾驶模式，其中包括运动模式、舒适模式以及手动操控模式。在自动驾驶模式下，即便是在车轮转动过程中，耐世特静默转向盘 TM 系统也能够自动收缩并保持静止，从而确保安全性。

项目八　电控悬架系统认识与检修

任务 8-1　电控悬架系统认识

任务要求

1. 掌握电控悬架系统的功用、结构与工作原理。
2. 能认识系统各部件。

任务描述

随着人们对汽车乘坐舒适性的不断追求，已有不少轿车和 SUV 装上了性能优越的电子控制式主动悬架，以满足越野与公路行驶的双重舒适性需要。主流电控悬架一种是电控液压悬架，它能通过电控单元计算出悬架受力大小和加速度，利用液压减振器的伸缩来保持车身平衡；另一种是电控空气悬架，它也是通过电控单元计算悬架的受力及感应路面情况，适时调整空气减振器的刚度和阻尼系数，使车身的振动始终保持在一定范围内。目前电控空气悬架比电控液压悬架应用更广泛。

相关知识

一、概述

电控悬架系统是以电控单元（ECU）为控制核心，根据车身高度、转向盘转角、车速和制动等信号，经过运算分析后，输出控制信号，控制各种电磁阀和步进电动机，对汽车悬架参数，如弹簧刚度、减振器阻尼系数、倾斜刚度和车身高度进行控制，从而提高汽车的乘坐舒适性和操纵稳定性的悬架系统，如图 8-1 所示。根据结构不同，可分为电控空气悬架和电控液压悬架，本任务只讨论应用较多的电控空气悬架。

电控空气悬架以空气弹簧和减振器为基础，引入 ECU、转向盘转角传感器、车身高度传感器、空气压缩机、速度和制动传感器，通过 ECU 的精密计算，利用电磁阀改变空气弹簧内的气体容量和压力实现软硬调节，使悬架兼有舒适性和运动性。例如直线行驶时悬架偏软，提高舒适性；转向和高速运动时变硬，增加侧向支撑以提供更好的路感。此外还可通过 ECU 和空气压缩机实现车身高度的自动或手动调节。

二、电控悬架系统

电控悬架系统由传感器、悬架 ECU 和执行器组成，如图 8-2 所示。

传感器的作用是将汽车行驶的速度、起动、加速度、转向、制动和路面状况、汽车振动状况、车身高度等信号输送给悬架 ECU。电控悬架系统所用的传感器主要有车身高度传感器、车速传感器、转向盘转角传感器、加速度传感器和节气门位置传感器等。

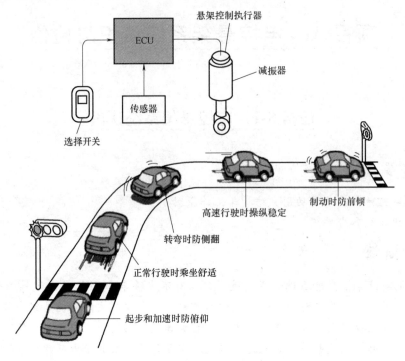

图 8-1 电控悬架系统的功能

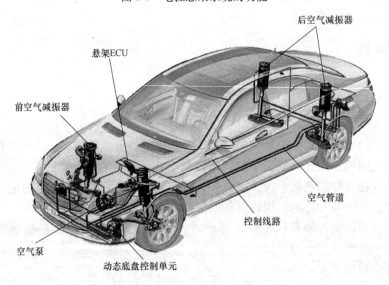

图 8-2 轿车电控悬架系统的组成

悬架 ECU 接收各种传感器的输入信号并进行各种运算，然后向执行器输出控制悬架的刚度、阻尼力和车身高度的信号。同时，悬架 ECU 还监测各传感器的信号是否正常，若发现故障，则存储故障码和相关参数，并点亮故障指示灯。

通常所用的执行元件是电磁阀、步进电动机等。当执行元件接到悬架 ECU 的控制信号后，及时准确地动作，从而按照要求调节悬架的刚度、阻尼力和车身高度。

电控悬架系统的工作原理如图 8-3 所示。

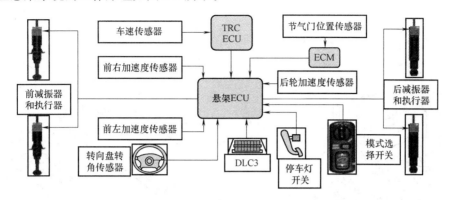

图 8-3　电控悬架系统的工作原理

1. 传感器

（1）车身高度传感器　车身高度传感器的作用是将车身与车桥之间的相对位置变化量转化为电信号送给悬架 ECU，车身高度传感器的一端与车桥连接，另一端在悬架系统上，如图 8-4 所示。

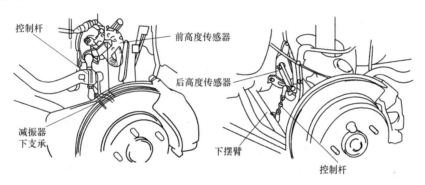

图 8-4　车身高度传感器的安装位置

现在应用最多的是光电式车身高度传感器，其工作原理如图 8-5 所示。在传感器内部有一个传感器轴，轴外端安装的连接杆与悬架臂相连，轴上固定一个开有一定数量窄槽的遮光盘，遮光盘两侧对称安装有 4 组二极管和光敏晶体管，组成 4 对信号发生器。

（2）转向盘转角传感器　转向盘转角传感器安装在转向轴上，用于检测转向盘的转角信号，包括转向盘位置和转向盘转向速度。大多采用光电式转向盘转角传感器，如图 8-6 所示。

（3）车速传感器　悬架 ECU 可从车速传感器、各种 ECU 或多路传输系统接收车速信号，用于系统的各种控制功能。车速传感器一般位于变速器输出轴上，如图 8-7 所示。

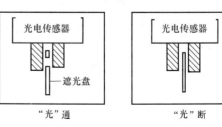

图 8-5　光电式车身高度传感器的工作原理

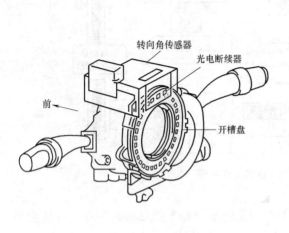

图 8-6　光电式转向盘转角传感器　　图 8-7　车速传感器的安装位置

(4) 其他传感器及输入信号

1) 加速度传感器。前加速度传感器和前高度控制传感器结合在一起,后加速度传感器安装在行李箱内。加速度传感器将压电陶瓷盘的挤压变形转变成电信号并检测车辆竖向加速度,如图 8-8 所示。

2) 车门信号。悬架 ECU 利用车门信号实现系统的一些控制功能,如在车门打开时,防止排气或保持目前行驶高度等;当车门关闭时,恢复正常工作状态。

3) 制动信号。当汽车制动时,制动开关给悬架 ECU 一个制动信号,悬架 ECU 收到制动信号后,控制执行器将悬架由软转换到硬的状态,防止汽车点头。

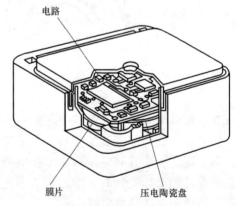

图 8-8　加速度传感器

4) 悬架控制开关信号。悬架控制开关包括悬架刚度和阻尼选择(LRC)开关、车高控制开关和锁止开关(高度控制 ON/OFF),前两个开关一般安装在驾驶室内变速杆旁边(图 8-9),锁止开关一般安装在行李箱内(图 8-10)。

注意:举升汽车时,如果锁止开关不在"OFF"位置,可能会损坏空气悬架系统。因此在举升汽车前,必须将锁止开关置于"OFF"位置。

2. 悬架 ECU

悬架 ECU 根据各种传感器和悬架控制开关的输入信号,控制减振器的阻尼力、悬架的刚度和车身高度,如图 8-11 所示。

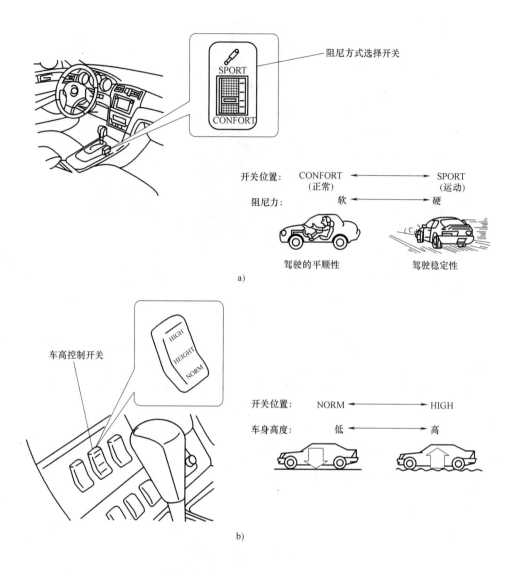

图 8-9 阻尼选择开关和车高控制开关

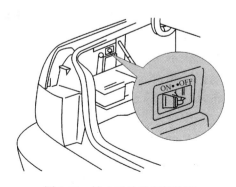

图 8-10 锁止开关的安装位置

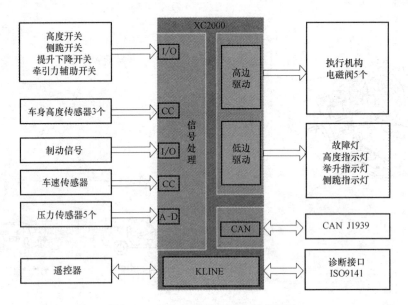

图 8-11 电控悬架系统的控制方框图

悬架 ECU 具有故障自诊断功能。工作中一旦发现电控系统出现故障，悬架 ECU 就将故障以代码的形式存在存储器中，并点亮故障指示灯向驾驶人报警。

悬架 ECU 还具有失效保护功能，当系统出现故障时，悬架 ECU 将暂停对悬架的控制。

三、空气悬架

空气悬架主要由空气弹簧、减振器、空气管路和执行器组成，如图 8-12 所示。通过空气弹簧可实现悬架刚度的调节，通过减振器可实现悬架阻尼的调节。

1. 空气弹簧

空气弹簧是利用空气被压缩时产生的弹性来工作的，如图 8-13 所示，安装于阻尼调节减振器的上端，与阻尼调节减振器一起构成悬架支柱，上端与车架连接，下端装在悬架摆臂上。

2. 减振器

电控空气悬架系统阻尼力的调节是通过改变减振器阻尼孔截面积的大小来实现的。减振器阻尼调节杆与回转阀连接，回转阀上有 3 个孔，悬架 ECU 通过控制执行器驱动阻尼调节杆转动，带动回转阀转动，从而控制 3 个阻尼孔的开闭，改变减振器内阻尼孔的截面积，实现对减振器阻尼能力高、中、低三种状态的调节。工作原理如图 8-14 所示。

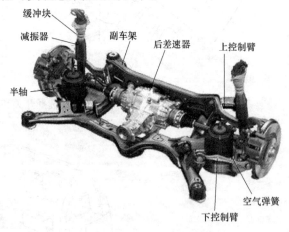

图 8-12 空气悬架的组成

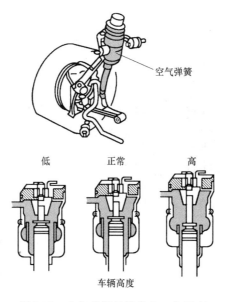

图 8-13　空气弹簧的结构和工作原理

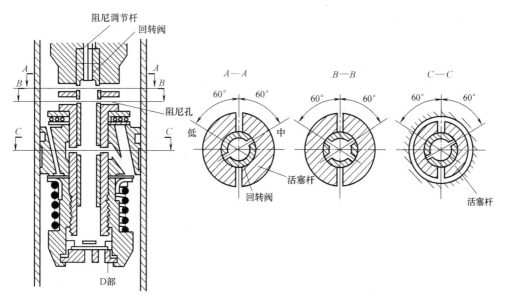

图 8-14　减振器工作原理

3. 悬架控制执行器

悬架控制执行器位于各减振器的顶部,通过输出轴转动减振器回转阀来改变减振器的阻尼力。回转阀(输出轴)旋转角度是由悬架 ECU 的信号控制的。悬架控制执行器的结构如图 8-15 所示。

4. 车身高度调节装置

车身高度调节装置能够根据车内乘坐人员或车辆载重情况自动对车身高度做出调整,以保持汽车行驶所需的高度和汽车行驶姿态的稳定,如图 8-16 所示。

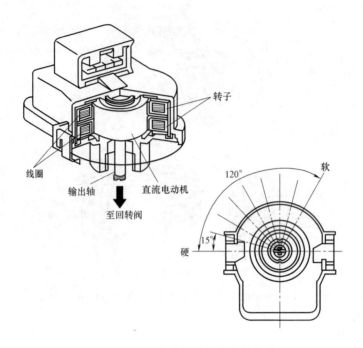

图 8-15 悬架控制执行器的结构

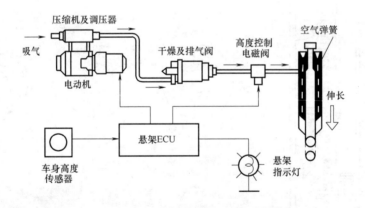

图 8-16 车身高度调节装置

(1) 空气压缩机　空气压缩机是一个电动机驱动的单缸装置，由悬架 ECU 控制的继电器供电，提供空气悬架系统所需的压缩空气，如图 8-17 所示。当系统压力超过安全工作压力时，内部减压阀（或称放气阀）提供排气通道。有的空气压缩机电路上装有热过载熔断器，可探测电动机内部的温度，当电动机过热时，就会关闭空气压缩机，待其冷却后再恢复正常工作。

(2) 排气电磁阀　排气电磁阀一般装在空气压缩机缸盖上，与空气压缩机共用一个线束插接器，如图 8-18 所示。在排气过程中，排气电磁阀使空气从空气弹簧中排出。

(3) 高度控制电磁阀　高度控制电磁阀也称空气电磁阀，安装在空气管路中，用于控制进出空气弹簧和减振器的空气流量，如图 8-19 所示。高度控制电磁阀常闭，不通电时，由于弹簧弹力档住进气通道，无空气流过；通电时，电磁线圈克服弹簧弹力，电磁阀打开，使空气流过。

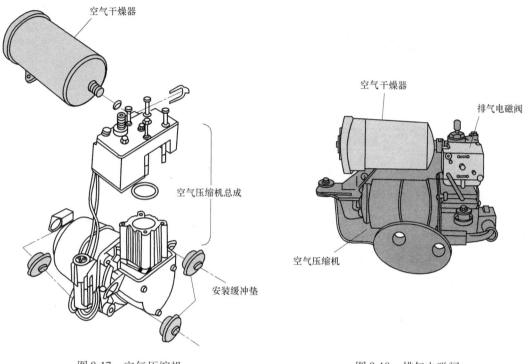

图 8-17　空气压缩机　　　　　　　图 8-18　排气电磁阀

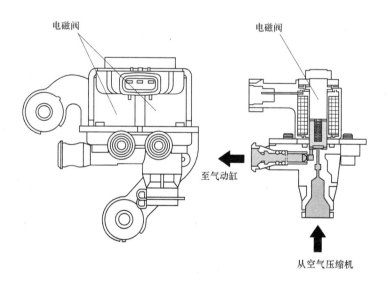

图 8-19　高度控制电磁阀

5. 指示灯

电控悬架指示灯位于仪表板上（图 8-20），用于指示系统工作是否正常。

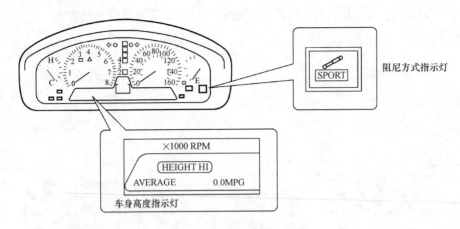

图 8-20　电控悬架指示灯

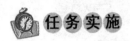

根据学校条件选择整车或者台架进行电控悬架系统结构的认识。

任 务 工 单

任务 8-1　电控悬架系统认识

班　级		姓　名		学　号	
地　点				等　级	
任务目的					

任务过程

1. 电控悬架系统的基本功能有哪些？

2. 完成下表。

传感器名称	传感器用途
加速度传感器	
车身高度传感器	
车速传感器	
转向盘转角传感器	
车门传感器	
制动灯开关	
节气门位置传感器	
模式选择开关	

3. 试述下列状况如何进行控制。

1）转向车身侧倾控制。

	2）制动车身前倾控制。 3）起步车身俯仰控制。				
任务过程					
考核评价		考评项目	分　值	教师考核	备　注
	素质考评	团队协作	10分		
		语言表达	10分		
		实训纪律	10分		
	过程考评	工具使用	10分		
		任务实施	30分		
		完成情况	20分		
		工位整理	10分		
	合　计				

任务8-2　电控悬架系统检修

任务要求

1. 掌握电控悬架系统的检测和调整方法及过程。
2. 能够使用相应设备对电控悬架系统进行检测与调整。

任务描述

随着汽车速度的提高，对汽车性能提出了更高的要求。传统悬架限制了汽车性能的提高，通过采用电子技术实现汽车悬架的控制，既能提高汽车乘坐的舒适性，又能提高汽车的操纵稳定性。近年来，人们不断开发适应各种行驶工况的最优悬架系统。随之而来的电控悬架系统维修也进入日常的检修范围。

相关知识

一、检测和调整

1. 电控空气悬架系统车身水平调节功能检测

本节以奥迪轿车采用的电控自适应空气悬架系统为例进行说明，其车身水平高度变化如图8-21所示。提升时，先提升后桥、后提升前桥；下降时，先降低前桥、后降低后桥。这个动作顺序可以保证有前照灯照射调节功能（装有氙气灯）的汽车，即使在前照灯照射调节功能失效时，也可避免在调节过程中给对面来车造成眩目。

（1）车身高度的功能检查

1）通过MMI（多媒体交互系统）手动设置调节模式，在"Automatic"

图8-21　车身水平高度变化

（自动）、"Comfort"（舒适）模式下，车身处于基本高度，约120mm（标准底盘），如图8-22所示。

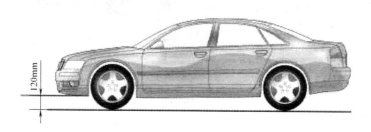

图8-22　车身水平标准高度

2）在"Dynamic"（动态）模式下，车身高度会在基本高度基础上下降20mm，如图8-23所示。

图8-23 Dynamic（动态）模式

3）在"Lift"（提升）模式下，车身会在基本高度上升高25mm，如图8-24所示。

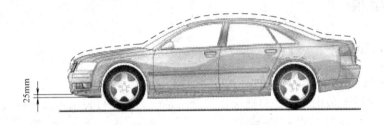

图8-24 Lift（提升）模式

(2) 车身高度的检查步骤

1）将LRC开关转到NORM位置。

2）使汽车上下跳振几次，以使悬架处于稳定状态。

3）向前和向后推动汽车，以使轮胎处于稳定状态。

4）将变速杆置于N位，阻住车辆不让其滚动，然后松开驻车制动手柄。

5）起动发动机，将高度控制开关转到HIGH位置，在汽车高度升高的状态下等待1min后，将高度控制开关转到NORM位置以使汽车下降。在这种状态下等待50s，再重复一次上述操作。

6）测量汽车车身高度，并与标准值比较。

(3) 车身高度的调整步骤

1）拧松高度控制传感器连接杆上的两个锁紧螺母（图8-25）。

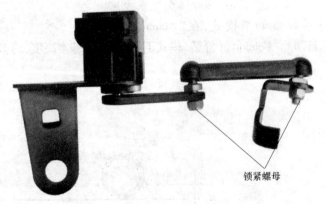

图8-25 汽车高度控制传感器连接杆

2)转动高度控制传感器连接杆的螺栓以调节长度(高度控制传感器连接杆每转一圈能使车身高度改变约4mm)。

3)检查高度控制传感器连接杆的尺寸是否小于极限值,即前部8mm,后部11mm。

4)暂时拧紧两个锁紧螺母。

5)再检查一次车身高度。

6)拧紧锁紧螺母。

(4)排气阀的检查

1)拔下空气压缩机继电器,如图8-26所示。

2)跨接继电器座端子30和87,强行起动空气压缩机,打开点火开关。

3)待空气压缩机工作一段时间后,检查排气阀应该排气。

4)关闭点火开关,清除故障码。

(5)漏气检查 选择"Lift"(提升)模式,使车身上升;关闭发动机;在空气软管和软管接头处涂肥皂水检查是否漏气,如图8-27所示。

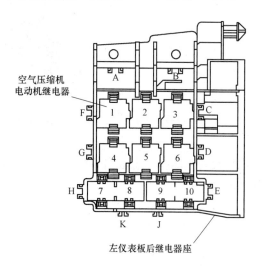

图8-26 空气压缩机继电器

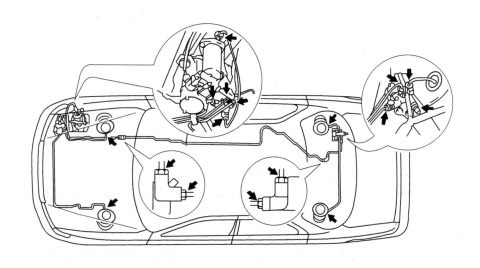

图8-27 漏气检查

二、自诊断系统

当电控悬架系统出现故障时,悬架ECU将使"NORM"指示灯每秒闪烁一次报警,这时可通过专用仪器进行检查,如图8-28所示。

注意:当高度控制开关处于"OFF"位置时,会输出故障码"71",但这不是故障;当

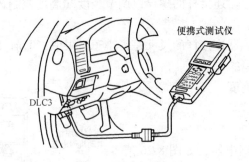

图 8-28　专用仪器检查

发动机没有起动时,会输出故障码"73",这也不是故障;当没有故障码输出时,应该检查 Tc 端子电路。

也可用跨接法进行检测,如图 8-29 所示。

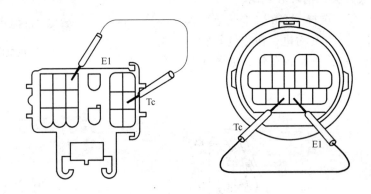

图 8-29　跨接法读取故障码

1)打开点火开关。

2)用跨接线跨接诊断插头上的 Tc 和 E_1 两端子。

3)观察仪表板上"NORM"指示灯或高度指示灯(HEIGHT HI)的闪烁来读取故障码。

4)根据厂家维修手册的资料了解故障码的含义,手册中的故障表列出了故障码及所代表的含义和有问题的元件或电路,有时故障表还列出了维修手册中有相应维修步骤的书页号。对于失效电子系统的元件,常用的维修方法是更换。

5)当系统故障排除后,应将故障码清除。

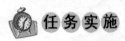 任务实施

一、各传感器的检测

电控悬架系统各传感器的检测见表 8-1。

表 8-1 传感器的检测

传感器	图示	步骤	记录
前车身高度传感器	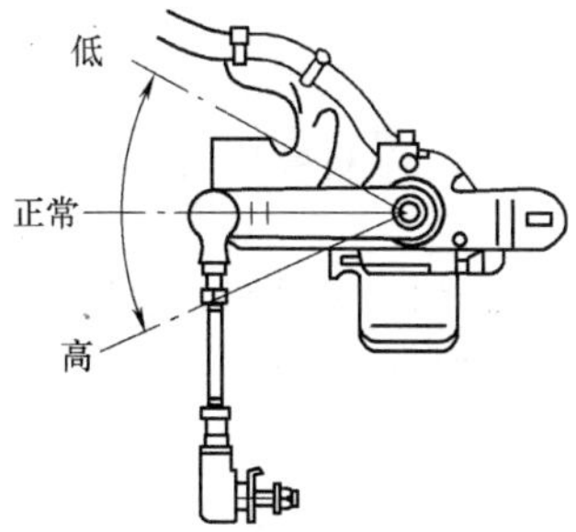 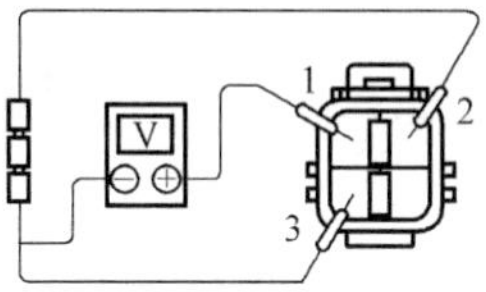	1. 将端子 2 与正极相连，端子 3 与负极相连 2. 将控制杆缓慢上下移动，同时检测端子 1 与 3 之间的电压，应符合以下标准 | 位置 | 电压/V | |---|---| | 高 | 6.2~11.2 | | 正常 | 6.2 | | 低 | 1~6.2 |	
后车身高度传感器		1. 将端子 3 与正极相连，端子 1 与负极相连 2. 将控制杆缓慢上下移动，同时检测端子 2 与 3 之间的电压，应符合以下标准 | 位置 | 电压/V | |---|---| | 高 | 6.2~11.2 | | 正常 | 6.2 | | 低 | 1~6.2 |	
前加速度传感器		1. 将端子 2 与正极相连，端子 3 与负极相连 2. 使传感器上下振动，同时检测端子 4 与 3 之间的电压。静止时应为 6.2V；振动时应为 1~11.2V	

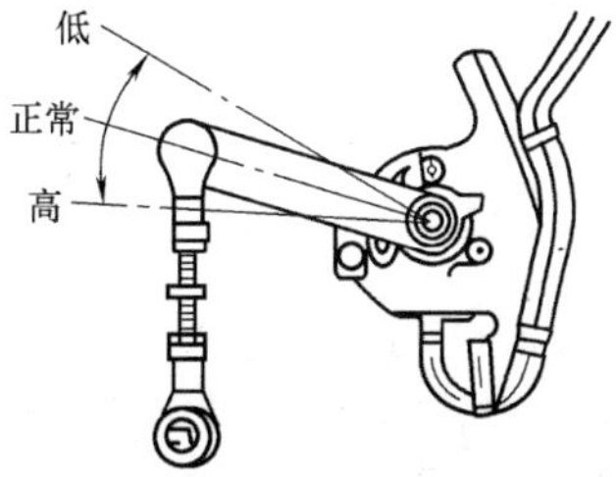

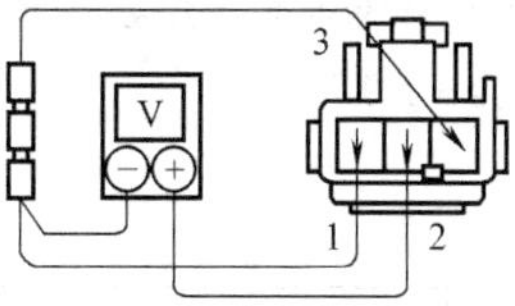

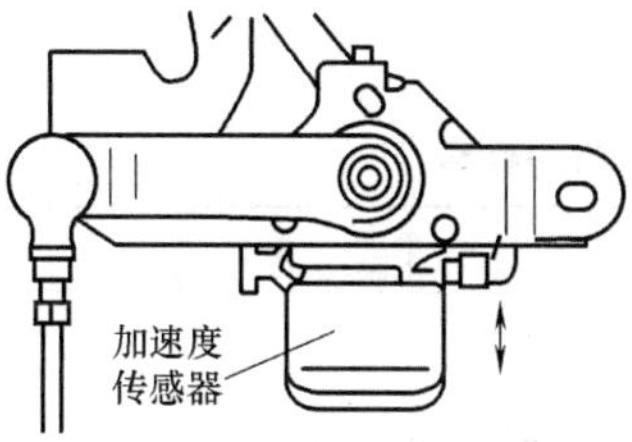

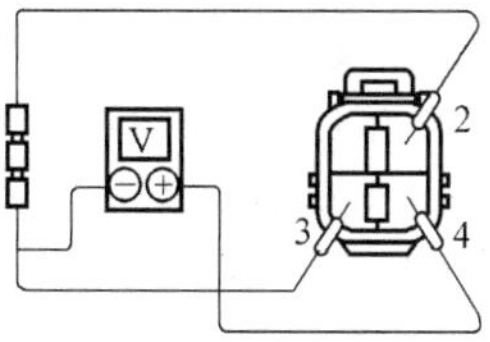

(续)

传感器	图示	步骤	记录
后加速度传感器	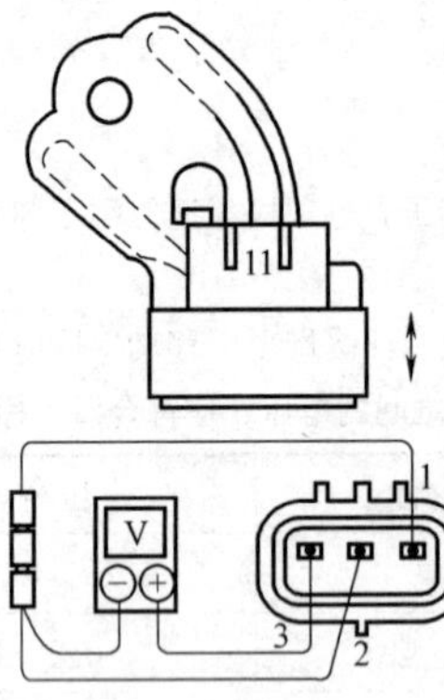	1. 将端子1与正极相连，端子2与负极相连 2. 使传感器上下振动，同时检测端子2与3之间的电压。静止时应为6.2V；振动时应为1～11.2V	
转向盘转角传感器	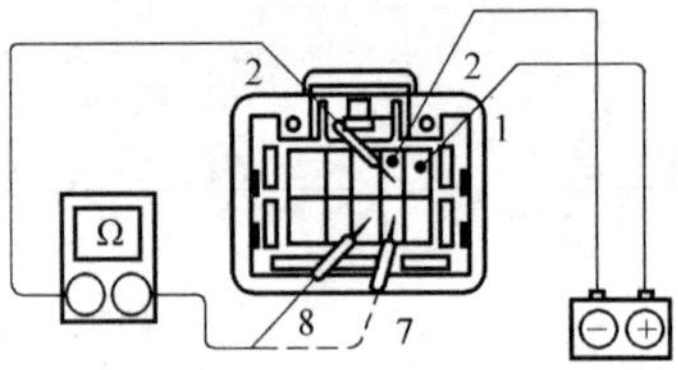	1. 将端子1与正极相连，端子2与负极相连 2. 分别检测端子7、8与2之间的电压。正常时，应为0～∞之间变化	
高度控制开关	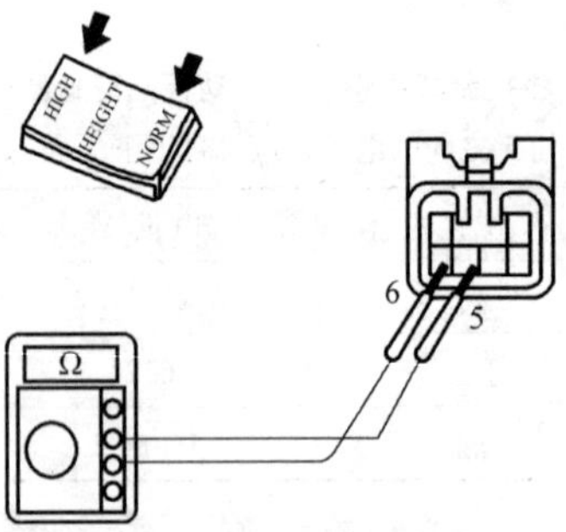	1. 断开高度控制开关插接器 2. 将高度控制开关分别置于"NORM"和"HIGH"位置，测量端子5与6之间电压。正常时，"NORM"为∞（开路）；"HIGH"为0（断开）	

二、悬架控制执行器的检修

悬架控制执行器的检查见表8-2。

表8-2 悬架控制执行器的检查

检查内容	图示	步骤	记录
悬架控制执行器运行检查	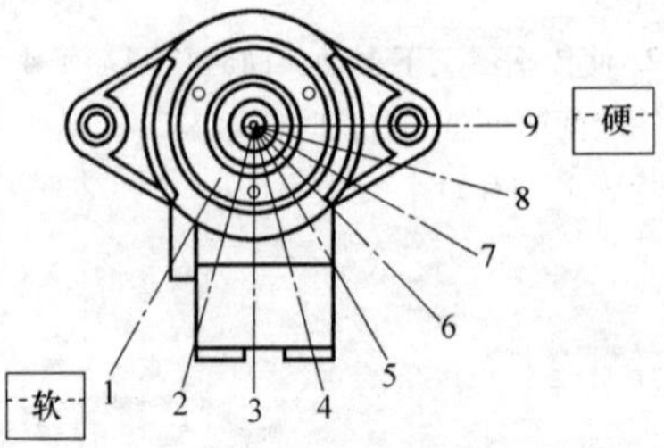	1. 拆下执行器和执行器盖 2. 打开点火开关 3. 连接诊断盒的TD和E1端子 4. 高度控制开关每向"HIGH"推动一次，执行器应向"硬"进一步	

（续）

检查内容	图 示	步 骤	记录
悬架控制执行器电阻检查		测量悬架控制执行器各端子之间的电阻，应符合以下标准 | 端子	电阻/Ω
---	---
1 与 2	7.8~15.7
1 与 3	7.8~15.7
1 与 4	7.8~15.7
1 与 5	7.8~15.7		
悬架控制执行器工作检查		1. 用螺钉旋具将悬架控制执行器输出轴调至"软"位置 2. 将蓄电池电压按下表施加到悬架控制执行器各端子上，执行器运动应符合要求 | 蓄电池 +	蓄电池 −	位置
---	---	---
2 和 3	1	1→2
3 和 4	1	2→3
4 和 5	1	3→4
5 和 2	1	4→5		

三、系统初始化（车身高度传感器校准）

当更换悬架 ECU 或任一车身高度传感器后，均需运用故障诊断仪 V.A.S 5051 进行系统初始化。步骤如下：

1）连接故障诊断仪，找到地址"34"（自适应空气悬架）。

2）进入功能"10"（自适应）。

3）测量每个车轮从车轮中心到车轮罩下边缘的高度值，如图 8-30 所示。

4）将测得的值通过诊断仪逐一传送到 ECU 内。

5）ECU 对比测量值和规定值确定出校正系数，并将车身高度调整到基本高度。

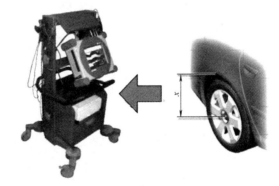

图 8-30 测量高度

四、电控空气悬架系统常见故障诊断

电控空气悬架系统常见故障诊断见表 8-3。

表 8-3 电控空气悬架系统常见故障诊断

故障症状	故障识别	可能原因
"缓慢性"压力损失，汽车较长时间倾斜	1）在一段较长时间内观察汽车离地高度 2）用常用的泄漏喷剂检查是否泄漏	1）减振器空气弹簧泄漏 2）空气管路泄漏 3）余压保持阀泄漏
汽车倾斜（排除泄漏）	诊断仪检测	1）水平高度传感器损坏 2）水平高度传感器拉杆或支架变形
汽车处于高位，无法降低	1）检查汽车是否具有足够的离地间隙 2）检查空气管路和管线的走向，诊断仪检测	1）空气管路堵塞、弯折或结冰 2）排气阀或减振支柱阀失灵 3）余压保持阀卡住
汽车处于低位，不能或极缓慢升高	1）诊断仪检查 2）用常用的泄漏喷剂检查蓄压器泄漏	1）继电器、熔丝、插头、线束损坏，车载网络通信异常 2）蓄能器损坏/泄漏 3）蓄能器管路接口损坏泄漏 4）排气阀损坏/打开/泄漏 5）供气装置损坏
"较快的"失压	汽车水平高度不均匀，试着升降到另一高度水平时，听到减振弹簧空气泄漏	1）空气弹簧损坏 2）空气管路损坏
减振不足	使车，行车时调节减振器高度，减振系统在不平道路行驶时应感觉有明显变化，同时注意察听"砰砰"作响声	1）减振调节阀损坏 2）减振器磨损过度

任 务 工 单

任务 8-2　电控悬架系统检修

班　级		姓　名		学　号	
地　点				等　级	
任务目的					
任务过程	1. 写出以下电控悬架系统各传感器的作用及其检测方法。 1）转向盘转角传感器 作用： 检测步骤及结果： 结论： 2）加速度传感器 作用： 检测步骤及结果： 结论： 3）车身高度传感器 作用： 检测步骤及结果： 结论： 2. 完成下述丰田 LS400 汽车电控悬架系统的一般性检查。 1）车身高度调整功能的检查				

任务过程	2）溢流阀工作的检查				
	3）空气管路漏气检查				
	4）车身高度的检查与调整				
	5）故障码的读取与清除方法				
考核评价	考评项目		分　值	教师考核	备　注
	素质考评	团队协作	10分		
		语言表达	10分		
		实训纪律	10分		
	过程考评	工具使用	10分		
		任务实施	30分		
		完成情况	20分		
		工位整理	10分		
	合　计				

项目小结

本项目从认识电控悬架系统的作用谈起，深入了解了典型电控悬架系统的工作原理和维修方法。其中掌握悬架电子控制系统的控制方式对本项目知识的理解非常重要。

在电控悬架系统的检修中，按照维修站实际流程，针对客户故障分析、基本的检查和调整、电控系统自诊断、对压缩空气（液压）系统和电子控制系统进行部件检修、典型故障的诊断与排除等步骤进行了技能训练，从而能够达到对电控悬架系统进行故障诊断和维修的能力要求。

思考题

1. 说明电控悬架系统的功能。
2. 电控悬架系统中的传感器信号有哪些？各有什么作用？
3. 电控悬架系统中通过哪些执行器完成对车身高度的调整？通过哪些执行器完成对阻尼力的调整？通过哪些执行器完成对刚度的调整？
4. 电控悬架系统中减振器阻尼力和弹簧刚度的控制方式有哪些？
5. 电控悬架系统中车身高度控制方式有哪些？

知识拓展

电 磁 悬 架

一、概述

电磁悬架（Magnetic Ride Control）是利用电磁反应的一种新型独立悬架系统，它可以针对路面情况，在1ms时间内做出反应，抑制振动，保持车身稳定。电磁悬架也常被称为磁流变液减振器悬架。磁流变液（Magnetorheologicl Fluid，MR Fluid）可用于智能化阻尼器（即磁流变液减振器），制成阻尼力连续顺逆可调的新一代高性能、智能化减振装置。

二、电磁悬架的作用

电磁悬架结构简洁，功耗极低，控制应力范围大，可实现对阻尼力的瞬间精确控制。并且其对杂质不敏感，工作温度范围宽，可在 -50～140℃ 范围内工作。电磁悬架可以直接通过普通低伏电源（一般的蓄电池）供电。与传统的汽车减振器相比，其运动部件大为减少，几乎无碰撞，噪声低。装有电磁悬架的汽车，即使在最崎岖的路面上，也可以增加轮胎与地面的接触，减少轮胎反弹，控制车辆的重心转移和前倾后仰程度，维护车辆的稳定，还可以在车辆急转弯或做出闪躲动作时很好地控制车身摇摆。

三、电磁悬架的构造及原理

电磁悬架由车载控制系统、车轮位移传感器、电磁液压杆和直筒减振器组成。在每个车轮和车身连接处都有一个车轮位移传感器，传感器与车载控制系统相连，控制系统与电磁液压杆和直筒减振器相连。

减振器内采用的不是普通油液，而是一种称为电磁液的特殊液体（图8-31），它是由合成碳氢化合物以及 3~10μm 大小的磁性颗粒组成。一旦 ECU 发出脉冲信号，线圈内便产生电压，从而形成一个磁场，并改变粒子的排列方向。这些粒子会马上垂直于压力方向排列，阻碍油液在活塞通道内流动的效果，从而提高阻尼系数，调整悬架的减振效果。

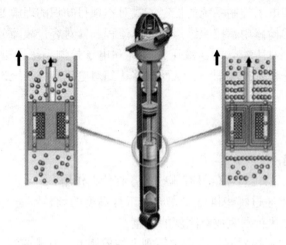

图 8-31　电磁悬架示意图

参 考 文 献

[1] 胡光辉,仇雅莉. 汽车自动变速器原理与检修 [M]. 2 版. 北京:机械工业出版社,2008.
[2] 屠卫星. 汽车底盘构造与维修 [M]. 北京:人民交通出版社,2001.
[3] 张则雷. 汽车自动变速器检修 [M]. 北京:人民交通出版社,2007.
[4] 邱志华. 汽车传动系统维修工作页 [M]. 北京:人民交通出版社,2008.
[5] 陈家瑞. 汽车构造(下册)[M]. 4 版. 北京;人民交通出版社,2003.
[6] 李培军,等. 汽车底盘电控技术 [M]. 北京:人民邮电出版社,2011.
[7] 唐蓉芳,龙志军. 汽车底盘电控技术 [M]. 北京:化学工业出版社,2010.
[8] 李春明. 汽车底盘电控技术 [M]. 2 版. 北京:机械工业出版社,2010.
[9] 凌永成,于京诺. 汽车电子控制技术 [M]. 2 版. 北京:北京大学出版社,2011.
[10] 于京诺. 汽车底盘及车身电控系统维修 [M]. 北京:机械工业出版社,2011.
[11] 张士江. 汽车底盘电控系统维修 [M]. 2 版. 北京:机械工业出版社,2014.